Konkurs-Ordnung

für

die Preußischen Staaten

vom 8. Mai 1855.

nebst

den darauf bezüglichen Gesetzen und Verordnungen.

Zweite amtliche Ausgabe.

Berlin.

Druck und Verlag von Georg Reimer.

1858.

Inhalt.

I. Gesetz

vom 8. Mai 1855,

betreffend die Einführung der Konkurs-Ordnung in den Landestheilen, in welchen das Allgemeine Landrecht und die Allgemeine Gerichts-Ordnung Gesetzeskraft haben.

(Gesetz-Sammlung von 1855. S. 317—321.)

Wir **Friedrich Wilhelm**, von Gottes Gnaden, König von Preußen rc. rc.

verordnen für diejenigen Landestheile, in welchen das Allgemeine Landrecht und die Allgemeine Gerichts-Ordnung Gesetzeskraft haben, unter Zustimmung der Kammern, was folgt:

Artikel I.

Die Konkurs-Ordnung tritt in den Landestheilen, in welchen das Allgemeine Landrecht und die Allgemeine Gerichts-Ordnung Gesetzeskraft haben, mit dem 1. Oktober 1855. in Kraft.

Artikel II.

Mit diesem Zeitpunkte (Artikel I.) werden außer Wirksamkeit gesetzt: alle der Konkurs-Ordnung entgegenstehende Bestimmungen, sie mögen in allgemeinen Landesgesetzen und Verordnungen, oder in besonderen Gesetzen enthalten sein.

Dahin gehören namentlich die Titel 47. 48. 49. und 50., sowie der zweite Abschnitt des Titels 51. Theil I. der Allgemeinen Gerichts-Ordnung, nebst allen ergänzenden, abändernden und erläuternden Bestimmungen.

Artikel III.

Wo in irgend einem Gesetze auf die hiernach (Artikel II.) außer Wirksamkeit gesetzten Vorschriften verwiesen wird, treten die Vorschriften der Konkurs-Ordnung an deren Stelle.

Insbesondere sind in den Fällen, in welchen die Gesetze wegen Beurtheilung der Zulänglichkeit einer Sicherheitsbestellung auf die Bestimmungen der §§. 16. bis 23. Titel 47. Theil I. der Allgemeinen Gerichts-Ordnung Bezug nehmen, an deren Stelle die in dem §. 429. der Konkurs-Ordnung enthaltenen Vorschriften maaßgebend.

Artikel IV.

Wenn vor dem 1. Oktober 1855. ein Konkurs- oder erbschaftlicher Liquidationsprozeß bereits eröffnet, oder ein Prioritätsverfahren eingeleitet ist, so kommen in demselben die Bestimmungen der Konkurs-Ordnung nicht zur Anwendung, vielmehr ist das Verfahren lediglich nach den bisherigen Vorschriften fortzuführen und zu beendigen.

Dasselbe findet bei nothwendigen Subhastationen statt, wenn der Erlaß des Subhastationspatents vor dem 1. Oktober 1855. verfügt worden ist.

Bei dem Prioritätsverfahren über Besoldungen und andere an die Person des Schuldners gebundene fortlaufende Einkünfte bleiben die bisherigen Vorschriften nur noch für die Vertheilung der Einkünfte des Jahres 1855. in Kraft.

Artikel V.

Wird ein Konkurs- oder Prioritätsverfahren erst am 1. Oktober 1855. oder nach diesem Tage eröffnet, so treten in demselben die Bestimmungen der Konkurs-Ordnung auch insofern ein, als es sich darum handelt, zu entscheiden, ob und welches Vorrecht den schon vorher entstandenen Forderungen gebührt.

Artikel VI.

Die Frist, binnen welcher die Forderungen der Kinder und der Pflegebefohlenen des Gemeinschuldners behufs Erhaltung des Vorzugsrechts derselben gerichtlich geltend gemacht werden müssen (§. 81. der Konkurs-Ordnung), wird erst vom 1. Oktober 1855. an gerechnet, wenn der Zeitpunkt, mit welchem der Lauf der Frist nach den Bestimmungen der Konkurs-Ordnung beginnt, schon früher eingetreten ist.

Artikel VII.

Die bisherigen gesetzlichen Bestimmungen über die Vindikationsansprüche und Vorzugsrechte der Ehefrau des Gemeinschuldners im Konkurse bleiben noch während der Dauer eines Jahres, von dem 1. Oktober 1855. an gerechnet, in Kraft und in jedem Konkurs- oder Prioritätsverfahren maaßgebend, welches innerhalb dieses einjährigen Zeitraums eröffnet wird.

Zugleich ist die Ehefrau eines Handelsmannes, Schiffsrhe-
ders oder Fabrikbesitzers bis zum Ablaufe des einjährigen Zeitraums berechtigt, wegen ihres vor dem 1. Oktober 1855. gesetzlich in die Verwaltung des Mannes gekommenen Vermögens, auch ohne den Nachweis der Wahrscheinlichkeit eines bevorstehenden Verlustes, von dem Manne besondere Sicherheitsbestellung zu verlangen, oder nach ihrer Wahl dasselbe zur eigenen Verwaltung zurückzufordern.

Artikel VIII.

Die Bestimmungen in den §§. 261. bis 265. Titel 1. Theil II. des Allgemeinen Landrechts über die Rechte der Ehefrau an dem aus dem Konkurse ihres Mannes geretteten eingebrachten Vermögen bleiben in Kraft, wogegen die §§. 266. bis 268. a. a. O. aufgehoben werden.

Artikel IX.

Die in den §§. 500. bis 506. Titel 16. Theil I. des Allgemeinen Landrechts enthaltenen Bestimmungen über das Absonderungsrecht der Erbschaftsgläubiger in dem Konkurse über das Vermögen des Erben finden auch auf Legatare Anwendung.

Artikel X.

Unter den im §. 49. der Konkurs-Ordnung genannten gemeinen Lasten sind nur die im §. 48. Titel 1. der Hypotheken-Ordnung vom 20. Dezember 1783. bezeichneten zu verstehen.

Artikel XI.

Außer den in dem Allgemeinen Landrecht und in anderen Gültigkeit behaltenden Gesetzen aufgeführten gesetzlichen Titeln zum Pfandrecht bleiben nur noch folgende ferner in Kraft:

1. für den Fiskus und die mit fiskalischen Rechten versehenen Anstalten in dem Vermögen ihrer Schuldner wegen aller Ansprüche an dieselben, mit Ausnahme der Geldstrafen;
2. für die Gemeinde-, Kreis- und Provinzialverbände, die landschaftlichen Kreditverbände, die Domkapitel, Kollegiatstifter, Klöster, Kirchen, Schulen und milden Stiftungen, in dem Vermögen ihrer verwaltenden Beamten wegen der Ansprüche aus der Verwaltung, ingleichen in dem Vermögen ihrer Mitkontrahenten wegen der Ansprüche aus den mit denselben geschlossenen Kontrakten;
3. für die Dienstherrschaften in dem Vermögen ihrer Haus-

offizianten und Dienstboten wegen der denselben zum Behuf ihrer Dienstverrichtungen anvertrauten Gelder und Effekten;

4. für die Konkursmassen in dem Vermögen der dieselben verwaltenden Personen wegen der Ansprüche aus der Verwaltung.

Artikel XII.

Der gesetzliche Titel zum Pfandrecht, welcher der Ehefrau in dem Vermögen ihres Ehemannes zusteht, ist vom 1. Oktober 1855. an dahin beschränkt, daß die Ehefrau nur die Befugniß hat, ihre Ansprüche wegen des gesetzlich in die Verwaltung des Mannes gekommenen Vermögens innerhalb eines Jahres nach dem Beginn der Verwaltung des Mannes in das Hypothekenbuch über die Grundstücke desselben eintragen zu lassen.

Erwirbt der Ehemann erst nach dem Beginn seiner Verwaltung des Vermögens der Ehefrau Grundstücke, so kann die Ehefrau noch binnen Jahresfrist seit der Erwerbung der Grundstücke ihre Ansprüche in das Hypothekenbuch derselben eintragen lassen.

Hat jedoch die Ehefrau einen gesetzlichen Titel zum Pfandrecht schon vor dem 1. Oktober 1855. erworben, so kann sie von demselben noch während der Dauer eines Jahres, von dem gedachten Tage an gerechnet, nach Maaßgabe der bisherigen Vorschriften Gebrauch machen.

Artikel XIII.

In der Stadt Danzig und deren ehemaligem Gebiete kann fortan ein Pfandrecht nur nach den geltenden allgemeinen Vorschriften bestellt werden.

Die entgegenstehenden Bestimmungen des Statutarrechts, namentlich des Jus Culmense ex ultima revisione Buch 4. Titel 4. Kapitel 4. und 8., werden aufgehoben.

Artikel XIV.

Zu den Fabrikbesitzern sind nicht zu rechnen: Gutsbesitzer, welche ein Handelsgeschäft nur als landwirthschaftliches Nebengewerbe betreiben.

Artikel XV.

In den besonderen Rechten und Privilegien der bestehenden Kreditverbände bei der Sequestration und Subhastation der zu denselben gehörigen Güter wird durch die Bestimmungen der Konkurs-Ordnung nichts geändert.

Artikel XVI.

Bei der nothwendigen Subhastation von Seeschiffen und anderen zur Frachtschiffahrt bestimmten Schiffsgefäßen ist nach folgenden Bestimmungen zu verfahren:

1. Das Subhastationspatent muß durch dreimalige Einrükkung in den Anzeiger des Regierungs-Amtsblattes dergestalt bekannt gemacht werden, daß von der letzten Einrückung an bis zum Verkaufstermin eine volle Woche frei bleibt. Außerdem ist das Subhastationspatent durch Anschlag an dem gewöhnlichen Versammlungsorte der Kaufleute, sowie durch Anschlag in benachbarten Häfen und Seeplätzen bekannt zu machen. Ob noch anderweite Bekanntmachungen, insbesondere durch inländische oder ausländische Zeitungen, stattfinden sollen, hat das Gericht nach den Umständen zu ermessen.
2. Die Frist zur nothwendigen Subhastation beträgt vierzehn Tage bis drei Monate, je nach dem Ermessen des Gerichts in den einzelnen Fällen. Die Frist wird von dem Tage an gerechnet, wo die Bekanntmachung des Subhastationspatents zum ersten Male in dem Anzeiger des Regierungs-Amtsblattes erscheint.
3. Während des Laufes der Subhastationsfrist muß das Schiff der Regel nach im Hafen liegen bleiben. Wenn es jedoch die Handelskonjunktur und das Beste der Interessenten rathsam erscheinen läßt, daß das Schiff in dieser Zwischenzeit eine neue Fahrt antritt, so kann solches auf den Antrag der Interessenten von dem Gericht gestattet, es muß jedoch alsdann für eine gehörige Versicherung des Schiffs und des Frachtgeldes gesorgt werden.

Artikel XVII.

Die Rechtswohlthat der Güterabtretung findet in der Folge nicht statt.

Artikel XVIII.

Die Bestimmungen über die Ermäßigung der im Konkurse und im erbschaftlichen Liquidationsprozeß nach den Gesetzen vom 10. Mai 1851. und 9. Mai 1854. zu erhebenden Gerichtskosten werden durch Königliche Verordnung getroffen.

Vor Ablauf von drei Jahren wird dieselbe den Kammern zur verfassungsmäßigen Genehmigung vorgelegt.

Urkundlich unter Unserer Höchsteigenhändigen Unterschrift und beigedrucktem Königlichen Insiegel.

Gegeben Charlottenburg, den 8. Mai 1855.

(L. S.) **Friedrich Wilhelm.**

v. Manteuffel. v. d. Heydt. Simons. v. Raumer.
v. Westphalen. v. Bodelschwingh. Gr. v. Waldersee.

Für den Minister für die landwirthschaftlichen Angelegenheiten:
v. Manteuffel.

II. Konkurs-Ordnung

vom 8. Mai 1855.

(Gesetz-Sammlung von 1855. S. 321—428.)

Wir Friedrich Wilhelm, von Gottes Gnaden, König von Preußen ꝛc. ꝛc.

verordnen, unter Zustimmung der Kammern, was folgt:

Erster Titel.

Von den Rechtsverhältnissen im Konkurse.

Erster Abschnitt.

Gegenstand und Wirkungen des Konkurses im Allgemeinen.

§. 1.

Der Konkurs erstreckt sich auf das gesammte der Exekution unterliegende Vermögen, welches der Gemeinschuldner zur Zeit der Eröffnung des Konkurses besitzt oder während der Dauer des Konkurses erlangt.

Ein Konkurs, welcher sich auf einen Theil des Vermögens des Gemeinschuldners beschränkt (Partikular-Konkurs), kann nur in den durch das gegenwärtige Gesetz ausdrücklich bestimmten Fällen eintreten.

§. 2.

Die Konkursmasse (§. 1.) hat die Bestimmung, zur Befriedigung aller zur Zeit der Konkurseröffnung vorhandenen Gläubiger des Gemeinschuldners zu dienen.

Die Forderungen der Gläubiger, welchen ein Absonderungsrecht in Ansehung einzelner Theile der Konkursmasse zusteht, werden abgesondert erörtert und befriedigt.

In das Konkursverfahren haben sich nur die persönlichen Gläubiger des Gemeinschuldners einzulassen, welche ihre Befriedigung aus der gemeinschaftlichen Konkursmasse suchen (Konkursgläubiger).

§. 3.

Ein Unterschied zwischen inländischen und ausländischen Gläubigern findet nicht statt.

Wenn jedoch in dem Staate, welchem ein ausländischer Gläubiger angehört, in gleichen Fällen den diesseitigen Unterthanen nicht gleiches Recht, wie den Angehörigen jenes Staats gewährt wird, so tritt die Retorsion ein. Dieselbe trifft auch Inländer, welchen ausländische Gläubiger ihre Forderungen erst zu einer Zeit cedirt haben, in welcher bereits von dem Gemeinschuldner die Zahlungen eingestellt waren, oder in welcher bereits der Gemeinschuldner die Unzulänglichkeit seines Vermögens bei dem Gericht angezeigt oder ein Gläubiger desselben die Konkurseröffnung beantragt hatte.

§. 4.

Mit dem Zeitpunkte der Konkurseröffnung verliert der Gemeinschuldner von Rechtswegen die Befugniß, sein zur Konkursmasse gehörendes Vermögen zu verwalten und über dasselbe zu verfügen.

Das Verwaltungs- und Verfügungsrecht wird durch die Gesammtheit der Konkursgläubiger (Gläubigerschaft) an Stelle des Gemeinschuldners ausgeübt. Zu diesem Behuf erfolgt die Bestellung eines Verwalters der Konkursmasse.

§. 5.

Alle Verfügungen und Rechtshandlungen, welche der Gemeinschuldner nach der Konkurseröffnung vornimmt, sind in Beziehung auf die Gläubigerschaft nichtig, namentlich alle eingegangene Verbindlichkeiten, alle geleistete Zahlungen, alle den einzelnen Gläubigern eingeräumte Pfandrechte und Hypothekenrechte, alle vorgenommene Veräußerungen, Verschreibungen, Befreiungen und Entsagungen.

Dasjenige, was der Gemeinschuldner in Folge solcher Geschäfte geleistet hat, kann zur Konkursmasse zurückgefordert werden; jedoch bleiben dem dritten redlichen Besitzer die aus dem redlichen Besitze entspringenden Rechte vorbehalten.

§. 6.

Von allen Verfügungen und Rechtshandlungen des Gemeinschuldners, welche an dem Tage der Konkurseröffnung vorgenommen sind, gilt bis zum Beweise des Gegentheils die Vermuthung, daß sie erst nach der Konkurseröffnung vorgenommen worden sind.

§. 7.

Zahlungen oder Aushändigungen, welche nach der Konkurseröffnung an den Gemeinschuldner erfolgt sind, werden als nicht geschehen angesehen.

Wer jedoch die Zahlung oder Aushändigung noch an dem Tage der Konkurseröffnung oder an einem der beiden nächstfolgenden Tage bewirkt hat, ist dadurch gegen die Konkursmasse befreit, wenn ihm nicht Umstände nachgewiesen werden, aus welchen sich entnehmen läßt, daß ihm damals die Konkurseröffnung bereits bekannt gewesen ist.

§. 8.

Nach der Konkurseröffnung kann ein Verfahren zur Geltendmachung von Ansprüchen, welche sich auf das zur Konkursmasse gehörende Vermögen beziehen, nicht mehr gegen den Gemeinschuldner gerichtet oder fortgesetzt werden.

Anhängige Rechtsstreitigkeiten gehen auf die Gläubigerschaft in der Lage über, in welcher sie sich zur Zeit der Konkurseröffnung befinden.

Gegen jede Entscheidung, welche vor der Konkurseröffnung ergangen ist, kann die Gläubigerschaft die zur Zeit der Konkurseröffnung noch zulässigen Rechtsmittel einlegen. Dabei kommt, wenn der Verwalter der Masse innerhalb der dem Gemeinschuldner noch laufenden Frist die Konkurseröffnung bei der Behörde, bei welcher das Rechtsmittel einzulegen ist, zu den Prozeßakten anzeigt, der Gläubigerschaft die volle gesetzliche Frist so zu statten, als ob die Insinuation der Entscheidung erst am Tage der Konkurseröffnung stattgefunden hätte.

§. 9.

Exekutionen gegen den Gemeinschuldner, welche auf Vollstreckung des Personalarrestes gerichtet sind, können nach der Konkurseröffnung behufs der Befriedigung einzelner Gläubiger weder fortgesetzt noch eingeleitet werden.

Dasselbe gilt von Exekutionen in das Vermögen des Gemeinschuldners, sofern sie nicht zur Ausübung eines Pfandrechts oder Hypothekenrechts, oder eines Rückforderungsrechts betrieben werden.

War jedoch der Termin zu einem Zwangsverkauf behufs der Befriedigung eines persönlichen Gläubigers bereits vor der Konkurseröffnung bestimmt, so ist der Verkauf in Ausführung zu bringen, wenn der Verwalter der Masse die Aussetzung desselben nicht beantragt; der Verkauf geschieht alsdann für Rechnung der Gläubigerschaft.

§. 10.

Pfandrechte und Hypothekenrechte an dem zur Konkursmasse gehörigen Vermögen, welche von den einzelnen Gläubigern erst nach der Konkurseröffnung erlangt werden, können von denselben zum Nachtheil anderer Gläubiger nicht geltend gemacht werden, wenn ihnen auch die Befugniß, die Einräumung eines Pfandrechts oder Hypothekenrechts zu fordern, schon vor der Konkurseröffnung zustand.

§. 11.

Wenn Jemand nach der Konkurseröffnung die Forderung eines Gläubigers ganz oder zum Theil befriedigt, so tritt er insoweit von Rechtswegen an dessen Stelle; er erlangt auch ohne Cession das mit der Forderung verbundene Vorrecht, Pfandrecht oder Hypothekenrecht.

Ist die Befriedigung des Gläubigers vor der Konkurseröffnung erfolgt, so bestimmt sich das Eintrittsrecht nach den allgemeinen gesetzlichen Vorschriften.

§. 12.

Die Konkurseröffnung hemmt zu Gunsten der Konkursmasse den Lauf der Zinsen einer jeden Forderung, welche nicht mit Pfand oder Hypothek versehen ist.

Ist eine Forderung mit Pfand oder Hypothek versehen, so können die seit der Konkurseröffnung laufenden Zinsen nur aus dem zur Sicherheit dienenden Vermögensstücke gefordert werden.

§. 13.

Der Tod des Gemeinschuldners bewirkt keine Unterbrechung des Konkurses.

Selbst dadurch, daß der Erbe des Gemeinschuldners die Erbschaft ohne Vorbehalt der Rechtswohlthat des Inventars antritt, wird der Fortgang des Konkurses nicht gehemmt, so lange der Erbe die Gläubiger nicht befriedigt.

§. 14.

Wenn der Gemeinschuldner während des Konkurses verstorben ist (§. 13.), oder wenn der Konkurs erst nach dem Tode des Gemeinschuldners über seinen Nachlaß eröffnet worden ist, so findet Alles, was in Betreff des Gemeinschuldners vorgeschrieben ist, auch auf den Erben Anwendung.

Jedoch treffen den Erben die Folgen der Handlungen und Unterlassungen seines Erblassers nur insoweit, als nach allgemeinen Grundsätzen die Rechte und Verbindlichkeiten eines Erblassers auf seinen Erben übergehen.

Zweiter Abschnitt.

Wirkung der Konkurseröffnung auf die vor derselben von dem Gemeinschuldner eingegangenen Rechtsgeschäfte.

§. 15.

Wenn ein Rechtsgeschäft, welches auf gegenseitige Leistungen der Kontrahenten gerichtet ist, zur Zeit der Konkurseröffnung von dem Gemeinschuldner bereits erfüllt ist, so geht das Geschäft auf die Gläubigerschaft über, und es kann dieselbe von dem Mitkontrahenten des Gemeinschuldners die rückständige Gegenleistung fordern.

Ist das Geschäft zur Zeit der Konkurseröffnung von dem Mitkontrahenten, nicht aber von dem Gemeinschuldner erfüllt, so hat der Mitkontrahent seinen Anspruch auf die rückständige Gegenleistung als Konkursgläubiger geltend zu machen, sofern er nicht durch ein Pfandrecht oder Hypothekenrecht gedeckt ist.

Besteht die rückständige Gegenleistung des Gemeinschuldners nicht in einer Geldzahlung, so kann der Mitkontrahent die Erfüllung nicht fordern, sondern es findet nur ein Anspruch auf Entschädigung statt.

§. 16.

Wenn ein Rechtsgeschäft, welches auf gegenseitige Leistungen gerichtet ist, zur Zeit der Konkurseröffnung von beiden Theilen noch überhaupt nicht oder noch nicht vollständig erfüllt ist, so hat die Gläubigerschaft das Recht, nicht aber die Verpflichtung, an Stelle des Gemeinschuldners das Geschäft zu übernehmen.

Will die Gläubigerschaft das Geschäft übernehmen, so muß dasselbe von beiden Theilen vollständig erfüllt werden, sofern nicht etwa der Mitkontrahent des Gemeinschuldners wegen der durch die Konkurseröffnung eingetretenen Veränderung der Umstände befugt ist, auf Grund der allgemeinen gesetzlichen Bestimmungen das Geschäft aufzuheben.

Tritt die Gläubigerschaft in das Geschäft nicht ein, so muß dem Mitkontrahenten des Gemeinschuldners das von ihm Geleistete, soweit es in der Konkursmasse noch vorhanden ist, zurückgegeben werden; im Uebrigen steht ihm nur ein Anspruch auf Entschädigung zu.

Das Konkursgericht hat auf Anrufen des Mitkontrahenten die Frist zu bestimmen, innerhalb welcher der Verwalter der Masse die Erklärung über den Eintritt in das Geschäft abzugeben hat. Erfolgt die Erklärung innerhalb der bestimmten Fstri nicht, so wird angenommen, daß die Gläubigerschaft in das Geschäft nicht eintreten will.

§. 17.

Wenn von dem Gemeinschuldner Kauf- oder Lieferungsgeschäfte über fungible Sachen, welche einen marktgängigen Preis haben, oder über geldwerthe Papiere dergestalt geschlossen worden sind, daß sie erst nach der Konkurseröffnung zur Erfüllung kommen sollen, so kann weder von der Gläubigerschaft, noch von dem Mitkontrahenten des Gemeinschuldners Erfüllung gefordert werden, sondern es findet aus dem Geschäft nur ein Anspruch auf Entschädigung statt. Dieser Anspruch bestimmt sich nach der Differenz, welche an dem kontraktlichen Erfüllungstage zwischen dem Kontraktspreise und dem Marktpreise oder dem Börsenkurse sich ergiebt.

§. 18.

Bestehende Miethkontrakte des Gemeinschuldners gehen auf die Gläubigerschaft über; dieselbe ist jedoch berechtigt, die Kontrakte noch vor dem Ablaufe der festgesetzten Miethzeit aufzukündigen. Bei der Aufkündigung ist die gesetzliche Frist zu beobachten; ist kontraktlich eine kürzere Frist bestimmt, so kommt diese zur Anwendung.

Eine Pachtung des Gemeinschuldners wird von der Gläubigerschaft fortgesetzt; jedoch kann nach dem Ablaufe des Wirthschaftsjahres, in welches die Konkurseröffnung fällt, sowohl die Gläubigerschaft, als der Verpächter von dem Kontrakt unter Beobachtung der gesetzlichen Aufkündigungsfrist zurücktreten.

Bei Vermiethungen und Verpachtungen des Gemeinschuldners tritt die Gläubigerschaft lediglich an die Stelle desselben. Eine Aufkündigung des Kontrakts ist nur nach Maaßgabe der allgemeinen gesetzlichen Bestimmungen zulässig; hierbei kommen in dem Falle einer freiwilligen Veräußerung der vermietheten oder verpachteten Sache die Vorschriften zur Anwendung, welche für den Fall einer nothwendigen Veräußerung gelten.

§. 19.

Inwiefern andere Rechtsgeschäfte, welche von dem Gemeinschuldner vor der Konkurseröffnung eingegangen sind, nach diesem Zeitpunkte der Gläubigerschaft gegenüber fortbestehen oder eine Wirkung äußern, ist nach den allgemeinen Grundsätzen über Erfüllung der Verträge und Verbindlichkeiten, unter Würdigung des Zwecks des Konkurses, sowie der durch den Konkurs in der Person und in dem Vermögen des Gemeinschuldners eingetretenen Veränderung zu entscheiden.

§. 20.

Die Bestimmungen der §§. 15. 16. und 19. kommen nur insoweit zur Anwendung, als nicht in Beziehung auf einzelne

Rechtsgeschäfte und Rechtsverhältnisse besondere gesetzliche Vorschriften über die Wirksamkeit derselben für den Fall bestehen, daß sie zur Zeit der Konkurseröffnung noch nicht erfüllt oder beendigt sind.

§. 21.

In den Fällen, in welchen ein Rechtsgeschäft durch die Konkurseröffnung aufgehoben wird (§§. 15. 16. 17. 19. 20.), hat der Mitkontrahent des Gemeinschuldners die ihm deshalb zustehenden Entschädigungsansprüche als Konkursgläubiger geltend zu machen, sofern er nicht durch ein Pfandrecht oder Hypothekenrecht gedeckt ist.

Bei Beurtheilung dieser Entschädigungsansprüche ist die Annahme zum Grunde zu legen, daß die Nichterfüllung durch eine Veränderung der Umstände herbeigeführt worden ist, welche sich in der Person des Gemeinschuldners ereignet hat.

Dritter Abschnitt.

Vindikations-Ansprüche.

§. 22.

Wenn in der Konkursmasse Sachen sich befinden, welche dem Gemeinschuldner nicht eigenthümlich gehören, so findet die Rückforderung derselben nach den allgemeinen gesetzlichen Vorschriften statt.

§. 23.

Sind fremde Sachen vor der Konkurseröffnung durch den Gemeinschuldner verkauft worden, so kann an deren Stelle die Uebereignung des Kaufpreises gefordert werden, soweit derselbe noch aussteht.

§. 24.

Wechsel, Handelspapiere und andere Urkunden über Forderungen, welche dem Gemeinschuldner nur behufs der Realisirung oder mit der ausdrücklichen Bestimmung übermacht worden sind, daß sie zur Deckung gewisser, bei der Uebermachung bezeichneter künftiger Zahlungen dienen sollen, können zurückgefordert werden, wenn sie zur Zeit der Konkurseröffnung noch unbezahlt bei dem Gemeinschuldner oder bei einem Dritten vorhanden sind, welcher sie für den Gemeinschuldner besitzt.

§. 25.

Waaren und andere Gegenstände, welche dem Gemeinschuldner zum Verkauf in Kommission gegeben sind, können zurückgefordert werden, sofern dieselben zur Zeit der Konkurseröffnung bei dem Gemeinschuldner oder bei einem Dritten, welcher sie für den Gemeinschuldner besitzt, in Natur unterscheidbar vorhanden sind.

Hat der Gemeinschuldner die zum Verkauf in Kommission erhaltenen Waaren und anderen Gegenstände bereits veräußert, so kann an deren Stelle die Uebereignung des Kaufpreises gefordert werden, soweit derselbe nicht durch Zahlung oder Hingabe an Zahlungsstatt, oder durch Kompensation in laufender Rechnung, oder in anderer Weise vor der Konkurseröffnung zwischen dem Käufer und dem Gemeinschuldner berichtigt worden ist.

§. 26.

Wer Waaren an den Gemeinschuldner verkauft und abgesendet hat, kann dieselben zurückfordern, wenn sie nicht schon vor der Konkurseröffnung in das Waarenlager oder in einen anderen Aufbewahrungsort des Gemeinschuldners oder eines Dritten abgeliefert sind, welcher den Auftrag hat, sie zur Verfügung des Gemeinschuldners zu halten.

§. 27.

Das Recht der Rückforderung der an den Gemeinschuldner verkauften und abgesendeten Waaren (§. 26.) ist ausgeschlossen:

1. wenn der Kaufpreis vor der Konkurseröffnung bereits vollständig berichtigt ist;
2. wenn die Gläubigerschaft in das Kaufgeschäft eintritt und die Verbindlichkeiten des Gemeinschuldners aus demselben erfüllt;
3. wenn die Waaren vor der Konkurseröffnung durch einen Dritten in gutem Glauben auf Grund des Konnossements oder des Frachtbriefs gekauft worden sind. Hat ein Dritter vor der Konkurseröffnung ein Pfandrecht an den Waaren erworben, so findet die Rückforderung nur gegen Bezahlung der Pfandschuld statt.

§. 28.

Sind die in den §§. 22. 25. 26. erwähnten Sachen in dem Konkurse verkauft worden, so kann an deren Stelle die Uebereignung des Kaufpreises gefordert werden, soweit derselbe noch aussteht.

§. 29.

Wenn dem Gemeinschuldner oder der Konkursmasse in Beziehung auf zurückgeforderte Sachen Gegenforderungen wegen Auslagen, Verwendungen, Abschlagszahlungen, oder aus einem anderen Grunde zustehen, so kann die Herausgabe nur gegen Befriedigung der Gegenforderungen verlangt werden.

§. 30.

Das Rückforderungsrecht wird in allen Fällen unabhängig von dem Konkursverfahren gegen den Verwalter der Masse geltend gemacht.

Vierter Abschnitt.

Ansprüche der Gläubiger auf abgesonderte Befriedigung.

§. 31.

Unbewegliches Eigenthum, Berg- und Hütteneigenthum, sowie Seeschiffe und andere zur Frachtschiffahrt bestimmte Schiffsgefäße dienen zur abgesonderten Befriedigung der Gläubiger, welchen ein Realrecht an denselben zusteht.

§. 32.

Gläubiger, welchen zur Sicherung ihrer Forderung ein Pfandrecht an beweglichen Sachen durch körperliche oder symbolische Uebergabe ertheilt ist (Faustpfandgläubiger), erhalten soweit, als das Pfand reicht und haftet, abgesonderte Befriedigung aus demselben.

Sie sind berechtigt, die Pfandloosung zunächst auf die Kosten, sodann auf die laufenden Zinsen und demnächst auf die sämmtlichen rückständigen noch nicht verjährten Zinsen in Anrechnung zu bringen.

§. 33.

Mit den Faustpfandgläubigern haben gleiche Rechte:

1. der Fiskus und die Gemeinden wegen Zölle und Steuern, in Ansehung der zurückgehaltenen oder mit Beschlag belegten zoll- und steuerpflichtigen Gegenstände, soweit nicht etwa durch Konfiskation das Eigenthum derselben an den Fiskus oder die Gemeinden übergegangen ist;
2. der Fiskus wegen Vorschüsse, welche zur Ausrüstung einer Militairperson in der gesetzlich vorgeschriebenen Form gegeben worden sind, in Ansehung sämmtlicher Ausrüstungsgegenstände;
3. diejenigen, welchen eine Kaution bestellt worden ist, wegen der Ansprüche, für welche die Kaution haftet, in Ansehung des Gegenstandes der letzteren;
4. Vermiether und Verpächter wegen des Zinses und anderer Forderungen aus dem Mieth- und Pachtverhältnisse, in Ansehung der von dem Miether oder Pächter eingebrachten Sachen, welche ihm selbst gehören oder welche er ohne Einwilligung des Eigenthümers zu verpfänden befugt ist, soweit der Vermiether oder Verpächter das ihm zustehende Zurückbehaltungsrecht an denselben ausübt; ingleichen in Ansehung der noch nicht abgesonderten Früchte der verpachteten Grundstücke;

5. Gastwirthe wegen Forderungen für Wohnung und Bewirthung, in Ansehung der eingebrachten und zurückbehaltenen Sachen des Gastes, welche diesem selbst gehören oder welche er ohne Einwilligung des Eigenthümers zu verpfänden befugt ist;
6. Schiffer, Frachtfuhrleute, Post- und Eisenbahnanstalten wegen der Fracht- und Liegegelder, sowie der Zollgelder und anderer Auslagen, in Ansehung der beförderten Güter und Waaren, welche zurückbehalten, oder auf dem Packhofe oder Zollamte befindlich sind, oder seit deren Ablieferung noch nicht drei Tage verflossen sind, sofern in diesem letzteren Falle die Güter und Waaren noch bei dem Gemeinschuldner oder bei einem Dritten sich befinden, welcher sie für den Gemeinschuldner besitzt;
7. diejenigen, welche Beiträge der Schiffsladung zur großen Haverei zu fordern haben, wegen dieser Beiträge, in Ansehung der Ladung unter den bei Nummer 6. bestimmten Voraussetzungen und Maaßgaben;
8. kaufmännische Kommissionäre und Spediteure in Ansehung der ihnen anvertrauten oder von ihnen angekauften oder besorgten Güter, Fonds und Effekten, wegen der auf dieselben verwendeten Kosten und gegebenen Vorschüsse oder Darlehne, ingleichen wegen aller Forderungen aus laufender Rechnung im Kommissionsgeschäft und Speditionsgeschäft, sofern der Kommissionär oder Spediteur die Güter, Fonds und Effekten noch in seiner Gewahrsam, oder die Konnossemente oder Lagerscheine darüber noch in Händen hat, oder sonst noch in der Lage ist, darüber verfügen zu können;
9. Werkmeister, Handwerker und Arbeiter wegen ihrer Forderungen für Arbeit und Auslagen, in Ansehung der von ihnen gefertigten oder ausgebesserten und noch in ihrer Gewahrsam befindlichen Sachen;
10. diejenigen, welchen das Zurückbehaltungsrecht an einer körperlichen beweglichen Sache auf Grund einer zum Nutzen der Sache geschehenen Verwendung zusteht, wegen ihrer Forderungen aus dieser Verwendung, soweit der Vortheil derselben noch wirklich vorhanden ist, in Ansehung der zurückbehaltenen Sache.

§. 34.

Das Pfandrecht des Fiskus und der Gemeinden (§. 33.) hat den Vorzug vor den übrigen Pfandrechten; das Pfandrecht des Fiskus geht dem Pfandrecht der Gemeinden vor.

§. 35.

Die Gläubiger einer unter gemeinschaftlicher Firma bestehenden Handelsgesellschaft sind berechtigt, aus dem gemeinschaftlichen Vermögen der Gesellschafter (Gesellschaftsvermögen) ihre abgesonderte Befriedigung zu suchen.

§. 36.

Die Theilnehmer an einer mit dem Gemeinschuldner bestehenden Gesellschaft oder anderen Gemeinschaft werden wegen ihrer Forderungen, welche aus diesem Verhältnisse entspringen, zunächst im Wege der Auseinandersetzung abgesondert befriedigt, soweit der Antheil des Gemeinschuldners reicht.

Ebenso findet hinsichtlich der Ansprüche des Verpächters oder des Pächters wegen des dem Letzteren übergebenen Inventars, ingleichen zwischen dem Lehns- oder Fideikommißfolger und den Allodialerben des Gemeinschuldners zunächst abgesonderte Auseinandersetzung und Berechnung nach den darüber bestehenden besonderen Vorschriften statt.

§. 37.

Hat der Gemeinschuldner, vor der Eröffnung des Konkurses über sein Vermögen, eine Erbschaft übernommen, so muß deren Absonderung von dem eigenthümlichen Vermögen des Gemeinschuldners erfolgen:

1. wenn die Erbschaftsgläubiger und Legatare von dem Absonderungsrecht Gebrauch machen, welches ihnen nach den darüber geltenden gesetzlichen Bestimmungen zusteht;
2. wenn die eigenen Gläubiger des Gemeinschuldners das ihnen in den bestehenden Gesetzen ertheilte Absonderungsrecht ausüben, oder von der Rechtswohlthat des Inventars Gebrauch machen. Das Letztere ist zulässig, soweit der Gemeinschuldner selbst, wenn kein Konkurs eröffnet wäre, auf die Rechtswohlthat des Inventars sich zu berufen berechtigt sein würde.

§. 38.

Nur das, was von einer abgesonderten Masse nach Befriedigung der absonderungsberechtigten Gläubiger übrig bleibt, fließt zur gemeinschaftlichen Konkursmasse.

§. 39.

Die absonderungsberechtigten Gläubiger können ihre Forderungen, wenn ihnen deshalb ein persönlicher Anspruch gegen den Gemeinschuldner zusteht, auch gegen die gemeinschaftliche Konkursmasse geltend machen.

Jedoch finden hierbei auf dieselben alle Bestimmungen Anwendung, welche in Ansehung der Konkursgläubiger gegeben sind.

Fünfter Abschnitt.

Ansprüche der Massegläubiger.

§. 40.

Von der gemeinschaftlichen Konkursmasse, sowie von jeder abgesonderten Masse sind die in Beziehung auf dieselbe entstandenen Kommunkosten in Abzug zu bringen.

§. 41.

Als Kommunkosten sind zu betrachten:

1. alle Kosten, welche behufs der Eröffnung des Konkurses, sowie behufs der Ermittelung, Sicherstellung, Einziehung, Zahlbarmachung und Vertheilung der Masse, ingleichen behufs der Ermittelung und Feststellung der Anrechte der Gläubiger erwachsen, soweit sie nicht von den einzelnen Gläubigern getragen werden müssen;
2. alle Ausgaben, welche bei der Verwaltung der Masse entstehen, insbesondere alle Ausgaben zur Bestreitung der aus der Grundstücksmasse zu entrichtenden laufenden öffentlichen und gemeinen Abgaben und Leistungen, sowie der Verwaltungs- und Wirthschaftskosten, ingleichen alle Ausgaben zur Erhaltung und nöthigen Verbesserung der in Beschlag genommenen Sachen, sowie zur Erstattung der deshalb etwa geleisteten Vorschüsse.

§. 42.

Außer den Kommunkosten sind als Schulden der Masse anzusehen und aus derselben vollständig zu befriedigen:

1. alle Ansprüche gegen die Masse, welche aus rechtsverbindlichen Geschäften oder Handlungen des Verwalters derselben entstanden sind;
2. alle Ansprüche aus den zur Zeit der Konkurseröffnung noch nicht erfüllten Rechtsgeschäften des Gemeinschuldners, in welche die Gläubigerschaft an Stelle desselben eingetreten ist (§§. 16. 19. 20. 27. Num. 2.);
3. alle Ansprüche aus den zur Zeit der Konkurseröffnung noch nicht beendigten Rechtsgeschäften und Rechtsverhältnissen des Gemeinschuldners, welche für die Gläubigerschaft über den Zeitpunkt der Konkurseröffnung hinaus verbindlich sind (§§. 18. bis 20.), sofern die Ansprüche in Forderungen für die Zeit nach der Konkurseröffnung bestehen.

§. 43.

Wenn der Gemeinschuldner nach der Konkurseröffnung Verfügungen oder Rechtshandlungen vorgenommen hat, welche in Beziehung auf die Gläubigerschaft nichtig sind (§. 5.), so muß dem anderen Theile die Gegenleistung insoweit vollständig erstattet werden, als die Masse dadurch reicher geworden ist.

Wird das, was der Gemeinschuldner in Folge eines nichtigen Geschäfts geleistet hat, gegen einen dritten redlichen Besitzer zurückgefordert, so muß derselbe wegen aller Gegenansprüche, welche ihm auf Grund seines redlichen Besitzes zustehen, aus der Masse vollständig befriedigt werden.

§. 44.

Sind nach der Konkurseröffnung die in den §§. 22. 25. 26. erwähnten Sachen verkauft, oder die in dem §. 24. erwähnten Wechsel, Handelspapiere und andere Urkunden über Forderungen realisirt worden, so muß dem Rückforderungsberechtigten der Erlös insoweit vollständig herausgegeben werden, als derselbe zur Konkursmasse eingezogen worden ist.

Dasselbe gilt auch in dem Falle, wenn fremde Sachen bereits vor der Konkurseröffnung durch den Gemeinschuldner verkauft worden sind und der Kaufpreis zur Konkursmasse eingezogen ist.

§. 45.

Die Ansprüche der Massegläubiger sind unabhängig von dem im Konkurse stattfindenden Anmeldungs- und Vertheilungsverfahren geltend zu machen und zu befriedigen.

Die Befriedigung erfolgt, sobald die Ansprüche feststehen und fällig sind.

Sechster Abschnitt.

Rangordnung der Realgläubiger in Beziehung auf Immobilien.

§. 46.

Bei der Vertheilung der Kaufgelder eines Grundstücks unter die Realgläubiger kommen, nach Berichtigung der Masseschulden, die Forderungen in der Reihenfolge und in dem Umfange zur Hebung, welche nachstehend festgesetzt sind:

§. 47.

I. Rückstände der zur Erfüllung der Deichpflicht erforderlichen Beiträge und Leistungen aus den beiden letzten Jahren.

Es macht hierbei keinen Unterschied, ob die Beiträge und Leistungen von der Regierung ausgeschrieben sind, oder aus der auf einem Deichverbande beruhenden Deichpflicht entspringen (§§. 9. 18. des Gesetzes über das Deichwesen vom 28. Januar 1848. Gesetz-Samml. S. 54).

§. 48.

II. Rückstände direkter, auf dem Grundstücke lastender Abgaben, welche zu den Staatskassen fließen, aus den beiden letzten Jahren.

Hierher gehören auch die an die Rentenbank und beziehungsweise an die Tilgungskassen abgetretenen Renten, sowie gleichmäßig die an den Domänenfiskus zu entrichtenden Ablösungsrenten (§§. 7. 18. 58. 64. des Gesetzes vom 2. März 1850. Gesetz-Samml. S. 112).

§. 49.

III. Rückstände aus den beiden letzten Jahren von den auf dem Grundstücke haftenden gemeinen Lasten.

Hierher gehören namentlich alle nach Gesetz oder Verfassung auf dem Grundstücke haftenden Abgaben und Leistungen, welche aus dem Kommunal-, Kreis- und Provinzialverbande, oder aus dem Kirchen-, Pfarr- und Schulverbande entspringen, oder an Kirchen, Pfarren und Schulen, oder an Kirchen- und Schulbediente zu entrichten sind; oder welche aus der Verpflichtung zu öffentlichen Wege-, Wasser- oder Uferbauten entstehen; oder welche an Meliorationsgenossenschaften oder andere gemeinnützige, unter der Autorität des Preußischen Staats bestehende Institute, namentlich an Vereine behufs gemeinschaftlicher Uebertragung der durch Brand, Hagelschlag oder Viehsterben entstandenen Schäden zu gewähren sind.

§. 50.

IV. Rückstände aus dem letzten Jahre an Lohn, Kostgeld und anderen Emolumenten des Gesindes, sofern dasselbe zur Bewirthschaftung des Grundstücks gehalten wird und das Grundstück ein zur Landwirthschaft bestimmtes Gut ist.

Mit denselben Einschränkungen gehören hierher auch die Forderungen der Wirthschafts- und Forstbeamten und aller übrigen zur Verwaltung des Grundstücks oder der damit verbundenen Rechte, oder zum Betriebe der damit verbundenen ländlichen Nebengewerbe in dauerndem Dienst- oder Arbeitsverhältnisse zum Besitzer stehenden Personen wegen ihrer Dienstleistungen.

§. 51.

V. Alle nicht zu den öffentlichen und gemeinen Abgaben und Leistungen (§§. 47. bis 49.) gehörenden Reallasten, wenn dieselben oder die Rechtsverhältnisse, aus welchen sie entspringen, in dem Hypothekenbuche eingetragen sind.

Unter dieser Voraussetzung gehören hierher auch die aus dem aufgehobenen Obereigenthum des Lehnsherrn, Grundherrn und Erbzinsherrn, sowie die aus dem aufgehobenen Eigenthum des Erbverpächters entsprungenen und fortbestehenden Reallasten (§. 5. des Gesetzes vom 2. März 1850. Gesetz-Samml. S. 82).

Unter mehreren eingetragenen Lasten bestimmt sich die Rangordnung derselben nach der Eintragung in das Hypothekenbuch.

§. 52.

An der Stelle, an welcher eine Reallast (§. 51.) anzusetzen ist, kommen in der nachstehenden Reihenfolge zur Hebung:

1. die noch unberichtigten laufenden Prästationen;
2. die Rückstände von Prästationen aus den beiden letzten Jahren;
3. das Kapital, welches zur Ablösung der Last in dem Falle erforderlich ist, wenn der Ersteher des Grundstücks die Last nicht übernimmt.

§. 53.

VI. Die auf dem Grundstücke hypothekarisch versicherten Forderungen in der Rangordnung, welche durch die Eintragung in das Hypothekenbuch bestimmt wird.

§. 54.

An der Stelle, an welcher eine Hypothekenforderung (§. 53.) anzusetzen ist, werden in der nachstehenden Reihenfolge berichtigt:

1. die Kosten der Liquidation, Kündigung, Ausklagung und Beitreibung, ingleichen sonstige Kosten, insofern die Hypothek dafür haftet;
2. die noch unberichtigten laufenden Hypothekenzinsen oder anderen Prästationen;
3. die Rückstände von Hypothekenzinsen oder anderen Prästationen aus den beiden letzten Jahren;
4. das Kapital der Forderung.

§. 55.

Die Rangordnung zwischen Reallasten (§. 51.) und Hypothekenforderungen (§. 53.) wird durch die Eintragung in das Hypothekenbuch bestimmt.

§. 56.

Wenn eine Forderung ungetheilt auf mehreren zur Konkursmasse gehörigen Grundstücken haftet, so ist bei Vertheilung der Kaufgelder nach folgenden Grundsätzen zu verfahren:

1. Der Gläubiger ist berechtigt, sich an die Kaufgelder jedes einzelnen Grundstücks wegen seiner ganzen Forderung zu halten.
2. Kommen die Kaufgelder aller oder einiger Grundstücke gleichzeitig zur Vertheilung, so müssen von der Masse eines jeden dieser Grundstücke die der Forderung vorgehenden Posten abgerechnet und die verbleibenden Reste der einzelnen Massen zusammengerechnet werden; nach dem Verhältniß dieser Summe zu den einzelnen Masseresten ist alsdann die Forderung aus den einzelnen Massen antheilig zu berichtigen. Sind die Grundstücke nur nach einem Gesammtgebote zugeschlagen, so werden die Taxwerthe der einzelnen Grundstücke der Berechnung zum Grunde gelegt.
3. Erfolgt die Vertheilung der Kaufgelder eines oder einiger Grundstücke früher, als die der übrigen, so wird von den Kaufgeldern der letzteren soviel auf die Forderung vertheilt, als daraus bei gleichzeitiger Vertheilung der Kaufgelder sämmtlicher verkauften Grundstücke auf die Forderung gefallen sein würde (Num. 2.). Der ermittelte Antheil kommt, nach Befriedigung der Forderung, den Gläubigern zu gut, welche auf den Grundstücken, deren Kaufgelder früher vertheilt worden sind, hinter der Forderung eingetragen waren und einen Ausfall erlitten haben. Dieser Anspruch der ausgefallenen Gläubiger ist sogleich nach jeder früheren Kaufgeldervertheilung in das Hypothekenbuch der übrigen Grundstücke bei der Forderung von Amtswegen einzutragen.
4. Verlangt der Gläubiger, vermöge des ihm nach Num. 1. zustehenden Rechts, eine andere als die unter Num. 2. und 3. vorgeschriebene antheilige Befriedigung aus einer oder der anderen Masse, so wird dadurch gleichwohl in dem Beitragsverhältnisse der einzelnen Massen unter sich nichts geändert, und es muß den Massen, welche zur Befriedigung des Gläubigers über ihren Antheil hergegeben haben, dieser Mehrbetrag aus den Massen, welche gar nichts oder weniger als ihren vollen Antheil hergegeben haben, verhältnißmäßig erstattet werden.

§. 57.

Aus den Revenüen des Grundstücks werden zunächst die laufenden öffentlichen und gemeinen Abgaben und Leistungen, die Verwaltungsausgaben, und die in Bezug auf die Revenüenmasse erwachsenen sonstigen Kommunkosten bestritten.

Demnächst werden die laufenden Hypothekenzinsen und anderen auf dem Grundstücke haftenden laufenden Prästationen nach der Rangordnung der Realrechte (§§. 51. 53. 55.) an den Fälligkeitsterminen berichtigt, soweit die jedesmaligen Revenüenbestände hinreichen.

Hierbei sind in Ansehung der Forderungen, welche ungetheilt auf mehreren zur Konkursmasse gehörigen Grundstücken haften, die Revenüen eines jeden Jahres nach den Grundsätzen zu vertheilen, welche bei der Kaufgeldervertheilung zur Anwendung kommen (§. 56. Num. 1. 2. und 4.).

Der etwa verbleibende Revenüenüberschuß fließt zur Kaufgeldermasse.

§. 58.

Wenn Hypothekengläubiger wegen der Zinsen und Kapitalien ihre Befriedigung lediglich aus den Revenüen zu fordern haben, so muß deren Vertheilung in der Weise geschehen, daß solche Gläubiger auch wegen der Rückstände und der Kapitalien in dem für die Vertheilung der Kaufgelder bestimmten Umfange (§. 54.) befriedigt werden, bevor ein ihnen nachstehender Gläubiger auf laufende Zinsen etwas erhalten kann.

§. 59.

Die laufenden Abgaben, Lasten, Hypothekenzinsen und anderen Präſtationen nehmen von dem letztverflossenen Fälligkeitstermin vor der Beschlagnahme der Revenüen oder der Einleitung der Sequestration ihren Anfang. Hat aber die Beschlagnahme der Revenüen oder die Einleitung der Sequestration vorher nicht stattgefunden, so beginnen sie mit dem letztverflossenen Fälligkeitstermin vor der Konkurseröffnung oder vor dem früheren Tage der verfügten nothwendigen Subhastation.

Die Rückstände (§§. 47. bis 50. 52. 54.) werden von denselben Zeitpunkten zurückgerechnet.

§. 60.

In einem größeren, als dem vorstehend festgesetzten Umfange haben die Forderungen der Realgläubiger keinen Anspruch auf abgesonderte Befriedigung aus der Grundstücksmasse.

§. 61.

Mehrere an derselben Stelle anzusetzende Forderungen werden, wenn die Masse zu ihrer vollständigen Tilgung nicht hinreicht, nach Verhältniß ihrer festgestellten Beträge gleichmäßig berichtigt.

§. 62.

Besteht eine Forderung in dem Anspruche auf fortlaufende Hebungen, so kann der Betrag der künftigen Hebungen für den ganzen Zeitraum ihrer Dauer behufs der Sicherstellung durch Auswerfung eines Kapitals liquidirt werden.

Fortlaufende Hebungen von unbestimmter Dauer werden nach dem Satze zu vier vom Hundert zu Kapital gerechnet.

§. 63.

Die Vorschriften des gegenwärtigen Abschnitts finden auch bei der Vertheilung der Kaufgelder und Revenüen von solchen Schiffsmühlen und Gerechtigkeiten Anwendung, welche die Eigenschaft unbeweglicher Sachen haben.

Ein Gleiches gilt bei nicht verliehenem Berg- und Hütteneigenthum.

Dagegen behält es in Ansehung des verliehenen Berg- und Hütteneigenthums bei den über die Theilnahmerechte der Berggläubiger bestehenden besonderen Vorschriften sein Bewenden.

Siebenter Abschnitt.

Rangordnung der Realgläubiger in Beziehung auf Seeschiffe und andere zur Frachtschiffahrt bestimmte Schiffsgefäße.

§. 64.

Zu der Masse, welche zur abgesonderten Befriedigung der Schiffsgläubiger dient, gehören: das Schiff selbst nebst Zubehör, sowie die für das Schiff gezeichnete Versicherung und die von demselben verdienten Frachtgelder.

Die Forderungen der Schiffsgläubiger kommen daraus in nachstehender Reihenfolge zur Hebung:

§. 65.

I. Die Bergegelder; ingleichen die Kosten zur Verwahrung des Schiffes nebst Zubehör seit der letzten Einbringung in den Hafen.

§. 66.

II. Lootsen-, Tonnen-, Hafen- und andere Ungelder zur letzten Einbringung des Schiffes in den Hafen.

§. 67.

III. Die Heuer des Schiffers und des Schiffsvolks von der letzten Reise.

§. 68.

IV. Die nachstehenden Forderungen mit der Maaßgabe, daß die später entstandene Forderung der früher entstandenen vorgeht:

1. der Beitrag des Schiffes zu der auf der letzten Reise vorgefallenen großen Haverei;
2. die kreditirten Lieferungen und Leistungen, welche dem Schiffer während der Dauer der letzten Reise zur Anschaffung von Lebensmitteln oder zur Reparatur und

Ausrüstung des Schiffes gewährt und zu diesen Zwecken wirklich verwendet worden sind;

3. die von dem Schiffer durch Darlehns- und Pfandverträge zur Fortsetzung der letzten Reise im Nothhafen gültig aufgenommenen Gelder, sowie die von dem Schiffer zu demselben Zweck im Nothhafen genommene Bodmerei (eigentliche Bodmerei), ingleichen der zu erstattende Werth der Waaren, welche vom Schiffer behufs der Fortsetzung der letzten Reise im Nothhafen von der Ladung gültig veräußert worden sind.

Jedoch haben die unter Num. 2. und 3. aufgeführten Forderungen nur dann einen Anspruch auf abgesonderte Befriedigung aus der Schiffsmasse, wenn sie binnen Jahresfrist gerichtlich geltend gemacht werden. Die Frist beginnt in Ansehung der kreditirten Lieferungen und Leistungen mit dem Ablauf des Tages, an welchem das Schiff in den Hafen zurückgekehrt ist, in Ansehung der aufgenommenen Gelder mit dem Ablauf des Rückzahlungstermins und in Ansehung der veräußerten Waaren mit dem Ablauf des Tages, an welchem die Löschung der Ladung erfolgt ist.

§. 69.

V. Die Forderungen, für welche das Schiff verpfändet worden ist, ohne daß die Bedingungen des §. 68. Num. 3. vorliegen, in der Rangordnung, welche durch die Zeitfolge der einzelnen Verpfändungen bestimmt wird.

Hierher gehören namentlich die mit einem gültigen Pfandrecht versehenen Bodmereischulden der Rheder (uneigentliche Bodmerei), sofern die Forderungen binnen Jahresfrist nach eingetretenem Zahlungstermin gerichtlich geltend gemacht werden.

§. 70.

Bei der Vertheilung der Masse werden die Kosten und sämmtliche noch nicht verjährte Zinsen am Orte des Kapitals angesetzt. Bei Bodmereiforderungen (§. 68. Num. 3; §. 69.) genießen jedoch Zinsrückstände nur aus dem letzten Jahre vor der Konkurseröffnung oder dem früheren Tage der verfügten nothwendigen Subhastation das Vorzugsrecht des Kapitals; ältere Zinsrückstände haben keinen Anspruch auf abgesonderte Befriedigung aus der Schiffsmasse.

§. 71.

Mehrere an derselben Stelle anzusetzende Forderungen werden, wenn die Masse zu ihrer vollständigen Tilgung nicht hinreicht, nach Verhältniß ihrer festgestellten Beträge gleichmäßig berichtigt.

Achter Abschnitt.

Rangordnung der Konkursgläubiger.

§. 72.

Die Ansprüche der Konkursgläubiger kommen in nachstehender Reihenfolge zur Hebung:

§. 73.

I. Rückstände von direkten und indirekten Staatssteuern und anderen denselben gleichstehenden Abgaben, aus den beiden letzten Jahren von dem Tage der Konkurseröffnung oder, wenn der Gemeinschuldner schon vor der Konkurseröffnung verstorben ist, von dem Todestage des Gemeinschuldners zurückgerechnet.

Es macht hierbei keinen Unterschied, ob der Steuererheber die Steuerrückstände bereits vorschußweise zur Kasse entrichtet hat oder nicht.

§. 74.

II. Rückstände von Abgaben und Leistungen, welche aus dem Gemeinde-, Kreis- oder Provinzialverbande, ingleichen aus dem Kirchen-, Pfarr- oder Schulverbande entspringen, oder welche an Kirchen, Pfarren und Schulen, oder an Kirchen- und Schulbediente, oder zu gemeinnützigen, unter der Autorität des Preußischen Staats bestehenden Instituten nach Gesetz oder Verfassung zu entrichten sind, aus den beiden letzten Jahren vor der Konkurseröffnung oder vor dem Ableben des Gemeinschuldners (§. 73.).

Es macht hierbei keinen Unterschied, ob die Rückstände der an öffentliche Kassen zu entrichtenden Abgaben von dem Erheber derselben bereits vorschußweise zur Kasse abgeführt worden sind oder nicht.

§. 75.

III. Die auf das Begräbniß des Gemeinschuldners verwendeten Kosten, insoweit sie das nach den Lebensverhältnissen des Verstorbenen zu beurtheilende Bedürfniß nicht übersteigen.

§. 76.

IV. Die rückständigen Medizinalkosten seit dem Beginn des der Konkurseröffnung oder dem Ableben des Gemeinschuldners zunächst vorhergegangenen Kalenderjahres.

Als Medizinalkosten sind anzusehen: alle den Aerzten, Wundärzten, Apothekern, Hebeammen und Krankenpflegern gegen den Gemeinschuldner zustehenden Forderungen wegen ihrer Gebührnisse.

Die Forderungen müssen mit Angabe und Berechnung der einzelnen Dienstleistungen nach den zulässigen Sätzen aufgestellt werden. War mit dem Gemeinschuldner ein Honorar in Pausch und Bogen verabredet, so tritt der Betrag desselben an die Stelle der einzelnen Gebührnisse, genießt aber deren Vorrecht nur insoweit, als es den Betrag derselben nicht übersteigt.

§. 77.

V. Die Forderungen der von dem Gemeinschuldner für seinen Haushalt oder für sein Gewerbe angenommenen, im Dienstverhältnisse zu demselben stehenden Personen, insbesondere der Erzieher, Hausoffizianten, Handlungsgehülfen, Handwerksgesellen und Dienstboten, an Honorar, Lohn, Kostgeld und anderen Emolumenten, aus dem letzten Jahre vor der Konkurseröffnung oder vor dem Ableben des Gemeinschuldners (§. 73.), oder vor Anstellung der Klage, sofern im letzteren Falle der Prozeß oder die Exekution ununterbrochen fortgesetzt worden ist.

§. 78.

VI. Die nachstehenden Forderungen des Fiskus:

1. die Forderungen wegen der dem Gemeinschuldner zur Last fallenden Defekte aus einer von demselben geführten Kassenverwaltung oder sonstigen Vermögensverwaltung; mit dem Fiskus haben die gerichtlichen Depositorien und die Hofkammer der Königlichen Familiengüter gleiche Rechte;
2. die Forderungen aus den mit dem Gemeinschuldner geschlossenen Lieferungsverträgen;
3. die Forderungen von Gebühren und Auslagen der Gerichte und Auseinandersetzungsbehörden.

§. 79.

VII. Die Ansprüche der Kommunal-, Kreis- und Provinzialverbände, der landschaftlichen Kreditverbände, der Domkapitel, Kollegiatstifter, Klöster, Kirchen, Schulen und milden Stiftungen wegen der dem Gemeinschuldner zur Last fallenden Defekte aus einer von demselben geführten Verwaltung ihrer Kassen oder ihres sonstigen Vermögens.

§. 80.

VIII. Die Ansprüche der Kinder und der Pflegebefohlenen des Gemeinschuldners wegen ihres gesetzlich in die Verwaltung und Nutznießung, oder nur in die Verwaltung des Gemeinschuldners gekommenen Vermögens.

Der Ehefrau des Gemeinschuldners, mit Ausnahme der Ehefrauen von Handelsleuten, Schiffsrhedern und Fabrikbesitzern, gebührt wegen ihres gesetzlich in die Verwaltung und Nutznießung des Ehemannes gekommenen Vermögens, soweit sie nicht vermöge ihres Rückforderungs- oder Pfandrechts befriedigt wird, ein gleiches Vorrecht mit demjenigen der Kinder und Pflegebefohlenen.

§. 81.

Das Vorrecht der Kinder und der Pflegebefohlenen (§. 80.) erlischt, wenn die Forderungen nicht binnen zwei Jahren nach Beendigung der gesetzlichen Vermögensverwaltung des Gemeinschuldners im Wege der Klage geltend gemacht und bis zur Konkurseröffnung ununterbrochen verfolgt worden sind.

In Ansehung der Kinder, welche zur Zeit der Beendigung der väterlichen Vermögensverwaltung minderjährig sind, beginnt die zweijährige Frist erst mit dem Tage, an welchem diese Beendigung der vormundschaftlichen Behörde angezeigt worden ist.

§. 82.

IX. Alle übrigen Ansprüche zu gleichen Rechten.

§. 83.

Mit den Kapitalsforderungen, sie mögen bevorzugt sein oder nicht, kommen an gleicher Stelle zum Ansatz:

1. die Kosten, welche dem Gläubiger bereits vor der Konkurseröffnung erwachsen und dem Gemeinschuldner zur Last gelegt sind;
2. Die Konventionalstrafen, ingleichen die sämmtlichen rückständigen noch nicht verjährten Zinsen bis zum Tage der Konkurseröffnung (§. 12.).

§. 84.

Es stehen allen anderen Forderungen nach und können im Konkursverfahren überhaupt nicht geltend gemacht werden:

1. die von dem Gemeinschuldner zu entrichtenden Geldstrafen;
2. die Kosten, welche den Gläubigern durch ihre Theilnahme an dem Konkursverfahren erwachsen (Liquidationskosten);
3. die Forderungen, welche aus der Freigebigkeit des Gemeinschuldners entspringen;
4. die Forderungen, welche Zuwendungen auf den Todesfall zum Gegenstande haben, sie mögen in Eheverträgen, Erbverträgen oder anderen letztwilligen Verfügungen des Gemeinschuldners enthalten sein. Hat jedoch der auf den Todesfall Bedachte für eine solche Zuwendung dem Gemeinschuldner etwas gegeben, überlassen oder eine sonstige Gegenleistung gemacht, so kann er diese Gegenleistung oder deren Werth, jedoch niemals mehr als den Betrag jener Zuwendung fordern.

§. 85.

Hinsichtlich der Berichtigung mehrerer an derselben Stelle anzusetzenden Forderungen, sowie hinsichtlich der Ansetzung der Ansprüche auf fortlaufende Hebungen kommen die bei Vertheilung der Grundstücksmasse geltenden Vorschriften (§§. 61. 62.) zur Anwendung.

§. 86.

Mitschuldner oder Bürgen des Gemeinschuldners können wegen der Zahlungen, welche sie auf die Forderung des Gläubigers geleistet haben, einen Anspruch auf Ersatz in dem Konkurse geltend machen, soweit ihnen der Rückgriff gegen den Gemeinschuldner zusteht.

Dagegen können sie insoweit, als die Forderung noch unbezahlt ist, keinen Anspruch auf Ersatz der von ihnen für den Gemeinschuldner auf die Forderung künftig noch zu leistenden Zahlungen liquidiren; vielmehr sind sie nur berechtigt, mittelst Befriedigung des Gläubigers in dessen Rechte gegen die Masse einzutreten.

§. 87.

Wenn über das Vermögen mehrerer Personen, welche für eine Forderung solidarisch haften, der Konkurs eröffnet worden ist, so kann der Gläubiger in jedem einzelnen Konkurse den ganzen Betrag seiner Forderung geltend machen.

Dasjenige, was bei der Vertheilung der einzelnen Massen auf diesen Betrag fällt, wird an den Gläubiger gezahlt, bis derselbe wegen der Forderung vollständig befriedigt ist.

Die Konkursmassen haben in einem solchen Falle wegen der an den Gläubiger geleisteten Zahlungen keinen Rückgriff gegen einander, wenn der Gesammtbetrag der Summen, welche aus den sämmtlichen Massen auf die Forderung des Gläubigers vertheilt werden, den Betrag nicht übersteigt, welcher dem Gläubiger gebührt.

Ergiebt sich dagegen bei den Vertheilungen, nach der Befriedigung des Gläubigers, ein Ueberschuß, so findet auf Höhe desselben der Rückgriff nach dem Verhältnisse statt, in welchem die einzelnen Gemeinschuldner unter sich zur Berichtigung der Forderung verpflichtet sind.

Neunter Abschnitt.

Ansprüche der Ehefrau des Gemeinschuldners.

§. 88.

Die Ehefrau des Gemeinschuldners kann, der Gläubigerschaft gegenüber, als ihr Eigenthum nur in Anspruch nehmen:

1. die beweglichen und unbeweglichen Sachen, einschließlich der ausstehenden Forderungen und der auf den Inhaber lautenden Papiere, welche die Ehefrau schon vor Eingehung der Ehe eigenthümlich besaß, oder während der Ehe durch gültige Schenkung, durch Erbschaft oder durch Glücksfälle, oder mit ihrem vorbehaltenen Vermögen erworben hat;
2. die beweglichen und unbeweglichen Sachen, einschließlich der ausstehenden Forderungen und der auf den Inhaber lautenden Papiere, welche an die Stelle der vorbezeichneten (Num. 1.) dadurch getreten sind, daß sie von der Ehefrau entweder unmittelbar gegen dieselben eingetauscht oder mit Geldern erworben worden sind, welche aus der Veräußerung oder Einziehung derselben herrühren. Ein Gleiches gilt bei weiteren Veräußerungen und Erwerbungen dieser Art;
3. die der Ehefrau von dem Gemeinschuldner während der Ehe zugewendeten, zu ihrem persönlichen Gebrauch bestimmten Betten, Kleidungsstücke und Leibwäsche.

§. 89.

An Immobilien und Forderungen, welche im Hypothekenbuche auf den Namen des Gemeinschuldners eingetragen sind, oder auf dessen Namen ausstehen, kann ein Eigenthumsanspruch der Ehefrau, der Gläubigerschaft gegenüber, nicht geltend gemacht werden.

Die Rechte des durch Vertrag vorbehaltenen Vermögens kann die Ehefrau im Konkurse nur insoweit geltend machen, als der Vertrag entweder vor Eingehung der Ehe, oder wenn er Gegenstände betrifft, welche die Ehefrau während der Ehe durch gültige Schenkung, durch Erbschaft oder durch Glücksfälle erworben hat, innerhalb eines Jahres seit deren Erwerbung geschlossen worden ist.

§. 90.

Sachen und Forderungen, welche von der Ehefrau des Gemeinschuldners erworben oder auf den Namen derselben geschrieben worden sind, gehören gleichwohl zur Konkursmasse, sofern nicht das Eigenthum der Ehefrau nach Maaßgabe der vorstehenden Bestimmungen (§§. 88. 89.) erwiesen wird.

Die Ueberweisung solcher Sachen und Forderungen an die Konkursmasse erfolgt auf den Antrag des Verwalters durch Beschluß des Konkursgerichts, nachdem der Antrag vier Wochen vorher der Ehefrau zur Erklärung mitgetheilt worden ist. Wird binnen dieser Frist von der Ehefrau Widerspruch erhoben, so muß dieselbe ihre Rechte im besonderen Verfahren ausführen.

Ist von der Ehefrau nicht rechtzeitig Widerspruch erhoben worden, oder ist der von ihr erhobene Anspruch rechtskräftig verworfen, so können die Sachen und Forderungen für Rechnung der Konkursmasse veräußert und eingezogen werden. Die nothwendige Subhastation der Grundstücke muß auf den Antrag des Verwalters der Konkursmasse auch dann stattfinden, wenn der Besitztitel in dem Hypothekenbuch auf den Namen der Ehefrau eingetragen steht.

Erfolgt die Veräußerung oder Einziehung deshalb, weil die Ehefrau sich nicht innerhalb der vierwöchentlichen Frist erklärt hat, so geht dieselbe dadurch allein ihres etwanigen Anspruchs auf den Erlös (§§. 28. 44.) nicht verlustig.

Durch die gegenwärtigen Bestimmungen wird in den bestehenden gesetzlichen Vorschriften über die Rechte dritter Personen nichts geändert.

§. 91.

Soweit die Ehefrau des Gemeinschuldners nicht mittelst des Rückforderungsrechts oder Pfandrechts befriedigt wird, steht derselben wegen ihres in die Verwaltung des Gemeinschuldners gekommenen Vermögens ein Anspruch als Konkursgläubigerin zu.

Die Ansetzung dieses Anspruchs, sowie etwaniger anderer persönlicher Forderungen der Ehefrau erfolgt nach den Vorschriften des achten Abschnitts.

§. 92.

Wenn die Ehefrau während der Ehe Zahlungen für den Gemeinschuldner geleistet hat, so gilt die Vermuthung, daß dieselben aus dem Vermögen des Gemeinschuldners geleistet worden sind.

Will die Ehefrau wegen solcher Zahlungen einen Anspruch machen, so muß sie den Beweis führen, daß die Zahlungen aus ihrem Vermögen (§§. 88. 89. 91.) geleistet worden sind.

§. 93.

Das dem Nießbrauch des Gemeinschuldners unterworfene Vermögen seiner Ehefrau wird, so lange das Nießbrauchsrecht des Gemeinschuldners während des Konkurses dauert, für Rechnung der Konkursmasse verwaltet; die Nutzungen fließen zur Konkursmasse, soweit sie nicht zum standesmäßigen Unterhalt der Frau und der Kinder, sowie zur Erziehung der letzteren verwendet werden müssen.

§. 94.

Wenn die Ehefrau mit dem Gemeinschuldner in ehelicher Gütergemeinschaft lebt, so hat dieselbe wegen Rückgewähr ihres Vermögens nur insoweit einen Anspruch, als jenes Verhältniß, nach den für die Ehefrau geltenden Rechten, eine Verhaftung ihres oder des gemeinschaftlichen Vermögens für die von dem Ehemanne gemachten Schulden nicht begründet.

Dasselbe gilt in Ansehung der Kinder, welche mit dem Gemeinschuldner in prorogirter provinzieller oder statutarischer Gütergemeinschaft leben.

Zehnter Abschnitt.

Kompensation.

§. 95.

Wer die Befugniß hat, zu kompensiren, kann seine Forderung soweit unverkürzt in Anrechnung bringen, als die Gegenforderung reicht; er ist nicht verpflichtet, sich deshalb in das Konkursverfahren einzulassen.

§. 96.

Die Kompensation findet unter Voraussetzung der allgemeinen gesetzlichen Erfordernisse statt:

1. wenn Jemand nach der Konkurseröffnung Gläubiger und Schuldner der Masse geworden ist;
2. wenn Jemand dem Gemeinschuldner vor der Konkurseröffnung etwas schuldig war und nachher ein Gläubiger der Masse geworden ist;
3. wenn gegenseitige Forderungen zwischen dem Gemeinschuldner und dem Gläubiger desselben schon vor der Konkurseröffnung bestanden haben, die Forderungen mögen zur Zeit der Konkurseröffnung bereits fällig sein oder erst später fällig werden. Ist die noch nicht fällige Forderung des Gläubigers unverzinslich, so findet der §. 249. Anwendung.

§. 97.

Die Kompensation ist nicht zulässig:

1. wenn Jemand vor oder nach der Konkurseröffnung eine Forderung an den Gemeinschuldner erlangt hat und erst nach der Konkurseröffnung dem Gemeinschuldner oder der Masse etwas schuldig geworden ist;
2. wenn Jemand dem Gemeinschuldner vor der Konkurseröffnung etwas schuldig war und erst nach der Konkurseröffnung eine Forderung an denselben erlangt, es sei aus einem neuen Geschäft oder durch den Erwerb einer vor der Konkurseröffnung entstandenen Forderung eines anderen Gläubigers;
3. wenn Jemand dem Gemeinschuldner vor der Konkurseröffnung etwas schuldig war und vor der Konkurseröffnung eine Forderung an denselben durch Cession, oder durch Befriedigung eines Gläubigers, oder aus einem neuen Geschäft

erlangt, sofern ihm zur Zeit der Cession, oder der Befriedigung des Gläubigers, oder der Abschließung des neuen Geschäfts bekannt war, daß der Gemeinschuldner bereits seine Zahlungen eingestellt hatte, oder daß bereits von dem Gemeinschuldner die Unzulänglichkeit seines Vermögens bei dem Gericht angezeigt, oder von einem Gläubiger desselben die Konkurseröffnung beantragt war.

§. 98.

Was Jemand einer Handelsgesellschaft schuldet oder von ihr zu fordern hat, kann mit Demjenigen, was derselbe nur von einzelnen Gesellschaftern zu fordern hat oder ihnen schuldet, in Ansehung des Gesellschaftsvermögens nicht kompensirt werden.

Elfter Abschnitt.

Befugniß der Gläubiger zur Anfechtung der vor der Konkurseröffnung vorgefallenen Rechtshandlungen.

§. 99.

Die Gläubigerschaft hat die Befugniß, Rechtshandlungen, welche vor der Konkurseröffnung vorgenommen sind, nach Maaßgabe der folgenden näheren Bestimmungen als ungültig anzufechten.

§. 100.

I. Alle Zahlungen und Rechtsgeschäfte des Gemeinschuldners unterliegen der Anfechtung, wenn der andere Theil bei dem Empfange der Zahlung oder bei dem Abschlusse des Rechtsgeschäfts davon Kenntniß besaß, daß bereits der Gemeinschuldner die Zahlungen eingestellt hatte, oder daß bereits der Gemeinschuldner die Unzulänglichkeit seines Vermögens bei dem Gericht angezeigt, oder ein Gläubiger desselben die Konkurseröffnung beantragt hatte.

Jedoch findet die Rückforderung der Zahlung eines von dem Gemeinschuldner ausgestellten indossirten eigenen Wechsels nur gegen den ersten Indossanten und die Rückforderung der Zahlung eines auf den Gemeinschuldner gezogenen Wechsels nur gegen Denjenigen statt, für dessen Rechnung der Wechsel gezogen wurde, und auch gegen diesen nur dann, wenn der Erstere beim Indossiren, der Letztere bei Ausstellung oder Begebung des Wechsels davon Kenntniß besaß, daß bereits der Gemeinschuldner die Zahlungen eingestellt hatte, oder daß bereits der Gemeinschuldner die Unzulänglichkeit seines Vermögens bei dem Gericht angezeigt, oder ein Gläubiger desselben die Konkurseröffnung beantragt hatte.

Bei einem trassirt eigenen Wechsel, welcher von dem ersten Indossatar weiter indossirt ist, findet die Rückforderung der Zahlung nur gegen den ersten Indossatar statt, und auch gegen diesen nur dann, wenn derselbe beim Weiterindossiren von den erwähnten Umständen Kenntniß gehabt hat.

§. 101.

II. Rechtshandlungen des Gemeinschuldners, welche seit dem Tage der Zahlungseinstellung oder der Anzeige der Vermögensunzulänglichkeit oder des Antrags auf Konkurseröffnung (§. 100.), oder innerhalb der nächstvorhergegangenen zehn Tage vorgenommen worden sind, unterliegen der Anfechtung, wenn sie eines der nachfolgenden Rechtsgeschäfte zum Gegenstande haben:

1. die Bestellung von Pfand oder Hypothek zur Sicherung von Verbindlichkeiten, die bereits vor der Einräumung des dinglichen Rechts entstanden sind, sofern die Pfand- oder Hypothekbestellung nicht sogleich bei Entstehung der Verbindlichkeit oder doch vor den oben erwähnten zehn Tagen ausbedungen worden ist;
2. die Zahlung einer noch nicht fälligen Schuld, es mag die Zahlung baar, durch Hingabe an Zahlungsstatt oder in anderer Weise erfolgt sein;
3. die Zahlung einer fälligen Schuld, welche nicht baar oder in Handelspapieren bewirkt worden ist.

§. 102.

III. Rechtshandlungen, welche seit dem Tage der Zahlungseinstellung oder der Anzeige der Vermögensunzulänglichkeit oder des Antrags auf Konkurseröffnung, oder innerhalb der nächstvorhergegangenen zwei Jahre vorgenommen worden sind, unterliegen der Anfechtung, wenn sie folgende Rechtsgeschäfte zum Gegenstande haben:

1. Verträge, durch welche der Gemeinschuldner Gegenstände seines Vermögens auf Leibrenten gegeben hat;
2. freigebige Verfügungen des Gemeinschuldners, insbesondere Schenkungen, Erbes- oder Vermächtnißentsagungen, ingleichen solche Verfügungen, welche zwar unter lästigem Titel vorgenommen, aber wegen des zwischen der Leistung des Gemeinschuldners und der Gegenleistung obwaltenden erheblichen Mißverhältnisses als freigebige Verfügungen des Gemeinschuldners zu erachten sind;
3. Veräußerungen unter einem lästigen Titel, welche der Gemeinschuldner

a. an seinen Ehegatten, vor oder nach geschlossener Ehe, oder
b. an einen seiner eigenen nahen Verwandten, oder
c. an einen nahen Verwandten seines Ehegatten, oder
d. an den Ehegatten einer der unter b und c erwähnten Personen

vorgenommen hat; sofern der andere Theil nicht Umstände nachweist, aus welchen zu entnehmen ist, daß er zur Zeit der Veräußerung um eine Absicht des Gemeinschuldners, seine Gläubiger durch die Veräußerung zu benachtheiligen, nicht gewußt hat.

Unter nahen Verwandten werden verstanden: die Verwandten in aufsteigender und absteigender Linie, sowie die vollbürtigen und halbbürtigen Geschwister.

§. 103.

IV. Ohne Beschränkung auf einen bestimmten Zeitraum unterliegen der Anfechtung:

1. alle Rechtshandlungen, welche der Gemeinschuldner in der dem anderen Theil bekannten Absicht vorgenommen hat, sie nur zum Schein vorzunehmen, oder die Gläubiger auf andere Weise zu bevortheilen;
2. die gegen den Gemeinschuldner ergangenen Entscheidungen und Mandate, sowie die auf Grund solcher Titel vorgenommenen Rechtshandlungen, wenn dabei Umstände zum Grunde liegen, bei welchen eine gleiche Absicht (Num. 1.) erhellt;
3. die freigebigen Verfügungen (§. 102. Num. 2.), welche der Gemeinschuldner zum Vortheil seines Ehegatten nach geschlossener Ehe vorgenommen hat;
4. die Rechtshandlungen, durch welche der Gemeinschuldner seiner Ehefrau oder deren Rechtsnachfolgern, behufs Sicherstellung oder Abfindung wegen des in seine Verwaltung gekommenen Vermögens, in stehender Ehe ein Pfandrecht oder Hypothekenrecht bestellt oder auf irgend eine Weise Befriedigung gewährt hat, ohne daß ein Fall der gesetzlichen Verpflichtung zur Sicherstellung der Ehefrau oder zur Herausgabe des Vermögens derselben vorlag;
5. Quittungen, Anerkenntnisse oder Zugeständnisse, welche der Gemeinschuldner seinem Ehegatten gegenüber, vor oder nach geschlossener Ehe, ausdrücklich oder stillschweigend, insbesondere im Kontumazialverfahren, abgegeben hat; sofern nicht die Richtigkeit der Quittung, des Anerkenntnisses oder Zugeständnisses oder der im Kontuma-

zialverfahren festgestellten Umstände anderweit nachgewiesen wird.

§. 104.

Die Anfechtung einer Rechtshandlung wird dadurch nicht ausgeschlossen, daß derselben ein vollstreckbarer Vergleich oder ein anderer vollstreckbarer Titel (§. 103. Num. 2.) hinzugetreten ist. Vielmehr ist jeder einer anfechtbaren und für ungültig erklärten Rechtshandlung hinzugetretene vollstreckbare Titel, der Gläubigerschaft gegenüber, unwirksam, ohne daß es der besonderen Anfechtung desselben bedarf.

§. 105.

Die Bestimmungen wegen Anfechtung von Rechtshandlungen, welche vorstehend in Ansehung des Gemeinschuldners ertheilt sind, gelten auch von dem Erben hinsichtlich der Rechtshandlungen, welche derselbe seit dem Ableben des Gemeinschuldners bis zur Eröffnung des Konkurses über den Nachlaß in Betreff dieses letzteren vorgenommen hat.

§. 106.

Dasjenige, was durch eine anfechtbare Rechtshandlung von dem Gemeinschuldner aus seinem Vermögen, oder von dem Erben aus dem Nachlasse (§. 105.) weggegeben oder veräußert worden ist, kann die Gläubigerschaft von dem Erwerber zur Konkursmasse zurückfordern.

Bildet jedoch eine freigebige Verfügung des Gemeinschuldners (§. 102. Num. 2.) den Gegenstand der Anfechtung, so kann das Rückforderungsrecht, wenn nicht der Fall des §. 103. Num. 1. vorliegt, nur insoweit ausgeübt werden, als der Erwerber zur Zeit der Anfechtung noch im Besitze der durch die freigebige Verfügung erlangten Sache sich befindet oder durch den aus derselben gelösten Werth noch wirklich reicher ist.

§. 107.

Dem Erwerber muß seine Gegenleistung vollständig erstattet werden.

Wenn jedoch dem Erwerber bekannt war, daß der Gemeinschuldner die Rechtshandlung nur zum Schein oder in der Absicht vorgenommen hat, die Gläubiger zu bevortheilen, so kann er die Gegenleistung aus der Masse nur insoweit zurückfordern, als letztere dadurch reicher geworden ist.

Die Ansprüche, welche dem Erwerber hiernach zustehen, kann derselbe als Massegläubiger geltend machen (§. 45.).

§. 108.

Wenn der Empfänger einer anfechtbaren Zahlung das Empfangene zurückgeben muß, so tritt seine Forderung wieder in Kraft und er kann dieselbe in dem Konkurse, jedoch nicht als Massegläubiger, geltend machen.

§. 109.

Gegen einen dritten Besitzer der aus dem Vermögen des Gemeinschuldners weggegebenen oder veräußerten Gegenstände, oder der von dem Gemeinschuldner bestellten Pfandrechte oder Hypothekenrechte findet das in Beziehung auf den Vorbesitzer zulässige Anfechtungs- und Rückforderungsrecht statt:

1. wenn der dritte Besitzer zur Zeit seiner Erwerbung davon Kenntniß gehabt hat, daß die Rechtshandlung des Gemeinschuldners nur zum Schein oder in der Absicht vorgenommen ist, die Gläubiger zu bevortheilen;
2. wenn der dritte Besitzer der Ehegatte des Gemeinschuldners oder ein naher Verwandter oder Verschwägerter (§. 102. Num. 3.) ist, sofern derselbe nicht Thatsachen nachweist, aus welchen zu entnehmen ist, daß er zur Zeit seiner Erwerbung von den Umständen, welche das Recht zur Anfechtung und Rückforderung gegen den Vorbesitzer begründen, keine Kenntniß gehabt hat;
3. wenn der dritte Besitzer die Sache durch eine freigebige Verfügung erworben hat; jedoch unterliegt in diesem Falle das Rückforderungsrecht denselben Beschränkungen, welche für den Fall der Anfechtung einer freigebigen Verfügung des Gemeinschuldners zu Gunsten des ersten Erwerbers festgesetzt sind (§. 106.).

Gegen Erben findet das in Beziehung auf den Erblasser derselben begründete Anfechtungs- und Rückforderungsrecht ohne die vorstehenden Beschränkungen (Num. 1. bis 3.) statt.

§. 110.

Das Recht der Anfechtung kann nicht nur im Wege der Klage, sondern auch im Wege der Einwendung ausgeübt werden.

§. 111.

Bei der Entscheidung über die Zulässigkeit einer Anfechtung bleiben die positiven Regeln über die Wirkungen der Beweise außer Anwendung. Der erkennende Richter hat, unter Erwägung aller vorliegenden Umstände und unter genauer Prüfung aller beigebrachten Beweise, nach seiner freien, aus dem Inbegriff der stattgehabten Verhandlungen geschöpften Ueberzeugung zu entscheiden, ob ein angetretener Beweis als geführt anzusehen sei oder nicht, oder ob es noch der Auferlegung eines nothwendigen Eides bedürfe. Insbesondere bleibt auch dem Ermessen des Richters vorbehalten, ob und welches Gewicht dabei auf die im §. 103. unter Num. 5. erwähnten Quittungen, Anerkenntnisse und Zugeständnisse gelegt werden kann. Der Richter muß die Gründe, auf welchen seine Ueberzeugung beruht, in dem Urtheil vollständig anführen.

Jedoch behält es in Ansehung der Befugniß der Parteien zur Eideszuschiebung, sowie in Ansehung der Wirkung der geschehenen oder verweigerten Ableistung zugeschobener Eide bei den bestehenden gesetzlichen Vorschriften sein Bewenden.

§. 112.

Wenn die Gläubigerschaft von dem Rechte der Anfechtung keinen Gebrauch machen will, so bleibt jedem einzelnen Konkursgläubiger überlassen, dieses Recht auf seine Kosten auszuüben.

Dasjenige, was ein Gläubiger in solcher Weise erstreitet, fließt zur Konkursmasse; jedoch sind dem Gläubiger aus dem erstrittenen Betrage die ihm durch den Prozeß erwachsenen Kosten vorweg zu erstatten.

Zweiter Titel.

Von dem Verfahren im kaufmännischen Konkurse.

Erster Abschnitt.

Einleitende Bestimmungen.

§. 113.

Der kaufmännische Konkurs findet statt, wenn ein Handelsmann, Schiffsrheder, oder Fabrikbesitzer seine Zahlungen einstellt.

Die Zahlungseinstellung ist vorhanden, wenn der Gemeinschuldner seine Zahlungsunfähigkeit selbst erklärt, oder wegen Zahlungsunfähigkeit sein Geschäft schließt, oder wenn andere Umstände vorliegen, aus welchen erhellt, daß der Gemeinschuldner in dem Zustande der Zahlungsunfähigkeit sich befindet.

§. 114.

Der kaufmännische Konkurs findet auch in dem Falle statt:

1. wenn ein Handelsmann, Schiffsrheder, oder Fabrikbesitzer sein Geschäft aufgegeben hat und von ihm noch während des Geschäftsbetriebes oder innerhalb eines Jahres seit der Aufgabe des Geschäfts die Zahlungen eingestellt worden sind;
2. wenn ein Handelsmann, Schiffsrheder, oder Fabrikbesitzer verstorben ist und von ihm noch bei Lebzeiten die Zahlungen eingestellt worden sind. Die Eröffnung des Konkurses über den Nachlaß ist in diesem Falle auch während der dem Erben gestatteten Ueberlegungsfrist und selbst dann zulässig, wenn der Erbe die Erbschaft ohne Vorbehalt der Rechtswohlthat des Inventars angetreten hat.

§. 115.*)

Für die Eröffnung des Konkurses und das Konkursverfahren ist das Gericht kompetent, bei welchem der Gemeinschuldner seinen ordentlichen persönlichen Gerichtsstand hat.

---

*) vergl. §§. 1. und 2. der Instruktion.

Besteht für den Ort, nach welchem dieser Gerichtsstand sich bestimmt, ein Handelsgericht, so gehört der Konkurs vor dasselbe.

Unter mehreren zuständigen Gerichten gebührt demjenigen der Vorzug, welches die Eröffnung des Konkurses zuerst ausgesprochen hat.

Zweiter Abschnitt.

Von der Eröffnung des Konkurses.

§. 116.*)

Jeder Handelsmann, Schiffsrheder, oder Fabrikbesitzer, welcher während seines Geschäftsbetriebes oder innerhalb eines Jahres seit der Aufgabe des Geschäfts seine Zahlungen einstellt, ist verpflichtet, davon binnen drei Tagen, den Tag der Zahlungseinstellung mitgerechnet, bei dem Gericht (§. 115.) Anzeige zu machen.

Bei der Anzeige hat der Gemeinschuldner seine Handelsbücher und eine Bilanz zu übergeben. Die Bilanz muß eine Aufstellung aller seiner Forderungen, eine summarische Zusammenstellung der übrigen Vermögensstücke, die Angabe des Werths der verzeichneten Vermögensstücke und eine spezielle Aufführung aller Schulden unter Angabe des Wohnorts der Gläubiger, sowie einen das Verhältniß des Vermögens und der Schulden darstellenden Abschluß enthalten, auch mit der Versicherung der Richtigkeit, sowie mit dem Datum und der Unterschrift des Gemeinschuldners versehen sein. Ist der Gemeinschuldner außer Stande, diesen Erfordernissen zu genügen, so muß er bei der Anzeige die Gründe angeben, welche ihn daran hindern.

§. 117.*)

Die Anzeige, sowie die Uebergabe der Bücher und der Bilanz (§. 116.) geschieht vor einem hierzu ernannten Beamten des Gerichts. Derselbe hat darüber ein Protokoll aufzunehmen, die Bücher unter Zuziehung des Gemeinschuldners durch Beifügung eines Vermerks zu schließen, den äußeren Zustand der Bücher im Protokolle zu beschreiben und dabei insbesondere anzugeben, ob Verletzungen derselben, Rasuren oder Korrekturen ersichtlich sind.

§. 118.

Das Gericht hat den Konkurs zu eröffnen, sobald dasselbe von der Zahlungseinstellung durch die Anzeige des Gemeinschuldners, oder durch einen mit ausreichenden Beweisen unterstützten

*) zu §§. 116. 117. vergl. §§. 6. bis 8. der Instruktion.

Antrag eines Gläubigers, oder auf eine andere zuverlässige Weise Kenntniß erhält. Jedoch ist in dem letzten Falle der Konkurs nur dann zu eröffnen, wenn nach dem Ermessen des Gerichts aus der Aussetzung der Konkurseröffnung besondere Nachtheile für die Gläubiger erwachsen würden.

§. 119.*)

Die Konkurseröffnung ist durch einen mit Gründen versehenen Beschluß auszusprechen.

Inwiefern zuvor noch Ermittelungen durch Vernehmung des Gemeinschuldners oder auf andere Weise anzustellen sind, hat das Gericht nach seinem Ermessen zu bestimmen.

§. 120.*)

Wenn das Gericht die Konkurseröffnung nicht zulässig erachtet, so steht dem Gläubiger, welcher auf Konkurseröffnung angetragen hat, binnen zehn Tagen, vom Tage der Zustellung des Beschlusses an gerechnet, die Beschwerde an die höhere Instanz offen.

Wird die Beschwerde begründet gefunden, so ist das Konkursgericht zur Eröffnung des Konkurses anzuweisen.

§. 121.*)

Der Zeitpunkt der Konkurseröffnung fällt auf die Stunde, in welcher der Beschluß gefaßt worden ist.

Diese Stunde muß in dem Beschlusse angegeben werden. Ist eine solche Angabe unterblieben, so gilt die Mittagsstunde des Tages, an welchem der Beschluß gefaßt worden ist, als der Zeitpunkt der Konkurseröffnung.

§. 122.*)

Das Gericht hat zugleich den Tag des Eintritts der Zahlungseinstellung festzusetzen.

Ist die Festsetzung des Tages der Zahlungseinstellung in dem Beschlusse nicht erfolgt, so wird der Tag der Konkurseröffnung, oder wenn der Gemeinschuldner früher verstorben ist, der Todestag desselben als der Tag der Zahlungseinstellung angenommen.

Auf den Grund neuer Ermittelungen kann der Tag der Zahlungseinstellung, so lange nicht über die Festsetzung desselben ein Prozeß eingeleitet ist (§. 125.), durch Beschluß des Gerichts jederzeit von Amtswegen anderweit bestimmt werden.

In keinem Falle darf der Tag der Zahlungseinstellung auf einen früheren Zeitpunkt, als sechs Monate vor der Konkurseröffnung, festgesetzt oder angenommen werden.

---

*) zu §§. 119. bis 122. vergl. §§. 9. und 10. der Instruktion und zu §§. 119. 121. und 122. vergl. Formular Nr. 1.

Die Festsetzung des Tages der Zahlungseinstellung und die rechtskräftig festgestellten Abänderungen desselben (§. 125.) sind bei Anfechtung der vor der Konkurseröffnung vorgefallenen Rechtshandlungen (Titel I. Abschnitt 11.) für alle Betheiligten bindend.

§. 123.*)

Die Konkurseröffnung und der Zeitpunkt derselben, sowie der festgesetzte Tag der Zahlungseinstellung sind durch das Konkursgericht sofort öffentlich bekannt zu machen.

Die öffentliche Bekanntmachung erfolgt durch eine oder mehrere Anzeigen in öffentlichen Blättern nach dem Ermessen des Gerichts, sowie durch öffentlichen Anschlag an der Gerichtsstelle und an anderen geeigneten Orten, insbesondere an der Börse, wenn solche im Gerichtsbezirk vorhanden ist.

Zugleich ist der Staatsanwaltschaft von der erfolgten Konkurseröffnung besondere Nachricht zu geben.

Jeder Betheiligte kann auf seine Kosten eine Abschrift des Beschlusses (§§. 119. 120. 122.) verlangen.

§. 124.**)

Der Beschluß auf Eröffnung des Konkurses kann von dem Gemeinschuldner mittelst eines Antrags auf Wiederaufhebung des Konkurses angefochten werden.

Der Antrag muß den Erfordernissen einer Klage entsprechen; er muß binnen zehn Tagen, vom Tage des Beschlusses an gerechnet, bei dem Konkursgericht angebracht werden.

Ueber den Antrag hat das Konkursgericht im schleunigen Prozesse zu verhandeln und zu entscheiden.

Die Gegenpartei des Gemeinschuldners ist der Verwalter der Konkursmasse und der Gläubiger, welcher die Konkurseröffnung betrieben hat; andere Betheiligte sind dem Prozesse als Intervenienten beizutreten berechtigt.

Es finden nur die Rechtsmittel der Appellation und der Nichtigkeitsbeschwerde statt.

§. 125.**)

Der Beschluß, durch welchen der Tag der Zahlungseinstellung bestimmt wird, kann von dem Verwalter der Masse und jedem Anderen, welcher ein Interesse bei der Sache hat, mittelst eines Antrags auf anderweite Bestimmung des Tages der Zahlungseinstellung angefochten werden.

Der Antrag muß den Erfordernissen einer Klage entsprechen; er muß binnen drei Monaten, vom Tage des Beschlusses an gerechnet, bei dem Konkursgericht angebracht werden.

---

*) vergl. §§. 11. und 18. der Instruktion und Formular Nr. 2.
**) zu §§. 124. und 125. vergl. §. 1. der Instruktion.

Ueber den Antrag hat das Konkursgericht im ordentlichen Prozesse zu verhandeln und zu entscheiden.

Es finden nur die Rechtsmittel der Appellation und der Nichtigkeitsbeschwerde statt.

Die Einleitung mehrerer Prozesse über die Festsetzung des Tages der Zahlungseinstellung ist nicht zulässig. Vielmehr können, sobald ein Interessent auf anderweite Bestimmung dieses Tages angetragen hat, alle übrigen Interessenten, welche eine solche ebenfalls verlangen, nur dem über den ersten Antrag eingeleiteten Prozesse als Intervenienten beitreten. Jedoch sind dieselben bei ihren Anträgen in Ansehung des festzusetzenden Tages der Zahlungseinstellung an die Anträge der Hauptparteien nicht gebunden.

§. 126.

Der Antrag auf Wiederaufhebung des Konkurses (§. 124.) und der Antrag auf anderweite Bestimmung des Tages der Zahlungseinstellung (§. 125.) hat in Betreff des angefochtenen Beschlusses keine aufschiebende Wirkung.

Das Konkursverfahren muß so lange auf Grund des angefochtenen Beschlusses fortgesetzt werden, als nicht etwas Anderes durch ein rechtskräftiges Erkenntniß festgestellt wird.

Die rechtskräftig festgestellten Abänderungen des Beschlusses sind in derselben Weise öffentlich bekannt zu machen, in welcher die Bekanntmachung des Beschlusses selbst geschehen ist (§. 123.).

Dritter Abschnitt.

Von dem gerichtlichen Kommissar und dem einstweiligen Verwalter der Masse.

§. 127.*)

Nach der Eröffnung des Konkurses erfolgt die gerichtliche Bearbeitung desselben durch einen Kommissar des Gerichts, soweit nicht in gegenwärtigem Gesetze einzelne Geschäfte dem Gericht selbst vorbehalten sind, oder die Uebertragung einzelner Geschäfte an besondere Kommissarien gestattet ist.

Auf Beschwerden über den Kommissar entscheidet zunächst das Konkursgericht.

§. 128.**)

Bei der Konkurseröffnung hat das Gericht von Amtswegen einen einstweiligen Verwalter der Masse zu bestellen.

---

*) vergl. §§. 3. bis 5. der Instruktion.

**) vergl. §§. 13. 16. der Instruktion und Formulare Nr. 2. und 3.

Der ernannte einstweilige Verwalter ist in der öffentlichen Bekanntmachung der Konkurseröffnung (§. 123.), oder in einer schleunigen nachträglichen Bekanntmachung namhaft zu machen. Dabei sind zugleich die Gläubiger aufzufordern, in einem Termin, der nicht über vierzehn Tage hinausgesetzt werden darf, ihre Erklärungen und Vorschläge über die Beibehaltung des bestellten einstweiligen Verwalters oder die Bestellung eines anderen einstweiligen Verwalters abzugeben.

Nach Abhaltung des Termins beschließt das Gericht über die Beibehaltung des bisherigen oder die Bestellung eines anderen einstweiligen Verwalters nach seinem Ermessen, unter Berücksichtigung der von den Gläubigern gemachten Erklärungen und Vorschläge, ohne jedoch an dieselben gebunden zu sein. Wird die Bestellung eines anderen einstweiligen Verwalters beschlossen, so ist dieselbe öffentlich bekannt zu machen (§. 123.).

§. 129.*)

Als einstweiliger Verwalter ist ein geschäftskundiger Mann zu wählen, welcher an dem Orte des Gerichts, oder an dem Orte, wo das Hauptgeschäft des Gemeinschuldners sich befindet, oder in deren Nähe seinen Wohnsitz hat.

Ein Verwandter oder Verschwägerter des Gemeinschuldners bis zum vierten Grade einschließlich darf zum einstweiligen Verwalter nicht ernannt werden.

§. 130.

Der einstweilige Verwalter ist nach seiner Ernennung von dem Kommissar auf die gewissenhafte Ausführung der ihm obliegenden Amtsverrichtungen mittelst Handschlags an Eidesstatt zu verpflichten.

Das Gericht hat ihm eine Bestallung zu seiner Legitimation auszufertigen.

§. 131.

Der einstweilige Verwalter ist der Vertreter der Gläubigerschaft und der Masse.

Seine Aufgabe ist, die Masse, sowie die Ansprüche an dieselbe zu ermitteln und festzustellen und für die Sicherung der Masse Sorge zu tragen.

Ihm gebührt die Führung von Prozessen, welche die Masse oder einzelne Theile derselben betreffen; er hat die Masse und die Gläubigerschaft bei Erörterung der Ansprüche der einzelnen Gläubiger zu vertreten; er kann sich hierbei, wenn er nicht selbst Rechtsverständiger ist, eines Rechtsbeistandes bedienen und in einzelnen Fällen einen besonderen Bevollmächtigten bestellen.

---

*) vergl. §. 13. der Instruktion.

§. 132.*)

Der einstweilige Verwalter steht unter der Aufsicht des Gerichts, welche zunächst durch den Kommissar ausgeübt wird.

Der einstweilige Verwalter muß seine Amtsverrichtungen mit der Aufmerksamkeit und Sorgfalt ausführen, wie sie gesetzlich einem Bevollmächtigten und Verwalter fremder Sachen obliegt.

Er muß ein kaufmännisches Tagebuch (Journal) führen und dasselbe dem Kommissar auf Erfordern zur Einsicht vorlegen.

Er kann unter seiner Verantwortlichkeit der Hülfe des Gemeinschuldners und anderer Personen sich bedienen.

Er kann von dem Gemeinschuldner Aufklärungen über den Zustand der Masse und die an dieselbe erhobenen Ansprüche, sowie auch über alle andere, den Konkurs betreffende Verhältnisse erfordern.

Der Kommissar hat die Befugniß, zu demselben Zweck sowohl den Gemeinschuldner, als auch andere Personen zu vernehmen.

§. 133.**)

Der einstweilige Verwalter kann seines Amts entlassen werden, wenn er seinen Verpflichtungen nicht gehörig nachkommt.

Ueber die Entlassung beschließt das Gericht auf Antrag oder von Amtswegen, nachdem es zuvor den einstweiligen Verwalter in nicht öffentlicher Sitzung mit seiner Erklärung gehört hat.

Gegen den Beschluß, welcher die Entlassung ausspricht, findet eine Beschwerde oder ein sonstiges Rechtsmittel nicht statt.

Die Entlassung ist öffentlich bekannt zu machen und es muß die Bestellung eines neuen einstweiligen Verwalters erfolgen (§. 128.).

§. 134.

Der einstweilige Verwalter hat für seine Geschäftsführung eine Belohnung und Entschädigung aus der Masse zu fordern.

Der Betrag wird auf eingereichte Liquidation und auf Vortrag des Kommissars von dem Gericht nach den Bestimmungen des dem gegenwärtigen Gesetze beigefügten Tarifs festgesetzt, sofern nicht deshalb eine anderweite Vereinigung mit den Gläubigern unter Genehmigung des Gerichts getroffen ist.

Alle diese aus der Masse zu leistenden Ausgaben gehören zu den Kommunkosten.

§. 135.

In Fällen, wo der einstweilige Verwalter ein persönliches Interesse als Gläubiger oder aus einem anderen Grunde gegen die Gläubigerschaft und die Masse verfolgt, hat das Gericht einen Spezialvertreter der Gläubigerschaft und der Masse zu bestellen.

---

*) vergl. §§. 19. und 45. der Instruktion.

**) vergl. §. 28. der Instruktion.

§. 136.

Im Falle eines außerordentlichen Umfangs der Verwaltungsgeschäfte kann das Gericht nach Anhörung des einstweiligen Verwalters und auf gutachtliche Aeußerung des Kommissars dem einstweiligen Verwalter für bestimmte Zweige der Verwaltung besondere Verwalter beigeben.

Die besonderen Verwalter haben innerhalb der ihnen überwiesenen Geschäftskreise die Rechte und Pflichten des einstweiligen Verwalters. Der Letztere ist für die Geschäftsführung derselben nicht verantwortlich; er ist jedoch befugt, von ihnen jede die Verwaltung betreffende Auskunft zu verlangen, auch geeignetenfalls ihre Entlassung zu beantragen.

Vierter Abschnitt.

Von der Verhaftung des Gemeinschuldners, sowie von der Siegelung, dem offenen Arrest und der Beschlagnahme der Immobilien.

§. 137.

Bei der Konkurseröffnung hat das Gericht von Amtswegen über die Verhaftung des Gemeinschuldners zu beschließen, die sofortige Siegelung anzuordnen, den offenen Arrest zu verhängen und die Immobilien in Beschlag zu nehmen.

Das Gericht kann diese Sicherungsmaaßregeln, oder einzelne derselben, in dringenden Fällen auch schon vor der Beschlußfassung über die Konkurseröffnung auf den Antrag eines Gläubigers oder von Amtswegen treffen.

Wohnt der Gemeinschuldner in dem Bezirk eines Einzelrichters, so steht dem Letzteren eine gleiche Befugniß zu, wenn der Gemeinschuldner nach der Zahlungseinstellung entweicht, oder wenn Sachen desselben bei Seite geschafft werden. Der Richter hat die Verhandlungen über die getroffenen Maaßregeln sofort an das Konkursgericht abzugeben.

§. 138.*)

Ueber die Verhaftung des Gemeinschuldners (§. 137.) beschließt das Gericht nach seinem Ermessen.

Die Verhaftung muß verfügt werden, wenn der Gemeinschuldner der Flucht verdächtig ist, oder wenn er sich zur Zeit der Konkurseröffnung bereits in Schuldhaft befindet. Auch ist dieselbe in der Regel anzuordnen, wenn der Gemeinschuldner den

*) vergl. §. 14. der Instruktion.

Vorschriften über die Verpflichtung zur Anzeige der Zahlungseinstellung, sowie zur Uebergabe der Handelsbücher und der Bilanz (§. 116.) nicht genügt hat, oder wenn Wechselklagen gegen ihn angestellt sind, oder Wechselproteste gegen ihn erhoben werden.

Die Haft des Gemeinschuldners ist als Schuldhaft zu behandeln.

Dieselbe ist so lange fortzusetzen, als es nach dem Ermessen des Gerichts zur Förderung oder Sicherstellung der Verhandlungen im Konkurse nöthig ist.

§. 139.*)

Im Laufe des Konkursverfahrens kann die Verhaftung oder Wiederverhaftung des Gemeinschuldners aus den vorbezeichneten Gründen (§. 138.), sowie in dem Falle stattfinden, wenn derselbe den Verfügungen des Gerichts oder des Kommissars, oder den Aufforderungen des Verwalters der Masse nicht Folge leistet.

§. 140.

Durch die vorstehenden Bestimmungen (§§. 138. 139.) wird in den gesetzlichen Vorschriften über die Verhängung der Untersuchungshaft gegen den Gemeinschuldner nichts geändert.

Wenn das Gericht die Entlassung des Gemeinschuldners aus der Schuldhaft beschließt, so ist jederzeit die Staatsanwaltschaft zu benachrichtigen.

Die Staatsanwaltschaft kann allen Verhandlungen im Konkurse beiwohnen und alle ihr erheblich scheinenden Nachrichten fordern.

§. 141.**)

Die Siegelung (§. 137.) erfolgt durch den Kommissar oder einen anderen geeigneten Gerichtsbeamten.

Dieselbe erstreckt sich auf das sämmtliche Mobiliarvermögen und die Schriften des Gemeinschuldners.

Die Siegelung von Gegenständen, welche sich unter einer anderen Gerichtsbarkeit befinden, ist durch Requisition des zuständigen Gerichts zu bewirken.

§. 142.**)

Bei der Siegelung ist wo möglich der ernannte einstweilige Verwalter der Masse zuzuziehen.

Der Siegelung unterliegen alle Geschäftsräume, Lager und Kassen des Gemeinschuldners, ingleichen alle sonstigen Räume und Behältnisse desselben, in welchen sich Gegenstände befinden, die in Verwahrung zu nehmen sind.

---

*) vergl. §. 14. der Instruktion.
**) zu §§. 141. bis 144. vergl. §§. 15. 16. der Instruktion.

Die Aufsicht über die angelegten Siegel muß dem einstweiligen Verwalter oder einer anderen zuverlässigen Person mit der Anweisung anvertraut werden, jede an denselben bemerkte Verletzung dem Kommissar sofort zu melden.

§. 143.*)

Von der Siegelung bleiben ausgeschlossen:

1. Kleidungsstücke, Hausgeräth und andere Sachen, sofern dieselben dem Gemeinschuldner und dessen Familie zu ihrem persönlichen Gebrauch unentbehrlich sind; diese Gegenstände werden nicht zur Konkursmasse gezogen;
2. die Handelsbücher des Gemeinschuldners, wenn sie noch nicht dem Gericht übergeben sind; der Kommissar oder der Gerichtsbeamte (§. 141.) hat dieselben zu schließen, nach ihrem äußeren Zustande im Protokolle zu beschreiben (§. 117.) und demnächst an den einstweiligen Verwalter abzugeben;
3. die Handelspapiere, wenn sie auf kurze Verfallzeit gestellt sind, oder wenn sie des Accepts bedürfen, oder wenn in Betreff derselben Sicherungsmaaßregeln ergriffen werden müssen; diese Papiere werden verzeichnet und demnächst dem einstweiligen Verwalter übergeben;
4. Pretiosen, baare Gelder und geldwerthe Papiere; dieselben sind an das gerichtliche Depositorium abzuliefern;
5. Sachen, deren schleunige Versilberung rathsam erscheint, weil ihre längere Aufbewahrung der Masse unnütze Kosten verursachen würde, oder weil sie dem Verderben oder einer Entwerthung in kurzer Zeit ausgesetzt sind; dergleichen Sachen, sowie Thiere und andere Gegenstände, welche nicht unter Sperre genommen werden können, sind zu verzeichnen, abzuschätzen und dem einstweiligen Verwalter oder einer anderen zuverlässigen Person zur Obhut und Wartung zu übergeben;
6. Gegenstände, welche zum Geschäft des Gemeinschuldners dienen, sofern der Kommissar die einstweilige Fortsetzung dieses Geschäfts anordnet.

§. 144.*)

Die Fortsetzung des Geschäfts des Gemeinschuldners, im Ganzen oder in einzelnen Zweigen, kann von dem Kommissar bei der Siegelung angeordnet werden, wenn die sofortige Einstellung desselben von bedeutendem Schaden für die Masse sein würde. Der Kommissar hat hierüber den bei der Siegelung gegenwärtigen einstweiligen Verwalter zu hören, nach Befinden den Verwalter

*) vergl. §§. 15. 16. der Instruktion.

oder eine andere geeignete Person mit der einstweiligen Fortführung des Geschäfts für Rechnung der Masse, unter Vorkehrung angemessener Sicherungsmaaßregeln, zu beauftragen und unverzüglich dem Gericht Anzeige zu erstatten.

Das Gericht beschließt sodann über die Bestätigung oder Abänderung der getroffenen Maaßregeln; auch kann das Gericht später geeignetenfalls die Fortführung des Geschäfts einstellen, oder eine Abänderung der getroffenen Maaßregeln eintreten lassen.

§. 145.*)

Durch den offenen Arrest (§. 137.) muß Allen, welche von dem Gemeinschuldner etwas an Geld, Papieren oder anderen Sachen in Besitz oder Gewahrsam haben, oder welche ihm etwas verschulden, aufgegeben werden, nichts an denselben zu verabfolgen oder zu zahlen, vielmehr dem Gericht oder dem Verwalter der Masse von dem Besitz der Gegenstände innerhalb einer bestimmten Frist Anzeige zu machen und Alles, mit Vorbehalt ihrer etwanigen Rechte, zur Konkursmasse abzuliefern.

§. 146.*)

Pfandinhaber und andere Gläubiger, welche mit denselben gleiche Rechte haben, sind nur verpflichtet, von den in ihrem Besitz befindlichen Pfandstücken Anzeige zu machen (§. 145.). Konzessionirte Pfandleiher und diejenigen Institute, welche sich selbst aus einem Pfande zu befriedigen befugt sind, haben die Anzeige nur auf besonderes Erfordern des Gerichts zu leisten.

§. 147.*)

Wer die erforderliche Anzeige über den Besitz von Vermögensstücken des Gemeinschuldners (§§. 145. 146.) nicht innerhalb der bestimmten Frist leistet, wird, wenn er keine genügende Entschuldigung nachweist, aller Rechte verlustig, welche ihm an diesen Vermögensstücken zustehen.

§. 148.*)

Die Bekanntmachung des offenen Arrestes ist auf die für die öffentliche Bekanntmachung der Konkurseröffnung vorgeschriebene Weise (§. 123.) und in Verbindung mit dieser Bekanntmachung zu bewirken.

Den bekannten Schuldnern des Gemeinschuldners, sowie den bekannten Pfandinhabern und mit denselben gleichberechtigten Gläubigern (§. 146.) ist gleichzeitig oder nachträglich eine Abschrift der Bekanntmachung zuzustellen.**)

---

*) zu §§. 145. bis 149 vergl. §. 12. der Instruktion.

**) vergl. Formular Nr. 2.

§. 149.*)

Die Postanstalten für die Orte, wo der Gemeinschuldner wohnt oder sein Geschäft betreibt, müssen von der Arrestlegung sofort besonders benachrichtigt werden; es sind dieselben zu veranlassen, alle für den Gemeinschuldner eingehenden Sendungen und Briefe dem Verwalter der Masse auszuhändigen.

§. 150.**)

Die Beschlagnahme der Immobilien (§. 137.) erfolgt durch Entsetzung des Gemeinschuldners aus dem Besitze, durch Beschlagnahme der Einkünfte mittelst Administration oder Sequestration, und durch Eintragung der Konkurseröffnung in die Hypothekenbücher. Bei dieser Eintragung genügt der Vermerk der Konkurseröffnung, die Angabe des Zeitpunktes derselben und die Bezeichnung des Konkursgerichts.

Soweit das Konkursgericht selbst zur Vornahme dieser Handlungen nicht zuständig ist, hat das Gericht oder der Kommissar dieselben bei den zuständigen Behörden zu beantragen.

Fünfter Abschnitt.

Von den Maaßregeln zur Ermittelung, Erhaltung und vorläufigen Benutzung der Konkursmasse.

§. 151.

Bis zur Ernennung des definitiven Verwalters beschränkt sich die Verwaltung der Konkursmasse auf die Maaßregeln zur Ermittelung, Erhaltung und vorläufigen Benutzung derselben.

Maaßregeln anderer Art sind nur dann zu treffen, wenn deren Unterlassung oder Verschiebung zum Nachtheil der Masse gereichen würde.

§. 152.***)

Zu den Amtsverrichtungen, welche der einstweilige Verwalter in Gemäßheit der vorstehenden Bestimmung (§. 151.) vorzunehmen hat, gehören insbesondere folgende:

1. er hat die Entsiegelung und Inventur, sowie die Herstellung der Bilanz herbeizuführen;
2. er hat die bestehenden Mieth- und Dienstkontrakte, deren Fortsetzung nicht etwa zur Verwaltung der Masse erforder-

---

*) zu §§. 145. bis 149. vergl. §. 12. der Instruktion.
**) vergl. §§. 17. 18. der Instruktion.
***) vergl. §. 19. der Instruktion.

lich ist, in Ansehung der Gläubigerschaft aufzuheben, sobald es gesetzlich statthaft ist (§§. 18. bis 20.);

3. er hat die an den Gemeinschuldner eingehenden Sendungen und Briefe in Empfang zu nehmen und die Briefe durch denselben in seiner Gegenwart eröffnen zu lassen, oder wenn der Gemeinschuldner nicht sofort zu erlangen ist, selbst zu eröffnen;
4. er hat die etwa noch erforderliche Beschlagnahme von Vermögensstücken des Gemeinschuldners zu veranlassen; er hat die Rimessen zu präsentiren und die Proteste zu erheben; er hat die Erlangung von Hypothekenrechten für die Masse auf Grund der bereits von dem Gemeinschuldner erworbenen, aber noch nicht eingetragenen Titel zu betreiben; er hat die fälligen ausstehenden Forderungen einzuziehen und nöthigenfalls einzuklagen, sofern nicht die Zahlungsunfähigkeit der Schuldner erhellt; er hat in schwebenden Rechtsstreitigkeiten geeignetenfalls die noch zulässigen Rechtsmittel einzulegen (§. 8.);
5. er hat für die Verwaltung der Immobilien, Gerechtigkeiten und Schiffe Sorge zu tragen;
6. er hat die vorzunehmenden Veräußerungen zu betreiben.

§. 153.*)

Die Entsiegelung und Inventur erfolgt durch den Kommissar oder einen anderen geeigneten Gerichtsbeamten, unter Zuziehung des einstweiligen Verwalters, sowie in Gegenwart des Gemeinschuldners, wenn derselbe ohne Aufenthalt zu erlangen ist.

Die unter Siegel gelegten Vermögensstücke werden nach und nach, so wie die Siegel abgenommen werden, einzeln verzeichnet und abgeschätzt. Die Abschätzung erfolgt durch Sachverständige, welche der Kommissar auf den Vorschlag des einstweiligen Verwalters bestimmt.

Es ist festzustellen, welche von denjenigen Gegenständen noch vorhanden sind, die von der Siegelung ausgeschlossen bleiben.

Nach den vorstehenden Ermittelungen ist ein Inventar über die Vermögensstücke und Schriften anzufertigen und von dem Kommissar, sowie dem einstweiligen Verwalter zu unterzeichnen. Die ausstehenden Forderungen und die Schulden werden nicht einzeln in das Inventar aufgenommen, sondern gehören in die Bilanz.

Die verzeichneten Vermögensstücke und Schriften werden dem einstweiligen Verwalter übergeben, soweit nicht die Aufbewahrung derselben in dem gerichtlichen Depositorium erfolgen muß (§. 143. Num. 4.).

---

*) zu §§. 153. und 155. vergl. §. 20. der Instruktion.

§. 154.

Wenn der Gemeinschuldner ein öffentliches Amt verwaltet hat, so sind der vorgesetzten Dienstbehörde alle bei der Inventur vorgefundenen dienstlichen Schriften, sowie alle Bücher, Siegel und andere Gegenstände zu verabfolgen, welche dem Gemeinschuldner zur Verwaltung seines Amtes anvertraut worden sind.

Dasselbe gilt von den Gegenständen, welche der Gemeinschuldner auf eigene Kosten zum dienstlichen Gebrauch angeschafft hat, sofern die Gegenstände ohne Nachtheil des Dienstes nicht veräußert werden können; in diesem Falle muß der Konkursmasse der Taxwerth der Gegenstände vergütet werden. Der Dienstbehörde steht frei, diese Gegenstände in der Konkursmasse zu belassen, wenn dieselben in einen solchen Zustand gesetzt werden, daß sie ohne Nachtheil für den Dienst veräußert werden können.

Die Dienstbehörde ist von dem Tage, an welchem die Inventur stattfindet, vorher in Kenntniß zu setzen; sie hat die Befugniß, bei der Inventur das Interesse des Dienstes durch einen Beamten wahrnehmen zu lassen.

§. 155.*)

Wenn der Gemeinschuldner eine Bilanz übergeben hat (§. 116.), so ist dieselbe durch den einstweiligen Verwalter zu prüfen und zu berichtigen; ist noch keine Bilanz vorhanden, so muß dieselbe von dem einstweiligen Verwalter aufgestellt werden.

Bei der Aufstellung, oder bei der Prüfung und Berichtigung der Bilanz ist der Gemeinschuldner zuzuziehen, wenn derselbe ohne Aufenthalt zu erlangen ist.

Die Aufstellung, Prüfung und Berichtigung der Bilanz erfolgt auf Grund des Inventars, der Bücher und Papiere des Gemeinschuldners, sowie auf Grund der Aufklärungen, welche sich der einstweilige Verwalter durch den Gemeinschuldner oder auf andere Weise verschaffen kann.

Die Bilanz ist an den Kommissar abzugeben und nebst dem Inventar in dem Gerichtslokale zur Einsicht jedes Betheiligten offen zu legen.

§. 156.

Nach Aufstellung der vollständigen Vermögensübersicht hat der Kommissar auf den Antrag des einstweiligen Verwalters oder eines Gläubigers dem Gemeinschuldner den Manifestationseid abzunehmen. Dem Ermessen des Gerichts bleibt es überlassen, ob der Manifestationseid in Folge eines solchen Antrages auch dem Ehegatten, den erwachsenen Kindern, den Dienstboten und den Gehülfen des Gemeinschuldners, sowie den zu dessen Hausstande gehörigen anderen Personen abzunehmen ist.

*) zu §§. 153. und 155. vergl. §. 20. der Instruktion.

§. 157.

Zur Veräußerung von Waaren und anderen Mobiliargegenständen kann, sofern dieselbe nicht durch die Fortführung des Geschäfts des Gemeinschuldners bedingt ist, nur dann geschritten werden, wenn die Unterlassung oder Verschiebung der Veräußerung zum Nachtheil der Masse gereichen würde.

Die Veräußerung von Sachen, deren längere Aufbewahrung der Masse unnütze Kosten verursachen würde, oder welche dem Verderben oder einer Entwerthung in kurzer Zeit ausgesetzt sind (§. 143. Num. 5.), muß unverzüglich vorgenommen werden.

Die Veräußerung der Immobilien, Gerechtigkeiten und Schiffe bleibt ausgesetzt; jedoch muß die gerichtliche Abschätzung derselben stattfinden.

Für den Fall der Exekution hat es bei den darüber ertheilten besonderen Vorschriften (§. 9.) sein Bewenden.

§. 158.

Der einstweilige Verwalter bedarf der Genehmigung oder Ermächtigung des Kommissars:

1. wenn die Veräußerung von Waaren oder anderen Mobiliargegenständen außer dem Falle der Fortführung des Geschäfts des Gemeinschuldners erfolgen soll (§. 157.); der Kommissar hat zugleich zu bestimmen, ob die Veräußerung nach Maaßgabe der im Exekutionsverfahren geltenden Vorschriften, oder in Abweichung von denselben stattfinden soll;
2. wenn bei der Verwaltung der Immobilien, Gerechtigkeiten oder Schiffe von der bisherigen oder gewöhnlichen Benutzungsart, oder von den für Exekutionen geltenden Vorschriften abgewichen werden soll;
3. wenn es sich um Anerkennung von Vindikationsansprüchen handelt, welche Gegenstände betreffen, deren Taxwerth den Betrag von funfzig Thalern übersteigt;
4. wenn es sich um Abschließung von Vergleichen handelt, sofern der Werth des streitigen Gegenstandes den Betrag von funfzig Thalern übersteigt;
5. wenn es sich um die Anstellung von Klagen, um die Anfechtung von Rechtshandlungen des Gemeinschuldners, um die Aufhebung von Rechtsgeschäften desselben, oder um den Eintritt in solche Rechtsgeschäfte handelt.

§. 159.

Der einstweilige Verwalter bedarf der Genehmigung oder Ermächtigung des Gerichts zur Anerkennung von Vindikationsansprüchen, zur Abschließung von Vergleichen und zur Anstellung von Klagen, insofern die Vindikationsansprüche, die Vergleiche und die Klagen Immobilien, Gerechtigkeiten oder Schiffe betreffen.

§. 160.

In allen Fällen, in welchen es sich um Ertheilung der Genehmigung oder Ermächtigung des Kommissars oder des Gerichts handelt, hat der Kommissar zuvor den Gemeinschuldner, sofern derselbe ohne Aufenthalt vernommen werden kann, mit seiner Ansicht zu hören.

Ein Vergleich kann beim Widerspruch des Gemeinschuldners nicht genehmigt werden, wenn derselbe die Substanz von Immobilien, Gerechtigkeiten oder Schiffen betrifft.

§. 161.*)

In Ansehung des Geldverkehrs sind die nachstehenden Vorschriften maaßgebend:

1. Zahlungen, welche an die Masse zu leisten sind, nimmt der einstweilige Verwalter in Empfang;
2. laufende Verwaltungsausgaben und sonstige Zahlungen aus der Masse, deren Nothwendigkeit und Betrag feststeht, hat der einstweilige Verwalter aus den vorhandenen Beständen zu leisten;
3. der einstweilige Verwalter ist verpflichtet, wöchentlich dem Kommissar eine Uebersicht der Einnahmen und Ausgaben vorzulegen und die Bestände an Geldern und geldwerthen Papieren zum gerichtlichen Depositorium abzuliefern; zur Bestreitung der Auslagen und Kosten ist ihm jedoch ein angemessener Bestand in Händen zu lassen. Im Falle der Unterlassung der Ablieferung verschuldet er von Rechtswegen seit dem Tage des Empfangs der Masse sechs Prozent Zinsen, welche das Gericht im geeigneten Falle bis auf zwanzig Prozent erhöhen kann, vorbehaltlich der sonst etwa gegen denselben zu ergreifenden Maaßregeln.

§. 162.

Dem Gemeinschuldner muß auf dessen Antrag aus dem Vermögen, welches derselbe erst nach der Konkurseröffnung erlangt (§. 1.), eine Unterstützung zu seinem Unterhalt und zum Unterhalt seiner Familie gewährt werden. Soweit dieses Vermögen hierzu nicht hinreicht, kann die benöthigte Unterstützung aus der übrigen Masse ergänzt werden.

Ueber den Antrag des Gemeinschuldners und über den Betrag der Unterstützungssumme wird von dem Gericht auf gutachtliche Aeußerung des einstweiligen Verwalters durch Beschluß entschieden.

---

*) vergl. §. 45. der Instruktion.

Das Gericht kann, nach Anhörung des einstweiligen Verwalters, dem Gemeinschuldner und dessen Familie auch die Wohnung in einem zur Masse gehörigen Grundstück bis zum Verkauf desselben gestatten.

§. 163.

Der einstweilige Verwalter muß binnen Monatsfrist nach seiner Ernennung über die Lage der Sache, die hauptsächlichen Gründe und Veranlassungen, sowie über die Natur und den Karakter des Konkurses einen schriftlichen Bericht erstatten. Der Kommissar hat diesen Bericht alsbald mit seinen Bemerkungen zu versehen und dem Konkursgericht einzureichen, auch Abschrift des Berichts nebst den Bemerkungen der Staatsanwaltschaft mitzutheilen.

Sechster Abschnitt.

Von der Berufung der Konkursgläubiger und Prüfung der Ansprüche derselben.

§. 164.*)

Spätestens innerhalb vierzehn Tagen nach der Konkurseröffnung hat das Gericht alle diejenigen, welche an die Masse Ansprüche als Konkursgläubiger machen wollen, aufzufordern:

1. ihre Ansprüche, dieselben mögen bereits rechtshängig sein oder nicht, mit dem ihnen etwa zustehenden Vorrecht bis zu einem gewissen Tage bei dem Gericht schriftlich oder zu Protokoll anzumelden, und
2. an einem weiteren bestimmten Tage zur Prüfung der angemeldeten Ansprüche vor dem Kommissar zu erscheinen.

§. 165.*)

Die Bestimmung der Anmeldungsfrist und des Prüfungstermins hängt von dem Ermessen des Gerichts ab; doch darf die Anmeldungsfrist nicht unter drei und nicht über sechs Wochen vom Tage der Aufforderung an betragen; der Prüfungstermin darf nicht über vier Wochen nach dem Ablauf der Anmeldungsfrist anberaumt werden.**)

§. 166.*)

Wenn bekannt oder anzunehmen ist, daß ausländische Gläubiger vorhanden sind, welche außerhalb der Deutschen Bundes-

---

*) zu §§. 164. bis 168. vergl. §§. 21. und 22. der Instruktion.
**) vergl. Formulare Nr. 6. und 7.

staaten wohnen oder ihre Handelsniederlassung haben, so hat das Gericht in der Aufforderung zugleich eine zweite Anmeldungsfrist zu bestimmen und zur Prüfung der Forderungen, welche innerhalb derselben, nach dem Ablauf der ersten Frist, angemeldet werden, einen zweiten Termin anzuberaumen.

Die zweite Anmeldungsfrist soll nicht unter drei und nicht über sechs Monate vom Tage der Aufforderung an betragen; der zweite Prüfungstermin darf nicht über vier Wochen nach dem Ablauf der Frist anberaumt werden.*)

§. 167.**)

Wenn nach dem ersten Prüfungstermin (§. 164.) bekannt oder anzunehmen ist, daß Gläubiger vorhanden sind, welche ihre Forderungen noch nicht angemeldet haben, so hat das Gericht alle Konkursgläubiger, deren Anmeldung noch nicht eingegangen ist, aufzufordern, ihre Ansprüche innerhalb einer bestimmten Frist anzumelden.

Zugleich sind sämmtliche Gläubiger aufzufordern, an einem weiteren bestimmten Tage zur Prüfung der neu angemeldeten Ansprüche vor dem Kommissar zu erscheinen.

Bei Bestimmung der Anmeldungsfrist und des Prüfungstermins sind die Vorschriften des §. 165. maaßgebend.

Wenn jedoch bereits anderweit eine zweite Anmeldungsfrist und ein zweiter Prüfungstermin angeordnet sind (§. 166.), so ist die Anmeldungsfrist und der Prüfungstermin so zu bestimmen, daß sie mit den bereits nach §. 166. angeordneten zusammenfallen.***)

§. 168.**)

Die Aufforderung (§§. 164. bis 167.) ist öffentlich bekannt zu machen. Die Bekanntmachung erfolgt auf die für die Bekanntmachung der Konkurseröffnung vorgeschriebene Weise (§. 123.) und geeignetenfalls in Verbindung mit derselben.

Die Aufforderung ist außerdem gleichzeitig oder nachträglich der Steuererhebungsstelle und dem Gemeindevorstande am Wohnorte des Gemeinschuldners, sowie jedem bekannten Gläubiger, nach einem durch den einstweiligen Verwalter anzufertigenden Verzeichnisse, in einfacher Abschrift zu übersenden. Jedoch ist in keinem Falle die Wirksamkeit der Aufforderung von dieser besonderen Zustellung abhängig.

§. 169.****)

Die Anmeldung der Forderung muß den Namen, Wohnort und Stand des Gläubigers, sowie den Betrag und den Rechts-

---

*) vergl. Formular Nr. 7.
**) zu §§. 164. bis 168. vergl. §§. 21. und 22. der Instruktion.
***) vergl. Formular Nr. 8.
****) zu §§. 169. und 170. vergl. §§. 23. bis 25. der Instruktion.

grund der Forderung enthalten. Die Beweismittel für die Richtigkeit und das Vorrecht der Forderung sind der Anmeldung beizufügen oder darin anzugeben; wird die Anmeldung schriftlich eingereicht, so ist zugleich eine Abschrift derselben und ihrer Anlagen beizufügen.

Ist die Forderung zur Zeit der Konkurseröffnung bereits rechtshängig, so genügt zur Begründung derselben die Bezugnahme auf die darüber vorhandenen Verhandlungen.

§. 170.*)

Die eingehenden Anmeldungen werden dem einstweiligen Verwalter sofort in Abschrift mitgetheilt; den Gläubigern ist gestattet, dieselben in dem Büreau des Gerichts einzusehen.

Der einstweilige Verwalter hat sich, soweit es möglich ist, noch vor dem Prüfungstermin über die Anmeldungen zu erklären.

Zwischen dem Ablauf der Anmeldungsfrist und dem Prüfungstermin ist eine tabellarische Nachweisung aller eingegangenen Anmeldungen nach der Folgereihe der Vorrechte, welche in Anspruch genommen werden, anzufertigen und im Büreau des Gerichts offen zu legen.

§. 171.**)

In dem Prüfungstermin muß der einstweilige Verwalter gegenwärtig sein; der Gemeinschuldner wird ebenfalls zugezogen, wenn er zu erlangen ist; die Bücher des Gemeinschuldners sind zur Einsicht bereit zu halten.

Die sämmtlichen Forderungen, welche innerhalb der bestimmten Frist angemeldet worden sind, werden im Termin zur Prüfung gezogen. Der Kommissar verhandelt mündlich, geht die Forderungen Post für Post durch, hört bei jeder Forderung die anwesenden Betheiligten gegen einander, giebt dem Gemeinschuldner Gelegenheit sich darüber zu erklären, und vermerkt in der Nachweisung (§. 170.) bei jeder Post: ob und inwieweit die Richtigkeit und das Vorrecht derselben unstreitig ist, oder ob, durch wen und in welchem Umfange die Richtigkeit oder das Vorrecht bestritten worden ist.

Wenn das Prüfungsgeschäft nicht an Einem Tage beendigt werden kann, so hat der Kommissar am Schlusse des Termins die Fortsetzung desselben für den nächsten oder einen der nächstfolgenden Tage anzuordnen und dies den anwesenden Betheiligten bekannt zu machen. Einer besonderen Vorladung bedarf es nicht.

§. 172.**)

Der einstweilige Verwalter hat sich bei jeder Forderung

---

*) zu §§. 169. und 170. vergl. §§. 23. bis 25. der Instruktion.
**) zu §§. 171. bis 176. vergl. §§. 26. bis 30. der Instruktion.

darüber zu erklären, ob und weshalb er die Richtigkeit und das Vorrecht der Forderung anerkennt oder bestreitet.

Jeder in dem Termin anwesende Gläubiger ist befugt, die Richtigkeit und das Vorrecht der einzelnen Forderungen zu bestreiten.

§. 173.*)

Die Richtigkeit und das Vorrecht der einzelnen Forderungen gelten für unstreitig, soweit dieselben von dem einstweiligen Verwalter ausdrücklich anerkannt und von keinem anwesenden Gläubiger bestritten worden sind.

§. 174.*)

Wenn für die Forderung ein Vorrecht nicht spätestens in dem Termine in Anspruch genommen wird, in welchem die Prüfung der Forderung stattfindet, so gehört dieselbe lediglich in die Ordnung der nicht bevorzugten Ansprüche.

§. 175.*)

Ueber das Ergebniß der Prüfungsverhandlungen wird ein Protokoll aufgenommen, in welchem auf die demselben beizufügende tabellarische Nachweisung (§§. 170. 171.) Bezug zu nehmen ist.

Die Urkunden über Forderungen, welche unstreitig sind, werden den Gläubigern auf Verlangen zurückgegeben, nachdem der Kommissar auf denselben vermerkt hat, daß und zu welchem Betrage, sowie mit welchem Vorrecht die Forderung in dem Konkurse als richtig festgestellt worden ist.

§. 176.*)

Wird eine Forderung erst nach dem Ablauf der bestimmten Fristen (§§. 164. bis 167.) angemeldet, so ist ein besonderer Prüfungstermin anzuberaumen. Derselbe ist entweder öffentlich bekannt zu machen, oder den sämmtlichen Betheiligten anzuzeigen.

In dem Termin wird in Betreff der nachträglich angemeldeten Forderung ebenso verfahren, wie für die allgemeinen Prüfungstermine vorgeschrieben ist.**)

§. 177.

Die Kosten der Berufung der Gläubiger, sowie der Anmeldung und Prüfung der Forderungen gehören zu den Kommunkosten, soweit sie nicht in außergerichtlichen Kosten der Gläubiger bestehen.

Wenn jedoch ein Gläubiger seine Forderung erst nach dem Ablauf der bestimmten Fristen anmeldet (§. 176.), so fallen demselben alle Kosten zur Last, welche durch die Anmeldung und Prüfung erwachsen.

---

*) zu §§. 171. bis 176. vergl. §§. 26. bis 30. der Instruktion.
**) vergl. Formular Nr. 9.

§. 178.

Jeder Gläubiger muß dasjenige, was im Konkurse, nach ergangener gehöriger Aufforderung oder Vorladung, ohne seine Theilnahme gesetzlich verhandelt, beschlossen oder festgestellt worden ist, ebenso gegen sich gelten lassen, als wenn er dabei zugezogen worden wäre.

Eine Restitution gegen diesen Rechtsnachtheil findet nicht statt.

§. 179.*)

Jeder Gläubiger, welcher nicht in dem Bezirk des Konkursgerichts seinen Wohnsitz hat, muß bei der Anmeldung seiner Forderung einen am Orte des Gerichts wohnhaften Bevollmächtigten bestellen und dem Gericht anzeigen. Rechtsanwalte, welche zur Praxis bei dem Gericht befugt sind, können auch dann, wenn sie nicht am Orte des Gerichts wohnhaft sind, zu Bevollmächtigten bestellt werden.

Ist dies geschehen, so sind alle in dem Konkurse ergehenden Aufforderungen und Vorladungen dem Bevollmächtigten an Stelle des Gläubigers zuzufertigen.

Wer die Bestellung eines solchen Bevollmächtigten unterläßt, kann dasjenige, was ohne seine Theilnahme verhandelt, beschlossen oder festgestellt worden ist, nicht aus dem Grunde anfechten, weil an ihn keine Aufforderung oder Vorladung zur Theilnahme ergangen ist.

§. 180.

Die schriftliche Vollmacht zur Wahrnehmung der Gerechtsame eines Gläubigers im Konkurse ermächtigt in allen Fällen den Bevollmächtigten auch zur Empfangnahme von Erkenntnissen, sowie zur Abschließung von Vergleichen aller Art, wenn der Machtgeber nicht ausdrücklich ein Anderes in der Vollmacht erklärt hat.

Siebenter Abschnitt.

Von dem Akkorde.

I. Von der Zulässigkeit und dem Abschlusse des Akkords.

§. 181.**)

Nach Abhaltung des ersten allgemeinen Prüfungstermins (§. 164.) kann zwischen den Konkursgläubigern und dem Ge-

*) vergl. §. 30. der Instruktion.
**) zu §§. 181. und 182. vergl. §§. 31. bis 33. der Instruktion.

meinschuldner ein Vergleich zum Zweck der Wiederaufhebung des Konkurses mit rechtsverbindlicher Kraft für widersprechende und für nicht theilnehmende Gläubiger (Akkord) auf den Antrag des Gemeinschuldners geschlossen werden.

Die Schließung des Akkords muß gerichtlich erfolgen.

§. 182.*)

Ist in dem ersten Prüfungstermin die Richtigkeit der sämmtlichen innerhalb der ersten Frist angemeldeten Forderungen als unstreitig festgestellt, so hat der Kommissar einen nahen Termin zur Verhandlung und Beschlußnahme über den Akkord anzuberaumen.

Sind dagegen in dem Prüfungstermin Streitigkeiten über die Richtigkeit der Forderungen unerledigt geblieben, so ist, vor Anberaumung des Termins zur Verhandlung und Beschlußfassung über den Akkord, in Ansehung einer jeden streitigen Forderung festzusetzen, ob und für welchen Betrag dieselbe vorläufig in dem Akkordverfahren als eine zu berücksichtigende zugelassen werden soll.

Um diese Festsetzung vorzubereiten, hat der Kommissar einen Erörterungstermin anzuberaumen. Der Termin darf nicht unter acht und nicht über vierzehn Tage bestimmt werden; derselbe ist entweder öffentlich bekannt zu machen (§. 123.), oder den einzelnen bei den streitigen Forderungen Betheiligten anzuzeigen.

In dem Termin werden die sämmtlichen streitigen Forderungen zur Erörterung gezogen. Bei jeder Forderung haben die anwesenden Interessenten, von welchen die Richtigkeit derselben bestritten worden ist, sich darüber zu erklären, ob und aus welchen Gründen sie behaupten, daß die Forderung zum Mitstimmen beim Akkord nicht zugelassen werden könne. Der Gläubiger, welcher die Forderung geltend macht, wird mit seiner Gegenerklärung gehört.

Nach Abhaltung des Termins wird von dem Gericht über die Zulassung durch Beschluß entschieden. Die Zulassung ist im Fall des Streits auszusprechen, soweit nach dem Ermessen des Gerichts die Forderung wahrscheinlich in Richtigkeit beruht.

Ausnahmsweise kann das Gericht beschließen, daß die Verhandlung und Beschlußfassung über den Akkord bis nach endgültiger Erledigung aller oder einzelner Streitigkeiten ausgesetzt bleibe.

Der Beschluß muß binnen acht Tagen nach dem Erörterungstermin erfolgen. Gegen den Beschluß ist eine Beschwerde oder ein sonstiges Rechtsmittel nicht zulässig.

---

*) vergl. §§. 31. bis 33. und 41. der Instruktion; desgl. Formular Nr. 10.

§. 183.*)

Der Termin zur Verhandlung und Beschlußfassung über den Akkord ist öffentlich bekannt zu machen (§. 123.). Der Termin ist dem Gemeinschuldner, dem Verwalter der Masse und allen Gläubigern besonders anzuzeigen, deren Forderungen durch Anerkenntniß oder rechtskräftiges Erkenntniß als richtig festgestellt oder durch den Beschluß des Gerichts vorläufig zugelassen worden sind. Jedoch ist die Gültigkeit der Verhandlung von dieser besonderen Benachrichtigung der genannten Betheiligten nicht abhängig.

Der Gemeinschuldner muß in dem Termin persönlich erscheinen; die Vertretung durch einen Bevollmächtigten kann ihm nur dann gestattet werden, wenn er wegen Krankheit oder aus anderen Gründen persönlich zu erscheinen außer Stande ist.

§. 184.**)

In dem Termin hat der Kommissar über die Lage der Sache und über die Ergebnisse, welche von einer Fortsetzung des Konkurses im Allgemeinen zu erwarten sind, Vortrag zu halten und die Aeußerung des Verwalters zu veranlassen; das Wesentliche hierüber ist in dem Protokolle oder in einer Anlage desselben niederzuschreiben.

Der Gemeinschuldner giebt seine Erklärungen und Vorschläge zum Akkorde ab und die Gläubiger beschließen über dieselben.

§. 185.**)

Zur Theilnahme an der Beschlußfassung über den Akkord berechtigen alle festgestellten oder vorläufig zugelassenen Forderungen, welche weder mit einem Hypothekenrechte, Pfandrechte oder anderen Absonderungsrechte, noch auch mit einem Vorzugsrechte versehen sind.

Für den Betrag, mit welchem ein Gläubiger wegen einer mit einem solchen Rechte versehenen Forderung an der Beschlußfassung über den Akkord Theil nehmen will, muß er auf das in Anspruch genommene Hypothekenrecht, Pfandrecht oder andere Absonderungsrecht, oder auf das verlangte Vorzugsrecht verzichten.

§. 186.**)

Zum Abschlusse des Akkords ist nothwendig, daß die nachstehenden Erfordernisse zusammentreffen:

1. die Mehrzahl der im Termin persönlich oder durch Bevollmächtigte anwesenden stimmberechtigten Gläubiger muß in den Akkord ausdrücklich einwilligen; steht eine Forderung mehreren Personen, getheilt oder ungetheilt, zu, so gelten sie zusammen nur für Eine Person;

---

*) vergl. §§. 34. bis 38. und 41. der Instruktion; desgl. Formular Nr. 11.
**) zu §§. 183. bis 189. vergl. §§. 34. bis 38. der Instruktion.

2. die Gesammtsumme der den einwilligenden Gläubigern zustehenden Forderungen muß wenigstens drei Viertheile der Gesammtsumme aller zum Mitstimmen berechtigenden Forderungen (§. 185.) betragen;
3. der Akkord muß allen Gläubigern, deren Forderungen durch denselben betroffen werden, gleiche Rechte gewähren; eine ungleiche Bestimmung der Rechte ist nur mit ausdrücklicher Einwilligung der zurückgesetzten Gläubiger zulässig.

§. 187.*)

Die Verhandlung über den Akkord muß, wenn derselbe im ersten Termin nicht zu Stande gekommen ist, in einem neuen Termin noch einmal wiederholt werden:
1. wenn im ersten Termin die Mehrzahl der anwesenden stimmberechtigten Gläubiger in den Akkord einwilligt, die Gesammtsumme ihrer Forderungen aber nicht den vorgeschriebenen Betrag erreicht (§. 186. Num. 2.);
2. wenn für den vorgeschriebenen Betrag die Einwilligung vorhanden ist, jedoch die Zahl der Einwilligenden nicht die Mehrheit der anwesenden stimmberechtigten Gläubiger bildet.

Der Kommissar hat beim Schlusse des ersten Termins den neuen Termin nach acht Tagen anzusetzen und den Anwesenden bekannt zu machen.

§. 188.*)

Bei der Wiederholung der Verhandlung und Beschlußfassung über den Akkord (§. 187.) kommen die für das erste Akkordverfahren ertheilten Vorschriften zur Anwendung.

Die Vorschläge, Zugeständnisse und Beschlüsse der ersten Versammlung haben im Falle der Wiederholung des Verfahrens keine Wirkung.

§. 189.*)

Der Antrag auf Schließung des Akkords ist unzulässig, wenn der Gemeinschuldner sich auf flüchtigen Fuß gesetzt hat, oder wenn derselbe wegen betrüglichen Bankerutts auch nur vorläufig in Anklagestand versetzt ist, bis er freigesprochen oder endgültig außer Verfolgung gesetzt worden ist.

Durch die Eröffnung der Untersuchung und die Verurtheilung des Gemeinschuldners wegen einfachen Bankerutts wird der Akkord nicht ausgeschlossen; jedoch ist vor der Beschlußfassung die Aeußerung der Staatsanwaltschaft über die in der Untersuchung ermittelten Thatumstände einzuholen und den Gläubigern mitzutheilen.

---

*) vergl. §§. 34. bis 38. der Instruktion.

II. Von der gerichtlichen Bestätigung des Akkords.

§. 190.

Der abgeschlossene Akkord bedarf, um rechtliche Wirkung zu erlangen, der gerichtlichen Bestätigung.

§. 191.*)

Das Konkursgericht hat über die Bestätigung des Akkords durch Erkenntniß zu entscheiden.

Die Entscheidung erfolgt auf den Vortrag des Kommissars in öffentlicher Sitzung, welche durch Aushang an der Gerichtsstelle bekannt gemacht wird, und welche möglichst bald, jedoch nicht vor Ablauf von zehn Tagen seit dem Abschlusse des Akkords stattfinden muß.

Inwiefern vor der Entscheidung noch Ermittelungen durch Vernehmung des Gemeinschuldners, des Verwalters der Masse oder eines Gläubigers, oder auf andere Weise stattfinden sollen, hat das Gericht zu ermessen.

Dem Gemeinschuldner wird eine Ausfertigung des Erkenntnisses zugestellt; hinsichtlich der übrigen Betheiligten genügt die Verkündigung desselben in der Sitzung.

§. 192.*)

Jeder Gläubiger, welcher berechtigt war, an der Beschlußfassung über den Akkord Theil zu nehmen, kann innerhalb zehn Tagen nach dem Abschlusse des Akkords Einspruch dagegen erheben, um die Bestätigung zu verhindern.

Der Einspruch muß schriftlich oder zu Protokoll bei dem Konkursgericht angebracht werden; er ist dem Gemeinschuldner, als der Gegenpartei, sowie dem Verwalter der Masse mitzutheilen.

Demnächst wird in der Sitzung (§. 191.), ohne daß es einer vorgängigen besonderen Vorladung der Betheiligten bedarf, über den Einspruch mündlich verhandelt. Die Parteien oder deren Vertreter können dabei zur weiteren Ausführung ihrer Rechte das Wort ergreifen; der Verwalter der Masse wird mit seinen Erklärungen gehört.

Ueber den Einspruch wird in demselben Urtheil entschieden, welches über die Bestätigung des Akkords ergeht.

§. 193.*)

Das Gericht hat die Bestätigung des Akkords zu versagen:

1. wenn die für das Verfahren und für den Abschluß des Akkords gegebenen Vorschriften nicht beobachtet sind;

---

*) zu §§. 191. bis 194. vergl. §. 39. der Instruktion.

2. wenn gegründeter Verdacht vorhanden ist, daß der Gemeinschuldner sich der heimlichen Begünstigung eines Gläubigers vor dem anderen schuldig gemacht hat, oder ein Betrug bei der Zustandebringung des Akkords begangen worden ist;
3. wenn in anderer Weise das Interesse der öffentlichen Ordnung, oder das Interesse der Gläubiger durch den Akkord benachtheiligt erscheint.

§. 194.*)

Für das Verfahren und das Erkenntniß kommen keine besonderen Gerichtsgebühren zum Ansatz.

Die gerichtlichen baaren Auslagen und die außergerichtlichen Kosten hat in jedem Falle der Gemeinschuldner zu tragen.

Die besonderen Kosten eines unbegründeten Einspruchs fallen dem einsprechenden Gläubiger zur Last.

§. 195.**)

Dem Gemeinschuldner und jedem Gläubiger, welcher den Einspruch erhoben hat, oder welcher die versagte Bestätigung des Akkords verlangt, steht das Rechtsmittel der Appellation und der Nichtigkeitsbeschwerde zu. Die Nichtigkeitsbeschwerde findet namentlich auch dann statt, wenn das angefochtene Erkenntniß eine für die Schließung des Akkords als wesentlich zu betrachtende Vorschrift verletzt.

Die Befugniß eines Gläubigers, das Rechtsmittel einzulegen, ist von dem Betrage seiner Forderung nicht abhängig.

Das Rechtsmittel ist von dem Gläubiger innerhalb drei Tagen seit dem Tage der Verkündigung des angefochtenen Erkenntnisses und vom Gemeinschuldner innerhalb drei Tagen seit der Behändigung dieses Erkenntnisses bei dem Konkursgericht einzulegen und zu rechtfertigen. Demnächst ist nach den für die Rechtsmittel in schleunigen Sachen geltenden Vorschriften weiter zu verfahren.

Als Gegenpartei sind zuzuziehen, wenn das Rechtsmittel wegen versagter Bestätigung eingelegt worden ist: der Verwalter der Masse und diejenigen Gläubiger, welche Einspruch erhoben haben; wenn das Rechtsmittel wegen ertheilter Bestätigung eingelegt worden ist: der Gemeinschuldner.

Der Verwalter der Masse und andere Betheiligte können sich als Intervenienten einer der Parteien anschließen.

Die Kosten des Rechtsmittels, sowohl die gerichtlichen als die außergerichtlichen Gebühren und Auslagen, hat der unterliegende Theil zu tragen.

---

*) vergl. §. 39. der Instruktion.
**) vergl. §. 40. der Instruktion.

§. 196.

Das Erkenntniß, durch welches die Bestätigung des Akkords rechtskräftig ausgesprochen oder versagt wird, ist für alle bei dem Akkorde Betheiligten bindend, ohne Unterschied, ob sie bei dem Verfahren als Partei aufgetreten sind oder nicht.

III. Von den Wirkungen des bestätigten Akkords.

§. 197.

Der rechtskräftig bestätigte Akkord gilt als Vergleich zwischen dem Gemeinschuldner und allen Konkursgläubigern, die Gläubiger mögen ihre Forderungen im Konkurse angemeldet haben oder nicht, zur Theilnahme an der Beschlußfassung über den Akkord zugezogen sein oder nicht.

Jedoch sind Forderungen, für welche ein Vorzugsrecht geltend gemacht und festgestellt wird, den Wirkungen des Akkords nicht unterworfen; es müssen diese Forderungen vollständig befriedigt werden.

Dasselbe gilt von den Forderungen der Massegläubiger, ingleichen von solchen Forderungen, für welche die Gläubiger ein Hypothekenrecht, ein Pfandrecht oder ein anderes Absonderungsrecht geltend machen und nachweisen, insoweit die Forderungen durch die zu ihrer abgesonderten Befriedigung dienenden Gegenstände gedeckt sind.

§. 198.

Der Akkord befreit den Gemeinschuldner von der Verpflichtung, den Ausfall zu ersetzen, welchen die Gläubiger durch den Konkurs und durch den Akkord erleiden, insoweit nicht das Gegentheil in dem Akkorde festgesetzt wird.

Dagegen werden die Rechte der Gläubiger gegen die solidarischen Mitschuldner des Gemeinschuldners und dessen Bürgen durch den Akkord nicht berührt.

§. 199. *)

Nach erfolgter rechtskräftiger Bestätigung des Akkords hat der Verwalter der Masse die zur Sicherung der Erfüllung der akkordmäßigen Verpflichtungen festgesetzten Maaßregeln zu treffen; insbesondere muß er noch für Befriedigung der Massegläubiger aus dem für dieselben zurückzubehaltenden Deckungsfonds und für Ausantwortung, beziehungsweise Uebereignung der mit einem Rückforderungsrecht in Anspruch genommenen Gegenstände sorgen, soweit der betreffende Anspruch im Konkurse festgestellt ist.

---

*) vergl. §§. 1. und 40. der Instruktion.

Ist dies nicht der Fall, so bleiben bis zum Ausgang des Streits diese Gegenstände unter gerichtlicher Sperre.

Sobald diese Maaßregeln getroffen worden sind, ist der Konkurs beendigt.

Der Gemeinschuldner erhält das Verwaltungs- und Verfügungsrecht über sein Vermögen zurück; es sind demselben seine Vermögensstücke, Bücher und Papiere auszuliefern. Der Verwalter hat ihm vor dem Kommissar Rechnung zu legen. Die Streitigkeiten über die Rechnungslegung des Verwalters gehören in allen Fällen vor das Konkursgericht.

Den Gläubigern, deren Forderungen nicht bereits in dem Konkurse festgestellt worden sind, bleibt überlassen, ihre Ansprüche gegen den Gemeinschuldner auszuführen.

Jedoch haben die nicht bevorzugten Konkursgläubiger auch in Ansehung der nachträglich festgestellten Forderungen nur einen Anspruch auf akkordmäßige Befriedigung.

Anhängige Prozesse gehen auf den Gemeinschuldner in der Lage über, in welcher sie sich zur Zeit der Beendigung des Konkurses befinden.

Das Gericht hat öffentlich bekannt zu machen, daß der Konkurs durch Akkord beendigt worden ist.

§. 200.

Ist im Akkorde festgesetzt, daß für die Erfüllung desselben eine Hypothek auf die Immobilien des Gemeinschuldners eingetragen werden soll, so gehört es zu den Obliegenheiten des Verwalters, die Eintragung zu bewirken, bevor der Vermerk über die Konkurseröffnung (§. 150.) gelöscht wird.

Die Löschung einer solchen Hypothek erfolgt, wenn das Konkursgericht, auf den Antrag des Gemeinschuldners, nach vorgängiger öffentlicher Aufforderung der Gläubiger attestirt, daß innerhalb der in der Aufforderung bestimmten Frist kein unberichtigt gebliebener Anspruch angezeigt worden ist. Die öffentliche Bekanntmachung dieser Aufforderung ist auf die für die Bekanntmachung der Konkurseröffnung vorgeschriebene Weise (§. 123.) zu bewirken; die Frist soll nicht unter vier Wochen und nicht über sechs Monate vom Tage der Aufforderung an betragen.

Findet vor erfolgter Löschung der Hypothek die nothwendige Subhastation des verhafteten Grundstücks statt, so wird bei Vertheilung der Kaufgelder der auf diese Hypothek fallende Betrag der Kaufgelder zu einer Spezialmasse genommen und das Konkursgericht hiervon benachrichtigt. Dasselbe hat auf diese Benachrichtigung die vorgedachte öffentliche Aufforderung zu erlassen. Meldet sich innerhalb der bestimmten Frist kein Gläubiger, so wird von dem Gericht das erwähnte Attest ausgestellt und dem

Subhastationsgericht mitgetheilt; das letztere hat alsdann wegen Ausschüttung der Spezialmasse das Weitere nach Lage der Sache zu verfügen und nöthigenfalls das Kaufgelderverteilungs-Verfahren fortzusetzen. Wenn sich dagegen innerhalb der bestimmten Frist Gläubiger mit Ansprüchen an die Spezialmasse melden, so sind diese Ansprüche, soweit die Feststellung derselben nicht bereits in dem Konkurse erfolgt ist, unter Zuziehung des Gemeinschuldners und der übrigen Betheiligten zu prüfen und festzustellen, wobei die in dem Konkursverfahren geltenden Vorschriften zur Richtschnur dienen. Das Konkursgericht theilt schließlich dem Subhastationsgericht mit, an welche Personen, in welchen Beträgen und in welcher Reihenfolge die Spezialmasse, soweit sie reicht, auszuschütten ist.

Die vorstehenden Bestimmungen finden auch in dem Falle Anwendung, wenn ein Anderer als der Gemeinschuldner eine Hypothek für die Erfüllung des Akkords bestellt hat.*)

§. 201.

Im Falle der Nichterfüllung der akkordmäßigen Verpflichtungen ist der Akkord in Ansehung aller Forderungen vollstreckbar, welche in dem Konkurse als richtig festgestellt worden sind. Wegen anderer Forderungen findet die Exekution in Gemäßheit des Akkords erst dann statt, wenn der Gläubiger für die Forderung einen vollstreckbaren Titel erlangt hat.

Die Exekution zur Erfüllung der akkordmäßigen Verpflichtungen kann durch sofortigen Personalarrest gegen den Gemeinschuldner vollstreckt werden; die Exekution in das Vermögen ist neben der Exekution gegen die Person des Gemeinschuldners zulässig.

Wegen Forderungen, welche den Wirkungen des Akkords nicht unterworfen sind, ist die Exekution gegen den Gemeinschuldner ebenfalls zulässig, soweit die Forderungen in dem Konkurse als richtig festgestellt worden sind.

IV. Von der Nichtigkeit des Akkords.

§. 202.

Wird der Gemeinschuldner nachträglich wegen betrüglichen Bankerutts rechtskräftig verurtheilt, so tritt von Rechtswegen die Nichtigkeit des Akkords ein.

Wird eine Voruntersuchung wegen betrüglichen Bankerutts gegen den Gemeinschuldner nachträglich eingeleitet, so kann das

*) vergl. die Formulare Nr. 12. 13. 14.

Konkursgericht auf den Antrag eines Gläubigers oder von Amtswegen Maaßregeln zur Sicherung des Vermögens anordnen. Diese Maaßregeln treten außer Kraft, sobald der Gemeinschuldner rechtskräftig freigesprochen oder endgültig außer Verfolgung gesetzt worden ist.*)

§. 203.

Eine Klage auf Vernichtung des Akkords wegen Betrugs kann von jedem durch den Akkord betroffenen Gläubiger gegen den Gemeinschuldner erhoben werden, wenn erst nach Ablauf der zur Einlegung des Einspruchs gegen die Bestätigung des Akkords bestimmten Frist entdeckt wird, daß das zur Konkursmasse gehörige Vermögen theilweise verheimlicht oder bei Seite geschafft worden ist, oder daß Schulden ganz oder theilweise erdichtet sind, oder daß einem oder mehreren Gläubigern, ohne deren Einwilligung die gesetzlichen Erfordernisse zum Akkord nicht vorhanden gewesen wären, für ihre ertheilte Einwilligung von dem Gemeinschuldner oder von einer anderen Person ein besonderer Vortheil heimlich gewährt oder versprochen worden ist.

Die Klage verjährt binnen fünf Jahren, vom Tage der gerichtlichen Bestätigung des Akkords an gerechnet.

§. 204.

Die Klage auf Vernichtung des Akkords (§. 203.) ist bei dem Konkursgericht anzubringen.**)

Bei der Einleitung der Klage sind die übrigen durch den Akkord betroffenen Gläubiger von der Anstellung des Prozesses mittelst einer öffentlichen Anzeige zu benachrichtigen. Die öffentliche Bekanntmachung dieser Anzeige erfolgt auf die für die Bekanntmachung der Konkurseröffnung vorgeschriebene Weise (§.123.).

Jeder durch den Akkord betroffene Gläubiger hat die Befugniß, von der Klage in dem Büreau des Gerichts Kenntniß zu nehmen und in den Prozeß als Intervenient einzutreten.

Wird die Klage begründet gefunden, so hat das Erkenntniß die Vernichtung des Akkords in Bezug auf alle bei demselben Betheiligten auszusprechen.

Wird die Klage rechtskräftig zurückgewiesen, so ist das Erkenntniß für alle durch den Akkord betroffenen Gläubiger bindend.

§. 205.

Durch den Eintritt der Nichtigkeit des Akkords wegen betrüglichen Bankerutts (§. 202.) und durch die Vernichtung desselben wegen Betrugs (§§. 203. 204.) werden diejenigen, welche eine Bürgschaft für die Erfüllung der akkordmäßigen Verpflich-

*) vergl. §. 55. der Instruktion.
**) vergl. §. 1. der Instruktion.

tungen des Gemeinschuldners übernommen haben, von ihrer Verbindlichkeit frei, sofern sie nicht bei Uebernahme der Bürgschaft Kenntniß von den Thatsachen gehabt haben, welche den Betrug enthalten.

V. Von den Folgen der Nichtigkeit des Akkords.

§. 206.

Der Eintritt der Nichtigkeit, sowie die rechtskräftige Vernichtung des Akkords bewirkt die Fortsetzung des Konkurses. Dieselbe ist ebenso, wie die Eröffnung des Konkurses, von dem Gericht auszusprechen (§§. 119. 121.) und bekannt zu machen (§. 123.).

Soweit es nöthig, ist das für den Fall der Eröffnung des Konkurses vorgeschriebene Verfahren zu wiederholen.

Die Befugniß zur Theilnahme an dem Konkurse steht nicht nur den Gläubigern zu, welche bereits zur Zeit der früheren Konkurseröffnung vorhanden waren, sondern auch den neuen Gläubigern des Gemeinschuldners. Jedoch haben die neuen Gläubiger, den anderen Gläubigern gegenüber, keinen Anspruch auf Befriedigung aus einer für die Erfüllung des Akkords bestellten Hypothek (§. 200.) und aus einem Faustpfande, welches zur Sicherung der akkordmäßigen Verpflichtungen bestellt worden ist.

Die Berufung der sämmtlichen Gläubiger und die Prüfung der Forderungen erfolgt nach den Vorschriften des sechsten Abschnitts.

Hinsichtlich der früher angemeldeten und zur Prüfung gezogenen Forderungen findet eine neue Prüfung nicht statt, vorbehaltlich des Abzuges der seit dem Akkord geleisteten Zahlungen.

Ein nochmaliger Akkord kann nicht geschlossen werden.

§. 207.

Hinsichtlich der Anfechtung von Rechtshandlungen, welche der Gemeinschuldner in der Zeit zwischen dem Abschlusse des Akkords und dem Wiedereintritte des Konkurses vorgenommen hat, finden dieselben Bestimmungen Anwendung, welche für den Fall der Eröffnung des Konkurses ertheilt sind (Titel I. Abschnitt 11.).

Insofern es bei den Bestimmungen über die Anfechtung von Rechtshandlungen des Gemeinschuldners auf den Tag der Zahlungseinstellung oder der Konkurseröffnung ankommt, gilt als Zahlungseinstellung der Eintritt der Nichtigkeit oder die rechtskräftige Vernichtung des Akkords; als Konkurseröffnung ist der Zeitpunkt anzusehen, in welchem das Gericht die Fortsetzung des Konkurses ausgesprochen hat (§. 206.).

§. 208.

Die Gläubiger, welche durch den Akkord betroffen wurden, treten dem Gemeinschuldner gegenüber in ihre vollen Rechte zurück.

Dieselben haben zur Masse nicht die Zahlungen zurückzugewähren, welche sie gemäß dem Akkorde in gutem Glauben empfangen haben.

Ist ein durch den Akkord betroffener Gläubiger für dasjenige, was er gemäß dem Akkorde zu erhalten hatte, bereits vollständig befriedigt, so bleibt seine ganze ursprüngliche Forderung getilgt.

Hat er nur einen Theil des Betrages erhalten, der ihm nach dem Akkorde gebührt, so kann er in dem fortgesetzten Konkurse als Gläubiger für denjenigen Theil seiner ursprünglichen Forderung auftreten, welcher sich zu dieser ganzen Forderung verhält, wie der noch rückständige Theil seiner Forderung aus dem Akkorde zu der ganzen akkordmäßigen Forderung.

Hat er überhaupt noch keine Zahlung empfangen, so kann er gegen die Masse seine ganze ursprüngliche Forderung geltend machen.

§. 209.

Die vorstehenden Bestimmungen (§. 208.) sind auch in dem Falle maaßgebend, wenn ohne vorherige Wiederaufhebung des Akkords ein neuer Konkurs über das Vermögen des Gemeinschuldners eröffnet wird.

VI. Von außergerichtlichen Vergleichen.

§. 210.

Kein Gläubiger kann genöthigt werden, sich auf außergerichtliche Unterhandlungen wegen eines Vergleichs zur Beseitigung des Konkurses einzulassen; die Eröffnung und Fortsetzung des Konkurses wird durch solche Unterhandlungen nicht aufgehalten.

Wenn jedoch der Gemeinschuldner nach dem Ablauf der Anmeldungsfristen nachweist, daß sämmtliche Gläubiger, welche ihre Forderungen angemeldet haben, in die Aufhebung des Konkurses willigen, so ist mit der Einstellung des Konkurses zu verfahren.

Achter Abschnitt.

Von dem definitiven Verwalter der Masse und dem Verwaltungsrathe.

§. 211.

Zur Bestellung des definitiven Verwaltungspersonals wird nach Abhaltung des ersten allgemeinen Prüfungstermins (§. 164.) geschritten, wenn die Abschließung eines Akkords nicht beantragt worden ist, oder wenn der Akkord überhaupt oder vorläufig gesetzlich unzulässig ist.

In anderen Fällen findet die Bestellung des definitiven Verwaltungspersonals statt, sobald der Akkord von den Gläubigern endgültig verworfen oder die Bestätigung des geschlossenen Akkords von dem Gericht rechtskräftig versagt worden ist. *)

§. 212.

Das definitive Verwaltungspersonal besteht aus dem definitiven Verwalter der Masse; auch kann ein Verwaltungsrath von zwei oder drei Mitgliedern bestellt werden.

§. 213.

Die Konkursgläubiger oder deren Bevollmächtigte haben den definitiven Verwalter und die Mitglieder des Verwaltungsraths in Vorschlag zu bringen; für das Amt des definitiven Verwalters sind von jedem Gläubiger drei Personen zu bezeichnen.

Die Vorschläge der Gläubiger sind sogleich in dem ersten Prüfungstermin zu erfordern, wenn dies nach Lage der Sache geschehen kann; andernfalls hat der Kommissar einen besonderen Termin anzuberaumen und zu demselben alle Gläubiger vorzuladen, deren Forderungen angemeldet sind.

Das Gericht ernennt demnächst den definitiven Verwalter und den Verwaltungsrath aus der Zahl der vorgeschlagenen Personen.

In gleicher Weise können für den Fall, daß der definitive Verwalter oder Mitglieder des Verwaltungsraths ausscheiden, Ersatzmänner im Voraus bestimmt werden.**)

§. 214.

Bei der Bestellung des definitiven Verwaltungspersonals ist nach folgenden Vorschriften zu verfahren:

---

*) vergl. §. 22. der Instruktion.
**) vergl. §. 22. der Instruktion und Formular Nr. 15.

1. das Amt des definitiven Verwalters ist einem geschäftskundigen Manne zu übertragen, welcher am Sitze des Gerichts oder an dem Orte, wo das Hauptgeschäft des Gemeinschuldners sich befindet, oder in deren Nähe seinen Wohnsitz hat;
2. das Amt als Mitglied des Verwaltungsraths ist nur solchen Personen zu übertragen, welche am Wohnorte des Verwalters oder in dessen unmittelbarer Nähe ihren Wohnsitz haben; es sollen zu Mitgliedern des Verwaltungsraths geschäftskundige Gläubiger oder Bevollmächtigte der Gläubiger, in deren Ermangelung aber andere geeignete Personen bestellt werden;
3. der definitive Verwalter und die Mitglieder des Verwaltungsraths sind nach ihrer Ernennung von dem Kommissar auf die gewissenhafte Ausführung der ihnen obliegenden Amtsverrichtungen mittelst Handschlags an Eidesstatt zu verpflichten; wird der einstweilige Verwalter zum definitiven ernannt, so ist derselbe auf die frühere Verpflichtung zu verweisen;
4. die Ernennung des definitiven Verwalters ist auf die für die Bekanntmachung der Konkurseröffnung vorgeschriebene Weise (§. 123.) öffentlich bekannt zu machen; zugleich hat das Gericht dem definitiven Verwalter eine Bestallung zu seiner Legitimation zu ertheilen.

§. 215.

Der definitive Verwalter ist der Vertreter der Gläubigerschaft und der Masse.

Seine Aufgabe ist, die Liquidation der Masse, die Feststellung der an dieselbe erhobenen Ansprüche und die Befriedigung der Gläubiger zu betreiben.

Die Vorschriften, welche in den §§. 131. bis 135. über die Befugnisse und Obliegenheiten des einstweiligen Verwalters, über seine Entlassung, über die Belohnung und Entschädigung für seine Geschäftsführung, sowie über die Bestellung eines Spezialvertreters der Gläubigerschaft und der Masse gegeben sind, gelten auch in Betreff des definitiven Verwalters.

§. 216.

Im Falle eines außerordentlichen Umfanges der Verwaltungsgeschäfte können nach Anhörung des definitiven Verwalters und auf gutachtliche Aeußerung des Kommissars dem definitiven Verwalter für bestimmte Zweige der Verwaltung besondere Verwalter beigegeben werden.

Die Bestellung der besonderen Verwalter erfolgt nach den

für die Bestellung des definitiven Verwalters ertheilten Vorschriften (§. 214.).

Die besonderen Verwalter haben innerhalb der ihnen überwiesenen Geschäftskreise die Rechte und Pflichten des definitiven Verwalters. Der Letztere ist für die Geschäftsführung derselben nicht verantwortlich; er ist jedoch befugt, von ihnen jede die Verwaltung betreffende Auskunft zu verlangen, auch geeignetenfalls ihre Entlassung zu beantragen.

§. 217.

Der Geschäftskreis des Verwaltungsraths erstreckt sich auf die Mitwirkung desselben bei der Liquidation der Masse in den gesetzlich bestimmten Fällen.

Der Verwaltungsrath hat innerhalb dieses Geschäftskreises das Interesse der Gläubigerschaft und der Masse wahrzunehmen.

§. 218.

In den Fällen, in welchen die Mitwirkung des Verwaltungsraths erforderlich ist, wird derselbe von dem Kommissar zur Berathung und Beschlußfassung berufen; der Kommissar leitet die Berathungen.

Der definitive Verwalter nimmt an den Berathungen und Beschlüssen des Verwaltungsraths Theil; zur Beschlußfähigkeit ist die Theilnahme des definitiven Verwalters und zweier Mitglieder erforderlich. Die Beschlüsse werden nach Stimmenmehrheit gefaßt; bei Stimmengleichheit entscheidet die Stimme des definitiven Verwalters.

Die Ausführung der Beschlüsse erfolgt durch den definitiven Verwalter.

Der Kommissar ertheilt die Ausfertigungen der Beschlüsse oder die Ermächtigungen auf Grund derselben, wenn solche zur Legitimation des definitiven Verwalters erforderlich sind.

§. 219.

Die Mitglieder des Verwaltungsraths können ihres Amts entlassen werden, wenn sie ihren Verpflichtungen nicht gehörig nachkommen. Hierbei ist ebenso, wie bei der Entlassung des einstweiligen Verwalters (§. 133.) zu verfahren.

Eine Belohnung haben die Mitglieder des Verwaltungsraths für ihre Geschäftsführung nicht zu fordern; es werden ihnen nur ihre Auslagen erstattet.

Neunter Abschnitt.

Von der Liquidation der Masse.

§. 220.

Der definitive Verwalter übernimmt die Masse und die Geschäfte von dem einstweiligen Verwalter.

Der Letztere hat über seine Geschäftsführung dem definitiven Verwalter Rechnung zu legen.

Die Abnahme der Rechnung erfolgt vor dem Kommissar unter Zuziehung des Verwaltungsraths und des Gemeinschuldners, sofern derselbe ohne Aufenthalt zu erlangen ist.

§. 221.*)

Der definitive Verwalter hat die bisherigen Geschäfte zu Ende zu führen und für die Feststellung und Realisirung der Masse zu sorgen.

Er hat insbesondere den Verkauf der noch unveräußerten Gegenstände zu betreiben; der Verkauf kann nach den im Exekutionsverfahren geltenden Vorschriften, oder in Abweichung von denselben bewirkt werden.

In Betreff des Geldverkehrs sind die Vorschriften maaßgebend, welche für die Dauer der Geschäftsführung des einstweiligen Verwalters zur Anwendung kommen (§. 161.).

Der definitive Verwalter handelt bei seiner Geschäftsführung selbstständig, soweit nicht nachstehend Beschränkungen festgesetzt sind.

§. 222.

Der definitive Verwalter bedarf der Genehmigung oder Ermächtigung des Verwaltungsraths, oder wenn ein solcher nicht bestellt worden ist, der Genehmigung oder Ermächtigung des Kommissars:

1. zur Anerkennung von Vindikationsansprüchen, wenn es sich um Gegenstände handelt, deren Taxwerth den Betrag von funfzig Thalern übersteigt;
2. zur Abschließung von Vergleichen, wenn der Werth des streitigen Gegenstandes den Betrag von funfzig Thalern übersteigt;
3. zur Anstellung von Klagen, zur Anfechtung von Rechtshandlungen des Gemeinschuldners, zur Aufhebung von Rechtsgeschäften desselben und zum Eintritt in solche Rechtsgeschäfte.

---

*) vergl. §. 45. der Instruktion.

§. 223.

Der definitive Verwalter bedarf der Genehmigung oder Ermächtigung des Verwaltungsraths, oder wenn ein solcher nicht bestellt worden ist, der Genehmigung oder Ermächtigung des Kommissars, und in beiden Fällen der demnächstigen Bestätigung des Beschlusses durch das Gericht:

1. wenn Immobilien, Gerechtigkeiten oder Schiffe aus freier Hand veräußert werden sollen;
2. wenn es sich um die Anerkennung von Vindikationsansprüchen, um die Abschließung von Vergleichen und um die Anstellung von Klagen handelt, insofern die Vindikationsansprüche, die Vergleiche und Klagen Immobilien, Gerechtigkeiten oder Schiffe betreffen.

Vor der Entscheidung des Gerichts über die Ertheilung der Bestätigung in den vorstehenden Fällen (Num. 1. und 2.) hat der Kommissar den Gemeinschuldner, sofern derselbe ohne Aufenthalt vernommen werden kann, mit seiner Ansicht zu hören.

§. 224. *)

Dem Gemeinschuldner kann auf dessen Antrag und nach Anhörung der Gläubiger eine Unterstützung zu seinem Unterhalt und zum Unterhalt seiner Familie gewährt werden.

Die Vernehmung der Gläubiger findet in dem Termine statt, in welchem die Vorschläge wegen Bestellung des definitiven Verwaltungspersonals gemacht werden (§. 213.).

Ueber die Gewährung der Unterstützung, sowie über den Betrag und die Dauer derselben wird von dem Gericht auf gutachtliche Aeußerung des definitiven Verwalters durch Beschluß entschieden; die Dauer der Unterstützung darf nicht den Zeitraum eines Jahres und in allen Fällen nicht die Dauer des Konkurses übersteigen.

§. 225.

Der Kommissar führt die Aufsicht über die Liquidation der Masse; der definitive Verwalter ist verpflichtet, ihm vierteljährlich einen Bericht über die Lage der Sache zu erstatten.

Der Kommissar hat namentlich darauf zu sehen, daß das Liquidationsgeschäft ordnungsmäßig und ohne Unterbrechung betrieben wird, daß die Beschlüsse des Verwaltungsraths nach Vorschrift der Gesetze gefaßt werden, und daß die Ausführung der Beschlüsse deren Inhalt gemäß erfolgt.

Hat er gegen die Gesetzlichkeit einer Maaßregel Bedenken, so kann er deren Ausführung einstweilen untersagen und die Entscheidung des Gerichts einholen.

---

*) vergl. Formular Nr. 15.

§. 226.

Wenn der Gemeinschuldner Vermögen im Auslande besitzt, so ist in Ansehung desselben nach den bestehenden Staatsverträgen zu verfahren.

In Ermangelung vertragsmäßiger Bestimmungen hat der definitive Verwalter die Feststellung und Realisirung des ausländischen Vermögens, sowie die Auslieferung desselben an die inländische Konkursmasse, auf dem kürzesten Wege zu betreiben.

Wird im Auslande ein Partikularkonkurs über das dortige Vermögen eröffnet, so muß der definitive Verwalter dabei das Interesse der inländischen Konkursmasse wahrnehmen.

Zehnter Abschnitt.

Von der Feststellung der streitigen Forderungen der Konkursgläubiger.

§. 227.

Ueber die Forderungen, welche in den Prüfungsterminen hinsichtlich der Richtigkeit oder des Vorrechts streitig geblieben sind, wird zwischen den festgestellten Parteien (§§. 171. 172.) in besonderen Prozessen verhandelt und entschieden.

§. 228.

Die Verhandlung und Entscheidung über die streitigen Ansprüche gehört vor das Konkursgericht, sofern dasselbe für Ansprüche dieser Art überhaupt kompetent ist.

Die Verhandlung und Entscheidung erfolgt durch die zuständigen Abtheilungen oder Einzelrichter des Konkursgerichts.*)

§. 229.**)

Den Gläubigern, deren Forderungen streitig sind, bleibt überlassen, die Einleitung der Spezialprozesse bei dem Prozeßrichter zu betreiben.

Zu diesem Behuf hat der Kommissar jedem Gläubiger eine Abschrift seiner Anmeldung, sowie des im Prüfungstermin aufgenommenen Protokolls und einen Auszug aus der zu demselben gehörenden tabellarischen Nachweisung in beglaubigter Form zu ertheilen, auch die überreichten Urkunden zurückzugeben.

*) vergl. §. 1. der Instruktion.
**) vergl. §§. 41. bis 44. der Instruktion.

§. 230.

Bei dem Verfahren in den Spezialprozessen kommen lediglich die für den ordentlichen Prozeß geltenden Vorschriften zur Anwendung; besondere Prozeßarten sind ausgeschlossen.

Eignet sich eine Forderung zum Verfahren im Bagatellprozesse, so findet der Erlaß eines Mandats nicht statt.

Der Gläubiger hat bei Anstellung des Spezialprozesses eine vollständige Klage einzureichen und die ihm nach §. 229. ertheilte beglaubigte Abschrift nebst Auszug beizufügen.

Er kann seine Forderung nur in dem Umfange geltend machen, in welchem er sie angemeldet hat. Eine Erweiterung des Anspruchs in Betreff des Betrages oder des Vorrechts ist in dem Spezialprozesse nicht zulässig; dieselbe kann nur mittelst einer neuen Anmeldung geltend gemacht werden.

§. 231.

Ist eine Forderung bedingt, so ist im Erkenntnisse zugleich die Bedingung auszusprechen, unter der sie zur Befriedigung gelangen soll.

Bei Forderungen, welche erst künftig fällig werden, sind die Fälligkeitstermine anzugeben.

Forderungen, welchen zugleich ein Absonderungsrecht zusteht, sind mit ihrem vollen Betrage, jedoch unter Vorbehalt der Kürzung derjenigen Summe anzusetzen, welche der Gläubiger durch die Ausübung des Absonderungsrechts erlangt.

§. 232.

Wenn eine Forderung, deren Richtigkeit und Vorrecht streitig ist, in Ansehung ihrer Richtigkeit abgewiesen wird, so ist gleichwohl in dem Erkenntnisse hinsichtlich des Vorrechts für den Fall zu entscheiden, daß die Forderung in höherer Instanz für richtig anerkannt werden sollte.

§. 233.*)

Wenn der Prozeß über die Richtigkeit einer Forderung vor der Konkurseröffnung angestellt worden ist und bereits bei einem anderen Gericht oder in einer höheren Instanz schwebt, so entscheidet das Konkursgericht nur über das Vorrecht, sofern dasselbe streitig ist.

§. 234.

Findet wegen einer Forderung der Rechtsweg nicht statt, oder ist das Konkursgericht aus einem anderen, in der Beschaffenheit der Forderung liegenden Grunde nicht kompetent (§. 228.), so gehört die Erörterung und Entscheidung über die Richtigkeit der

*) vergl. §§. 41. bis 44. der Instruktion.

Forderung vor die dazu kompetente sonstige Behörde; das Konkursgericht entscheidet demnächst nur über das Vorrecht, sofern dasselbe streitig ist.

§. 235.

In Ansehung der Insinuation der ergehenden Erkenntnisse, sowie in Ansehung der Rechtsmittel hat es bei den allgemeinen Prozeßvorschriften sein Bewenden.

§. 236.

Ueber die Verpflichtung zur Tragung der Kosten des Spezialprozesses ist lediglich nach den allgemeinen Prozeßvorschriften zu entscheiden.

Soweit hiernach die Kosten der Gläubigerschaft zur Last fallen, gehören dieselben zu den Kommunkosten.

§. 237.

Wenn ein Anspruch hinsichtlich der Richtigkeit oder des Vorrechts rechtskräftig ganz oder zum Theil abgewiesen wird, so kommt dies den sämmtlichen Konkursgläubigern zu statten, auch wenn sie an dem Prozesse nicht Theil genommen haben.

Gläubiger, welche den Prozeß geführt haben, sind befugt, aus der Masse die Erstattung der durch den Prozeß erwachsenen Kosten insoweit zu verlangen, als der Betrag der Kosten nicht den Vortheil übersteigt, welcher durch das abweisende Erkenntniß erlangt ist.

§. 238.

In allen Fällen, in welchen mehrere Gläubiger als Streitgenossen auftreten, haben dieselben einen gemeinschaftlichen Bevollmächtigten zur Führung des Prozesses zu bestellen; die besondere Vertretung eines Gläubigers findet lediglich auf seine Kosten statt.

Elfter Abschnitt.

Von den Vertheilungen an die Konkursgläubiger.

§. 239.*)

Nach Bestellung des definitiven Verwalters können Vertheilungen und Zahlungen an die Konkursgläubiger stattfinden, sobald ein hinlänglicher Massebestand vorhanden ist.

Wenn jedoch zur Anmeldung der Forderungen eine zweite Frist gestattet ist (§§. 166. 167.), so sind Vertheilungen und Zah-

*) zu §§. 239. bis 247. vergl. §§. 46. bis 50. der Instruktion und Formular Nr. 16.

lungen an die Konkursgläubiger erst nach Abhaltung des zweiten Prüfungstermins zulässig.

§. 240.*)

Auf bevorzugte Forderungen können die Zahlungen von dem Kommissar nach Anhörung des definitiven Verwalters ohne Weiteres verfügt werden, wenn die Forderungen nach Umfang und Vorrecht feststehen und der verfügbare Bestand der Masse zur vollständigen Befriedigung aller übrigen Forderungen, welche besser oder gleich berechtigt sind, zulänglich bleibt, auch für die Kommunkosten und übrigen Masseschulden, sowie für diejenigen, welche ein Rückforderungsrecht geltend gemacht haben, genügende Deckung vorhanden ist.

§. 241.*)

Außer diesem Falle (§. 240.) hat zum Zweck einer jeden Vertheilung an die Konkursgläubiger der Kommissar einen Theilungsplan durch den definitiven Verwalter entwerfen zu lassen. Nöthigenfalls ist dabei ein Rechnungsverständiger zuzuziehen.

In dem Theilungsplane ist zuvörderst der vorhandene verfügbare Bestand der Masse festzustellen. Dabei muß hauptsächlich auf die Deckung der Kommunkosten und der übrigen Masseschulden, unter angemessener Beachtung der künftig noch zu erwartenden Deckungsmittel, Rücksicht genommen werden.

Sodann sind die sämmtlichen Forderungen der Konkursgläubiger einzeln aufzuführen und in ihren Beträgen darzustellen. Ansprüche, über deren Richtigkeit, Betrag oder Rangordnung noch Streit obwaltet, sind vorläufig so zu behandeln, als wenn der geforderte höchste Betrag und das verlangte Vorrecht endgültig festgestellt wären; es muß jedoch zugleich vermerkt werden, daß und wieweit sie streitig sind.

Demnächst ist anzugeben, welche Beträge von der zu vertheilenden Masse auf die einzelnen Forderungen fallen.

§. 242.*)

Der entworfene Theilungsplan wird in dem Büreau des Gerichts zur Einsicht für die Betheiligten ausgelegt.

Die Gläubiger, welche bis dahin ihre Forderungen angemeldet haben, sind hiervon durch Aushang an der Gerichtsstelle in Kenntniß zu setzen**) und zugleich aufzufordern, ihre etwanigen Erinnerungen gegen den Plan binnen einer bestimmten Frist beim Gericht anzuzeigen und in einem bestimmten Termin vor dem Kommissar zur Verhandlung darüber, sowie zur Ausführung der Vertheilung zu erscheinen.

---

*) zu §§. 239. bis 247. vergl. §§. 46. bis 50. der Instruktion und Formular Nr. 16.

**) vergl. Formular Nr. 16.

Den Bevollmächtigten der Gläubiger (§. 179.) und den in dem Gerichtsbezirk wohnhaften Gläubigern, sofern sie nicht solche Bevollmächtigte bestellt haben, ist eine Abschrift der Aufforderung zu übersenden; jedoch ist die Wirksamkeit der Aufforderung von dieser besonderen Zustellung nicht abhängig.

Der definitive Verwalter ist zu dem Termin ebenfalls vorzuladen; die eingegangenen Erinnerungen gegen den Plan sind demselben noch vor dem Termin mitzutheilen.

§. 243*).

Der Kommissar verhandelt in dem Termin über die einzelnen Posten nach der Reihenfolge des Theilungsplanes, wie es zur Ausführung der Vertheilung zweckdienlich ist.

§. 244.*)

Soweit innerhalb der bestimmten Frist (§. 242.) keine Einwendungen gegen den Plan vorgebracht worden sind, werden an die Gläubiger, deren Forderungen feststehen, die in dem Plane berechneten Antheile sofort gezahlt. Die Posten, zu welchen sich kein Empfangsberechtigter meldet, werden auf Gefahr und Kosten der betreffenden Gläubiger als Spezialmassen in gerichtlicher Aufbewahrung behalten.**)

§. 245.*)

Bei denjenigen Posten, in Beziehung auf welche rechtzeitig Einwendungen vorgebracht worden sind, veranlaßt der Kommissar die Erledigung derselben zwischen den betheiligten Personen.

Findet eine Einigung derselben statt, so wird danach der Theilungsplan ausgeführt.

Kommt dagegen eine Einigung nicht zu Stande, so stellt der Kommissar die Streitpunkte und die Parteien fest, worauf die weitere Verhandlung und die Entscheidung über die Einwendungen in besonderen Prozessen erfolgt.***) Zu diesem Behuf wird eine beglaubigte Abschrift der Einwendung, sowie ein Auszug aus dem Theilungsplan und der Verhandlung an die zuständige Abtheilung des Konkursgerichts abgegeben; hiernächst wird von derselben ein Termin zur mündlichen Verhandlung der Sache von Amtswegen angesetzt. Die Antheile, welche auf die durch solche Einwendungen betroffenen Forderungen fallen, werden, wenn sich nicht die Parteien über eine anderweite Anlegung einigen, als Spezialmassen in gerichtlicher Verwahrung zurückbehalten; das Erkenntniß hat zugleich darüber zu entscheiden, an wen diese Antheile ausgezahlt werden sollen, oder nach Befinden die anderweite Vertheilung anzuordnen.

---

*) zu §§. 239. bis 247. vergl. §§. 46. bis 50. der Instruktion und Formular Nr. 16.

**) vergl. Formular Nr. 16.

***) vergl. §. 1. der Instruktion.

Wenn ein Gläubiger, welcher rechtzeitig Einwendungen gegen den Theilungsplan vorgebracht hat, in dem Termin nicht erscheint, so bleiben die Einwendungen unberücksichtigt, soweit sie nicht von dem Verwalter oder einem der erschienenen Gläubiger in dem Termine geltend gemacht werden.

Die Bestimmung über die Bestellung eines gemeinschaftlichen Bevollmächtigten in Spezialprozessen (§. 238.) findet auch auf die Prozesse über den Theilungsplan Anwendung.

§. 246.*)

Die Beträge, welche auf streitige Forderungen (§. 241.) vertheilt werden, sind stets als Spezialmassen in gerichtlicher Aufbewahrung zurückzubehalten und später nach Maaßgabe der ergehenden Endentscheidungen entweder an die betreffenden Gläubiger auszuzahlen, oder zur anderweiten Vertheilung zu ziehen.

§. 247.*)

Wenn Gläubiger, welchen ein Realrecht an Grundstücken zusteht, zugleich als Konkursgläubiger aufgetreten sind, so werden dieselben bei den Vertheilungen an die Konkursgläubiger, welche vor der Vertheilung der Grundstücksmasse stattfinden, mit ihrer ganzen Forderung (§. 83.) angesetzt und wegen des darauf fallenden Antheils nach den obigen Vorschriften (§§. 244. bis 246.) befriedigt.

Bei der späteren Vertheilung der Grundstücksmasse werden die Realgläubiger ebenfalls mit ihrer ganzen Forderung (§. 60.) angesetzt. Jedoch wird den Realgläubigern, welche hier mit ihrer ganzen Forderung zur Hebung kommen, der aus der Masse der Konkursgläubiger an sie gezahlte Betrag abgezogen und dieser Masse überwiesen. In Ansehung derjenigen Realgläubiger, welche in der Grundstücksmasse theilweise ausfallen, wird berechnet, mit welchem Antheil die ausgefallene Summe bei der Vertheilung an die Konkursgläubiger, an Stelle der angesetzten ganzen Forderung, zur Hebung gekommen sein würde; was der Gläubiger mehr, als diesen Antheil, aus der Masse der Konkursgläubiger empfangen hat, wird ihm von dem Betrage, mit welchem seine Forderung bei der Grundstücksmasse zur Hebung kommt, abgezogen und der Masse der Konkursgläubiger überwiesen.

Nach den vorstehenden Grundsätzen ist auch zu verfahren, wenn Gläubiger, welchen ein Realrecht an Schiffen zusteht, zugleich als Konkursgläubiger aufgetreten sind.

§. 248.

Sind Faustpfandgläubiger als Konkursgläubiger aufgetreten,

*) zu §§. 239. bis 247. vergl. §§. 46. bis 50. der Instruktion und Formular Nr. 16.

so werden dieselben, so lange das Ergebniß ihrer abgesonderten Befriedigung aus dem Pfande nicht feststeht, bei den Vertheilungen an die Konkursgläubiger mit ihrer ganzen Forderung (§. 83.) angesetzt. Der auf diese Forderung fallende Antheil wird jedoch in gerichtlicher Aufbewahrung zurückbehalten, bis der Ausfall feststeht, welchen der Faustpfandgläubiger bei seiner Befriedigung aus dem Pfande erleidet. Nach dem Betrage dieses Ausfalles wird alsdann die Summe ermittelt, welche dem Gläubiger aus der Masse der Konkursgläubiger gebührt.

Ist bei Beendigung des Konkursverfahrens das Pfand nicht verwerthet, so wird auf den Pfandgläubiger keine weitere Rücksicht genommen und das für ihn in gerichtlicher Aufbewahrung Zurückbehaltene unter die Konkursgläubiger vertheilt.

§. 249.

Die noch nicht fälligen Forderungen werden wie fällige behandelt.

Ist jedoch eine solche Forderung unverzinslich, so ist dieselbe nur zu demjenigen Betrage in Ansatz zu bringen, welcher mit Hinzurechnung der gesetzlichen Zinsen von diesem Betrage für die Zeit zwischen dem Zahlungstage und dem späteren Verfalltage dem ganzen Betrage der Forderung gleichkommt.

§. 250.

Hinsichtlich der bedingten Forderungen gelten für die Vertheilung folgende Grundsätze:

1. Ist die Bedingung eine aufschiebende, so wird vorläufig bis zum Eintritt derselben der volle oder höchste Betrag der Forderung angesetzt und der Antheil, welcher hiernach auf die Forderung fällt, als Spezialmasse in gerichtlicher Aufbewahrung zurückbehalten; die davon aufkommenden Zinsen fließen zur Konkursmasse.
2. Ist die Bedingung eine auflösende, so erhält der bedingte Gläubiger den auf seine Forderung fallenden Betrag nur gegen Sicherheitsbestellung wegen der Rückzahlung für den Fall des Eintritts der Bedingung. Leistet der Gläubiger keine von dem definitiven Verwalter oder im Falle des Streits von dem Konkursgericht für genügend erachtete Sicherheit, so wird die Summe verzinslich angelegt. Diese Anlegung erfolgt durch gerichtliche Deposition; die aufkommenden Zinsen werden von dem bedingten Gläubiger bezogen.

§. 251.

Besteht eine Forderung in dem Anspruche auf fortlaufende Hebungen, so wird der Betrag, welcher bei der Vertheilung auf das zur Deckung der künftigen Hebungen angesetzte Kapital (§§. 62. 85.) fällt, verzinslich angelegt. Die Anlegung erfolgt durch gerichtliche Deposition.

So oft die Zinsen zur Berichtigung der dem angelegten Kapital entsprechenden Hebungsbeträge nicht hinreichen, wird der fehlende Betrag aus dem Kapital entnommen.

§. 252.

Wer wegen seiner Forderung vollständig befriedigt wird, hat die über dieselbe sprechenden, in seinen Händen befindlichen Urkunden zu den Akten zu geben. Erfolgen nur Theilzahlungen, so werden dieselben auf den in den Händen des Gläubigers verbleibenden Urkunden vermerkt.*)

§. 253.**)

Die Vertheilung kann sich wiederholen, so oft ein hinlänglicher Bestand der Masse angesammelt ist.

In jedem späteren Theilungsplan ist anzugeben, wie viel auf die einzelnen Forderungen bereits berichtigt ist, für welche Forderungen die Antheile zurückbehalten sind, und welche angelegte Spezialmassen sich inzwischen, und auf welche Art, erledigt haben.

§. 254.**)

Gläubiger, welche ihre Forderungen erst nach dem Ablauf der bestimmten Fristen anmelden (§. 176.), haben keinen Anspruch auf die Beträge, welche bei den bereits vorgenommenen Vertheilungen an die übrigen Gläubiger gezahlt oder zu Spezialmassen gebracht worden sind.

Sie werden nur bei den Vertheilungen berücksichtigt, welche nach erfolgter Prüfung ihrer Forderungen stattfinden.

Bei der Berechnung, wie viel von der zur Vertheilung kommenden Summe auf diese Forderungen fällt, werden dieselben zum vollen Betrage, die bei früheren Vertheilungen schon berücksichtigten Forderungen aber nur zu dem Betrage angesetzt, welcher noch nicht durch frühere Vertheilungen berichtigt ist.

Ist zur Zeit der Abhaltung des Termins zur Prüfung einer nachträglich angemeldeten Forderung eine Vertheilung bereits angeordnet oder in Ausführung begriffen, so kann der Gläubiger gegen die Vertheilung und den Theilungsplan keinen Einspruch erheben, wenn die Frist zur Anbringung von Einwendungen gegen den Theilungsplan (§. 242.) bereits abgelaufen ist.

§. 255.**)

Gläubiger, welche ihre Forderungen im Spezialprozesse auszuführen haben (§§. 227. 229.), werden bei den stattfindenden

*) vergl. Formular Nr. 18.

**) zu §§. 253. bis 255. vergl. §§. 46. bis 50. der Instruktion.

Vertheilungen mit den streitigen Forderungen oder dem streitigen Vorrechte nur dann berücksichtigt, wenn die Anstellung des Spezialprozesses nachgewiesen worden ist.

So lange dieser Nachweis nicht geführt ist, kann für die streitigen Forderungen eine Spezialmasse (§. 246.) nicht angelegt werden.

Ist zur Zeit der Anstellung des Spezialprozesses eine Vertheilung bereits angeordnet oder in Ausführung begriffen, so kann der Gläubiger gegen die Vertheilung und den Theilungsplan keinen Einspruch erheben, wenn die Frist zur Anbringung von Einwendungen gegen den Theilungsplan (§. 242.) bereits abgelaufen ist.

Zwölfter Abschnitt.

Von der abgesonderten Befriedigung der Erbschaftsgläubiger und Legatare.

§. 256.

Wenn der Gemeinschuldner vor der Konkurseröffnung eine Erbschaft übernommen hat, so können die Erbschaftsgläubiger und Legatare das Recht auf Absonderung der Erbschaft von dem eigenthümlichen Vermögen des Gemeinschuldners (§. 37. Num. 1.) nur innerhalb der Fristen geltend machen, welche das Gericht in dem Konkursverfahren zur Anmeldung der Ansprüche der Konkursgläubiger (§§. 165. bis 167.) bestimmt.

Der Verwalter kann unter Genehmigung des Kommissars das Recht auf Absonderung der Erbschaft anerkennen.

§. 257.

Die Verwaltung und Realisirung des abgesonderten Nachlasses erfolgt durch das für die Konkursmasse bestellte Verwaltungspersonal nach den Bestimmungen, welche in dem Konkursverfahren zur Anwendung kommen.

Die absonderungsberechtigten Erbschaftsgläubiger und Legatare sind befugt, bei der Bestellung des Verwaltungspersonals in derselben Weise, wie die Konkursgläubiger mitzuwirken.

§. 258.

Wenn der Nachlaß zur Befriedigung der Erbschaftsgläubiger und Legatare, welche das Absonderungsrecht geltend machen, zulänglich ist, so haben dieselben ihre Forderungen, ohne weitere Betheiligung beim Konkurse, gegen den Verwalter der Masse auszuführen. Sobald die Forderungen feststehen, erhalten sie aus dem Nachlasse ihre vollständige Befriedigung an Kapital, Zinsen und Kosten.

§. 259.

Reicht der Nachlaß zur Befriedigung der absonderungsberechtigten Erbschaftsgläubiger und Legatare nicht aus, oder ist die Zulänglichkeit desselben zweifelhaft, so werden die Forderungen in einem besonderen Verfahren erörtert, festgestellt und befriedigt.

Hierbei dienen die Bestimmungen zur Richtschnur, welche in dem Konkursverfahren gelten.

§. 260.

Nach den vorstehenden Grundsätzen (§§. 256. bis 259.) ist auch bei der abgesonderten Befriedigung der eigenen Gläubiger des Gemeinschuldners aus dem eigenthümlichen Vermögen desselben zu verfahren, insoweit den Gläubigern das Recht auf Absonderung dieses Vermögens von dem Nachlasse zusteht (§. 37. Num. 2.).

§. 261.

Wenn die Absonderung des Nachlasses aus dem Grunde erfolgen muß, weil die eigenen Gläubiger des Gemeinschuldners von der Rechtswohlthat des Inventars Gebrauch machen (§. 37. Num. 2.), so findet ein besonderes Konkursverfahren über den Nachlaß in dem Gerichtsstande der Erbschaft statt.

§. 262.

Wird erst nach der Konkurseröffnung eine dem Gemeinschuldner angefallene Erbschaft von der Gläubigerschaft übernommen, so gehört nur dasjenige zur Konkursmasse, was von der Erbschaft nach Abzug und Tilgung der auf derselben haftenden Schulden und Lasten übrig bleibt.

Dreizehnter Abschnitt.

Von der abgesonderten Befriedigung der Realgläubiger.

§. 263.

Die Realgläubiger haben ihre Forderungen, soweit sie aus den für dieselben verhafteten zur Konkursmasse gehörigen Gegenständen Befriedigung suchen, gegen den Verwalter der Konkursmasse geltend zu machen.

Sie sind nicht verpflichtet, die Forderungen zu diesem Behuf in dem Konkursverfahren anzumelden.

Das Verwaltungs- und Verfügungsrecht der Gläubigerschaft

(§. 4.) kann in Ansehung der für die Forderungen verhafteten Gegenstände nur unbeschadet der Rechte der Realgläubiger ausgeübt werden.

§. 264.

Faustpfandgläubiger und alle übrigen Gläubiger, welchen gleiche Rechte mit den Faustpfandgläubigern zustehen (§§. 32. 33.), werden aus den Pfandstücken befriedigt, sobald ihre Forderungen festgestellt sind.

Die Befriedigung erfolgt nach den für die Exekutionsvollstreckung geltenden Vorschriften.

Der Verwalter der Konkursmasse ist jederzeit befugt, die Realisirung der Pfandstücke zu fordern, oder dieselben mit Genehmigung des Kommissars durch Bezahlung der vollen Pfandschuld für die Konkursmasse einzulösen.

Was von dem Erlöse aus den Pfandstücken zur Berichtigung der Pfandschuld nicht erforderlich ist, wird zur Masse der Konkursgläubiger abgeliefert.

§. 265.

In den Privilegien der konzessionirten Pfandleiher und derjenigen Institute, welche das Recht haben, sich selbst aus den ihnen gegebenen Pfändern zu befriedigen, wird durch die vorstehenden Bestimmungen nichts geändert.

§. 266.

Die abgesonderte Befriedigung von Ansprüchen, welche auf Immobilien haften (Titel I. Abschnitt 6.), geschieht aus den Revenüen und der Substanz derselben in dem für den Fall der Exekution vorgeschriebenen Verfahren, namentlich im Wege der Sequestration und der nothwendigen Subhastation.

Das Verfahren gehört vor dasjenige Gericht, unter welchem die Immobilien gelegen sind.

§. 267.

Das Verfahren wegen Vertheilung der Revenüen hat das Gericht von Amtswegen einzuleiten.

Zur Revenüenmasse gehören alle zur Zeit der Konkurseröffnung bereits von der Substanz abgesonderten Früchte, welche noch in Natur vorhanden und in dem Besitze des Gemeinschuldners befindlich sind, ingleichen alle rückständigen Einkünfte, sowie alle nach der Konkurseröffnung gewonnenen Früchte und fällig gewordenen Nutzungen.

§. 268.

Die Einleitung der nothwendigen Subhastation erfolgt sowohl auf den Antrag des Verwalters der Konkursmasse, als auf den Antrag eines jeden Realgläubigers, dessen Forderung auf der Substanz der Sache haftet und zur Exekution steht.

§. 269.

Die Gerechtsame der Konkursmasse, des Gemeinschuldners und der Konkursgläubiger werden von dem Verwalter der Konkursmasse wahrgenommen.

§. 270.

Was von der Grundstücksmasse zur abgesonderten Befriedigung der Realansprüche nicht erforderlich ist, wird zur Masse der Konkursgläubiger abgeliefert.

§. 271.

Die vorstehenden Bestimmungen (§§. 266. bis 270.) gelten auch für die abgesonderte Befriedigung der Berggläubiger aus dem verliehenen und dem nicht verliehenen Bergwerks- und Hütteneigenthum (§. 63.), sowie für die abgesonderte Befriedigung der Schiffsgläubiger aus der Schiffsmasse (Titel I. Abschnitt 7.).

Wo ein Handelsgericht besteht, gehört das Verfahren über die Realisirung und Vertheilung der Schiffsmasse vor dasselbe.

Vierzehnter Abschnitt.

Von der Beendigung des Konkurses.

§. 272.

Zur Beendigung des Konkurses wird geschritten, sobald die Realisirung der vorhandenen Masse bewirkt worden ist und die gegen dieselbe erhobenen und verfolgten Ansprüche festgestellt sind.

§. 273.

Wenn ausstehende Forderungen oder andere Gegenstände im gewöhnlichen Wege nicht realisirt werden können, so hat der Kommissar den definitiven Verwalter der Masse und diejenigen noch nicht vollständig befriedigten Konkursgläubiger, welche bei Vertheilung der Masse zu berücksichtigen sind (§§. 254. 255.), in einem Termin über die weiter zu ergreifenden Maaßregeln zu vernehmen. Der Gemeinschuldner muß hierbei zugezogen werden, sofern derselbe ohne Aufenthalt zu erlangen ist.

Die erschienenen Gläubiger können durch Mehrheit der Stimmen darüber Beschluß fassen, in welcher Art über die noch nicht eingezogenen Vermögenstheile verfügt werden soll. Bei der Ermittelung der Stimmenmehrheit werden die Stimmen nicht nach den Personen der Gläubiger gezählt, sondern nach den noch unberichtigten Beträgen der Forderungen derselben berechnet.

§. 274.

Kein Gläubiger ist gehalten, wider seinen Willen eine Ueberweisung ausstehender Forderungen der Masse an Zahlungsstatt anzunehmen.

Findet hierüber unter den in dem Termin (§. 273.) anwesenden Interessenten eine Einigung statt, so wird dem Annehmenden die Forderung zu dem durch die Uebereinkunft festgesetzten Werthe angerechnet; beim Widerspruch des Gemeinschuldners ist die Ueberweisung nur zu dem Nennwerthe der Forderung zulässig.

Die Gläubiger sind zur Gewährleistung für die Richtigkeit und Sicherheit der Forderung nicht verpflichtet.

Dem Annehmenden ist von dem Kommissar über die erfolgte Ueberweisung ein Attest auszufertigen, welches die Stelle der Cession vertritt. Ist über die Forderung eine Urkunde vorhanden, so wird dieses Attest darauf gesetzt.

§. 275.

Kommt wegen der Ueberweisung ausstehender Forderungen an Zahlungsstatt keine Einigung zu Stande, so können die Gläubiger die Forderungen, einzeln oder im Ganzen, öffentlich zum Verkauf ausbieten lassen.

Der Verkauf geschieht im Wege der Auktion unter Leitung des Kommissars und ohne Gewährleistung für die Richtigkeit und Sicherheit der Forderungen.

Bis zum Verkaufstermin ist an der Gerichtsstelle oder an einem anderen geeigneten Orte eine Beschreibung der Forderungen unter Angabe der vorhandenen Beweismittel öffentlich auszulegen, auch die Einsicht der Beweisurkunden zu gestatten. In dem Termin selbst ist die Beschreibung bekannt zu machen und über die bisherigen Versuche einer Einziehung der Forderungen das Wesentliche vorzutragen.

Ueber die erfolgte Uebereignung einer Forderung an deren Ersteher ist demselben ein Attest nach der für Ueberweisungen an Zahlungsstatt ertheilten Vorschrift (§. 274.) auszustellen, welches die Stelle der Cession vertritt.

§. 276.

Nach erfolgter Realisirung der Masse (§§. 272. bis 275.) wird die Schlußvertheilung vorgenommen.

Gegenstände, welche nicht zu realisiren sind, werden dem Gemeinschuldner wieder zur freien Verfügung überlassen.

§. 277.

Mit der Vollziehung der Schlußvertheilung ist der Konkurs beendigt.

Das Gericht hat durch einen Beschluß die Beendigung des Konkurses auszusprechen und dieselbe öffentlich bekannt zu machen.

§. 278.

Wenn nach der Vollziehung der Schlußvertheilung noch Gegenstände sich vorfinden, welche zur Konkursmasse gehören, so werden dieselben nachträglich realisirt und unter die Konkursgläubiger vertheilt.

Ein Gleiches geschieht, wenn die auf bedingte Forderungen oder zur Deckung fortlaufender Hebungen vertheilten Kapitalien (§§. 250. 251.) an die Masse zurückfallen. Bei der Schlußvertheilung müssen aber die eventuellen Rückfälle dieser Kapitalien berücksichtigt und die betreffenden Gläubiger darauf angewiesen werden.

§. 279.

Der definitive Verwalter der Masse hat die Rechnung über seine gesammte Geschäftsführung bei der Aufstellung der Schlußvertheilung zu legen.

Die Abnahme der Rechnung geschieht in dem Termine zur Vollziehung der Schlußvertheilung durch den Kommissar unter Zuziehung des Verwaltungsraths, des Gemeinschuldners und der Gläubiger oder der von denselben etwa ernannten gemeinschaftlichen Rechnungsbevollmächtigten. Den Betheiligten steht frei, von der Rechnung zuvor in dem Büreau des Gerichts Einsicht zu nehmen; dies ist ihnen bei der Vorladung zum Termin bekannt zu machen.

§. 280.

Das Vermögen, welches der Gemeinschuldner erwirbt, nachdem die Beendigung des Konkurses durch Beschluß ausgesprochen ist (§. 277.), fällt seiner Verwaltung und Verfügung anheim. Die nicht vollständig befriedigten Konkursgläubiger und die neuen Gläubiger sind befugt, sich an dasselbe im gewöhnlichen Verfahren zu halten.

Ist jedoch der Gemeinschuldner als entschuldbar anzusehen, so kann gegen ihn wegen der zur Zeit der Konkurseröffnung vorhandenen Forderungen die Exekution durch Personalarrest nicht vollstreckt werden.

Ueber die Entschuldbarkeit des Gemeinschuldners haben sich in dem Termin zur Vollziehung der Schlußvertheilung die erschienenen Gläubiger zu äußern. Der Kommissar nimmt ihre Erklärungen zu Protokoll und das Gericht beschließt auf den Vortrag des Kommissars, ob der Gemeinschuldner nach Lage der Sache für entschuldbar anzusehen ist oder nicht.

Funfzehnter Abschnitt.

Besondere Bestimmungen.

I. Für den Konkurs über das Vermögen von Aktiengesellschaften.

§. 281.

Ueber das Vermögen einer Aktiengesellschaft, welche auf Gewerbe- oder Handelsunternehmungen gerichtet ist, wird der Konkurs eröffnet:

1. wenn nach der der Bezirksregierung vorgelegten Bilanz die Schulden der Gesellschaft das Vermögen derselben übersteigen (§. 26. des Gesetzes über die Aktiengesellschaften vom 9. November 1843, Gesetz-Samml. S. 341.);
2. wenn die Gesellschaft ihre Zahlungen eingestellt hat. Sind die Zahlungen erst eingestellt worden, nachdem die Auflösung der Gesellschaft bereits erfolgt ist, so findet die Eröffnung des Konkurses statt, insofern die Liquidation und Vertheilung des Gesellschaftsvermögens nicht beendigt ist.

§. 282.

Die Verpflichtung zur Anzeige der Zahlungseinstellung (§. 116.) liegt den Vorstehern der Gesellschaft, und wenn die Zahlungseinstellung erst nach der Auflösung der Gesellschaft eintritt, den Liquidatoren derselben ob.

§. 283.

Von der Konkurseröffnung ist der Regierung, in deren Bezirk die Aktiengesellschaft ihren Sitz hat, besondere Nachricht zu geben.

§. 284.

Die Gesellschaft wird durch ihre Vorsteher oder Liquidatoren vertreten. Dieselben sind persönlich zu erscheinen und Auskunft zu ertheilen in allen den Fällen verpflichtet, in welchen dies für den Gemeinschuldner selbst vorgeschrieben ist.

§. 285.

Ein Akkord kann nicht geschlossen werden.

II. Für den Konkurs über das Vermögen von Handelsgesellschaftern.

§. 286.

Wenn eine unter einer gemeinschaftlichen Firma bestehende Handelsgesellschaft ihre Zahlungen einstellt, so findet die Eröffnung des Konkurses statt, sofern die Liquidation und Vertheilung des Gesellschaftsvermögens noch nicht beendigt ist.

In der Anzeige der Zahlungseinstellung (§. 116.) ist zugleich der Name und der Wohnort der persönlich haftenden Gesellschafter anzugeben. Die Anzeige muß von einem der Gesellschafter gemacht werden, widrigenfalls gegen alle die Verhaftung verfügt werden kann (§. 138.).

Diese Bestimmungen gelten auch für den Fall, wenn die Zahlungseinstellung erst nach der Auflösung der Gesellschaft erfolgt.

§. 287.*)

Auf den Grund der Zahlungseinstellung der Gesellschaft (§. 286.) ist über das Gesellschaftsvermögen ein selbstständiger Konkurs zu eröffnen. Derselbe gehört vor dasjenige Gericht, in dessen Bezirk die Hauptniederlassung der Gesellschaft sich befindet.

Zugleich muß über das Privatvermögen eines jeden persönlich haftenden Gesellschafters der Konkurs eröffnet werden.

§. 288.*)

An dem Konkurse über das Gesellschaftsvermögen sind nur die Gläubiger der Gesellschaft Theil zu nehmen berechtigt.

Dieselben können wegen des Ausfalls in diesem Konkurse gleichzeitig in den Konkursen über das Privatvermögen der persönlich haftenden Gesellschafter als Gläubiger auftreten.

Nur in Beziehung auf die hiernach zulässigen Ansprüche an das Privatvermögen der persönlich haftenden Gesellschafter findet die allgemeine Vorschrift des §. 87. Anwendung.

§. 289.*)

Wird in dem Konkurse über das Gesellschaftsvermögen den Gesellschaftern ein Akkord bewilligt, so hat derselbe zugleich die Einstellung der Konkurse über das Privatvermögen der Gesellschafter zur Folge, sofern diese Konkurse nur aus Veranlassung des Konkurses über das Gesellschaftsvermögen eröffnet worden sind (§. 287.); jedoch werden die Forderungen der Privatgläubiger von dem Akkorde nicht betroffen.

---

*) zu §§. 287. bis 289. vergl. §§. 51. bis 53. der Instruktion.

§. 290.

Es ist zulässig, einem einzelnen Gesellschafter einen Akkord in dem Konkurse über sein Privatvermögen zu bewilligen.

Die Gesellschaftsgläubiger sind befugt, an der Verhandlung und Beschlußfassung über einen solchen Akkord Theil zu nehmen, ohne daß sie auf das Recht zur abgesonderten Befriedigung aus dem Gesellschaftsvermögen Verzicht leisten.

Der Akkord erstreckt sich nicht auf das Gesellschaftsvermögen und den Konkurs über dasselbe.

Der Gesellschafter, welchem der Akkord bewilligt ist, erhält nur sein Privatvermögen zurück und wird von der solidarischen Verhaftung für die Gesellschaftsschulden frei.

§. 291.

Wenn nur ein Mitglied einer unter gemeinschaftlicher Firma bestehenden Handelsgesellschaft seine Zahlungen einstellt, so ist an die Konkursmasse desselben sein Antheil an dem Gesellschaftsvermögen herauszugeben. Zu diesem Behuf hat der Verwalter der Masse das Auseinandersetzungsverfahren zu betreiben.

Die übrigen Gesellschafter haben das Recht, den dem Gemeinschuldner zur Last fallenden Antheil an den Gesellschaftsschulden in Abzug zu bringen, ohne daß sie sich deshalb in den Konkurs einzulassen verpflichtet sind (§. 36.). Sie haben jedoch die Konkursmasse gegen die Ansprüche der Gesellschaftsgläubiger sicher zu stellen.

Die in der Gesellschaft verbleibenden Mitglieder sind auch befugt, den Antheil des Gemeinschuldners an den zum Gesellschaftsvermögen gehörigen Waaren und Geräthschaften für den Betrag der gerichtlichen Taxe zu übernehmen.

III. Verfahren über das inländische Vermögen eines ausländischen Gemeinschuldners.

§. 292.

Wenn ein Ausländer, welcher im Inlande eine Handelsniederlassung hat, seine Zahlungen einstellt, so ist von dem Gericht, in dessen Bezirk die Handelsniederlassung sich befindet, der Partikularkonkurs zu eröffnen. Derselbe erstreckt sich auf die sämmtlichen im Inlande befindlichen Vermögensstücke des Gemeinschuldners.

§. 293.

Besitzt ein Ausländer, über dessen Vermögen im Auslande der Konkurs eröffnet worden ist, im Inlande keine Handelsniederlassung, jedoch anderweitiges Vermögen, so ist die Exekution in das inländische Vermögen zulässig.

§. 294.

Was von dem inländischen Vermögen in dem Partikularkonkurse oder nach Befriedigung der Exekutionssucher übrig bleibt, ist zur ausländischen Konkursmasse auszuliefern.

Wenn in einem Falle, in welchem der Partikularkonkurs nicht eintritt (§. 293.), die Auslieferung des inländischen Vermögens an das ausländische Konkursgericht verlangt wird, so muß die Behörde, welche um die Auslieferung angegangen ist, dies zur öffentlichen Kenntniß bringen. Die Auslieferung des inländischen Vermögens kann alsdann erst sechs Wochen nach Erlaß der öffentlichen Bekanntmachung und nur insoweit stattfinden, als dasselbe nicht bis dahin im Inlande von den Gläubigern behufs ihrer Befriedigung in Anspruch genommen worden ist.

§. 295.

In allen Fällen darf die Auslieferung des inländischen Vermögens an das ausländische Konkursgericht erst dann erfolgen, wenn die Minister der auswärtigen Angelegenheiten und der Justiz zuvor ihre Genehmigung ertheilt haben.

§. 296.

Die vorstehenden Bestimmungen (§§. 292. bis 295.) kommen nur in Ermangelung von Staatsverträgen zur Anwendung.

Sechszehnter Abschnitt.

Von dem abgekürzten Konkursverfahren.

§. 297.

Ein abgekürztes Verfahren im Konkurse findet statt, wenn dasselbe von dem Gericht wegen der Geringfügigkeit des Vermögens und des Verkehrs des Gemeinschuldners für angemessen erachtet wird.

Insbesondere soll das abgekürzte Verfahren in allen Fällen zur Anwendung kommen, in welchen der Betrag der Konkursmasse, unter Abrechnung der Hypotheken- und Pfandschulden, nach einem ungefähren Ueberschlage die Summe von Eintausend Thalern nicht übersteigt.

§. 298.*).

Wenn die Verhandlung des Konkurses in dem abgekürzten

*) vergl. §. 54. der Instruktion und Formular Nr. 4. und 5.

Verfahren erfolgen soll, so ist dies von dem Gericht bei der Konkurseröffnung oder innerhalb acht Tagen nach derselben öffentlich bekannt zu machen.

§. 299.

Bei dem abgekürzten Verfahren treten die nachstehend festgesetzten Abänderungen des ordentlichen Verfahrens ein.

§. 300.*)

Die Bekanntmachung der Konkurseröffnung und des festgesetzten Tages der Zahlungseinstellung (§. 123.) soll in die öffentlichen Blätter in der Regel nur einmal eingerückt werden; ein Gleiches gilt für die übrigen Bekanntmachungen, welche auf die für die Bekanntmachung der Konkurseröffnung vorgeschriebene Weise zu bewirken sind, insbesondere für den offenen Arrest (§. 148.) und die Aufforderung der Gläubiger zur Anmeldung ihrer Ansprüche (§. 168.).

Eine wiederholte Einrückung in die öffentlichen Blätter findet nur statt, wenn das Gericht dieselbe aus besonderen Gründen für angemessen erachtet.

§. 301.

Der mit der Siegelung beauftragte Beamte (§. 141.) kann ohne vorgängige Siegelung sofort zur Inventur schreiten, wenn er der Meinung ist, daß die Inventur nicht längere Zeit, als Einen Tag, erfordern wird, und wenn der einstweilige Verwalter der Masse und die Sachverständigen für die Abschätzung der Gegenstände (§. 153.) zur Stelle sind.

§. 302.**)

In dem Termin, welcher im ordentlichen Verfahren zur Erklärung der Gläubiger über die Beibehaltung des ernannten einstweiligen Verwalters der Masse bestimmt ist (§. 128.), haben in dem abgekürzten Verfahren die Gläubiger den definitiven Verwalter in Vorschlag zu bringen.

§. 303.***)

Der definitive Verwalter ist von dem Gericht sogleich nach Abhaltung des Termins zu bestellen; das Gericht hat dabei die von den Gläubigern gemachten Vorschläge zu berücksichtigen, ohne jedoch an dieselben gebunden zu sein.

Ein Verwaltungsrath wird nicht bestellt.

---

*) vergl. §. 54. der Instruktion.
**) vergl. §. 54. der Instruktion und Formulare Nr. 4. und 5.
***) vergl. §. 54. der Instruktion.

§. 304.

Nach der Ernennung des definitiven Verwalters (§. 303.) wird zur Liquidation der Konkursmasse geschritten.

Jedoch kann die Realisirung der Masse von dem Gericht ausgesetzt werden, wenn der Gemeinschuldner Vorschläge zu einem Akkorde macht, der von dem Gericht als dem Interesse der Gläubiger entsprechend erachtet wird.

§. 305.

Bei dem Vertheilungsverfahren kann die besondere Frist zur Anbringung von Einwendungen gegen den Theilungsplan (§. 242.) wegfallen; alsdann sind die Einwendungen gegen den Theilungsplan in dem Verhandlungs- und Ausführungstermin vorzubringen.*)

§. 306.

Die Eröffnung des Konkurses kann unterbleiben, wenn bei dem Gericht bekannt ist, daß der Gemeinschuldner ein den Kosten des Konkursverfahrens entsprechendes Vermögen nicht besitzt.

In dieser Beziehung sind Grundstücke und andere Gegenstände, soweit sie mit Pfand- und Hypothekenschulden belastet sind, von dem Vermögen bei dessen Schätzung in Abrechnung zu bringen.

Siebenzehnter Abschnitt.

Strafbestimmungen.

§. 307.

Die Vorsteher oder Liquidatoren einer Aktiengesellschaft, welche ihre Zahlungen eingestellt hat, werden mit Gefängniß bis zu drei Monaten bestraft, wenn die Anzeige von der Zahlungseinstellung der Gesellschaft (§§. 116. 282.) nicht vorschriftsmäßig erfolgt ist.

Die Strafe ist ausgeschlossen, wenn die Vorsteher oder Liquidatoren nachweisen, daß die vorschriftsmäßige Anzeige ohne ihr Verschulden unterblieben ist.

§. 308.

Handelsleute, Schiffsrheder und Fabrikbesitzer, welche ihre Zahlungen eingestellt haben, ingleichen Erben solcher Gemeinschuldner, werden mit Gefängniß bis zu Einem Jahre bestraft, wenn sie nach erfolgter Zahlungseinstellung einen Gläubiger zum Nachtheil der übrigen Gläubiger befriedigen oder begünstigen.

---

*) vergl. Formular Nr. 19.

§. 309.

Ein Gläubiger, welcher, nach erlangter Kenntniß von der Zahlungseinstellung, zu seiner Begünstigung und zum Nachtheil der übrigen Gläubiger einen besonderen Vertrag mit dem Gemeinschuldner oder dessen Erben eingeht, oder welcher sich von demselben oder anderen Personen besondere Vortheile dafür gewähren oder versprechen läßt, daß er bei der Berathung und Beschlußnahme der Gläubiger in einem gewissen Sinne stimme, wird mit Gefängniß bis zu Einem Jahre bestraft.

Auch kann gegen denselben zugleich auf zeitige Untersagung der Ausübung der bürgerlichen Ehrenrechte erkannt werden.

Achtzehnter Abschnitt.

Von den Folgen des Konkurses in Beziehung auf die Person des Gemeinschuldners.

§. 310.

Der Handelsmann, Schiffsrheder, oder Fabrikbesitzer, über dessen Vermögen der Konkurs eröffnet ist, darf während des Verfahrens und nach Abschluß desselben nicht auf der Börse erscheinen; er darf nicht Mitglied einer kaufmännischen Korporation sein und er darf weder als Mäkler, noch als Verwalter im Konkurse oder als Vertreter einer Partei in Handelssachen zugelassen werden.

Diese Folgen des Konkurses, sowie die übrigen Nachtheile, welche vermöge besonderer Bestimmungen den Gemeinschuldner in seinen persönlichen Verhältnissen treffen, bestehen so lange, als der Gemeinschuldner nicht die Wiedereinsetzung in den vorigen Stand erlangt hat.

§. 311.

Zur Erlangung der Wiedereinsetzung in den vorigen Stand muß der Gemeinschuldner nachweisen, daß sämmtliche Forderungen der Konkursgläubiger an Kapital, Zinsen und Kosten durch Zahlung, Erlaß oder in anderer Weise vollständig getilgt sind, die Gläubiger mögen ihre Forderungen im Konkurse angemeldet haben oder nicht.

§. 312.

Der Gemeinschuldner hat das Gesuch um Wiedereinsetzung in den vorigen Stand bei dem Konkursgericht einzureichen und demselben die Quittungen der Gläubiger, sowie die sonstigen Beweisstücke beizufügen.

Das Konkursgericht giebt den Betheiligten Gelegenheit, sich über die Wahrheit der von dem Gemeinschuldner vorgetragenen Thatsachen zu äußern.

Zu diesem Zweck wird eine Abschrift des Gesuchs an der Gerichtsstelle und auf der Börse, sofern eine solche am Orte des Gerichts vorhanden ist, während eines Zeitraums von zwei Monaten öffentlich ausgehängt. Der Aushang muß in jedem Falle auch an dem gegenwärtigen Wohnorte des Gemeinschuldners stattfinden.

§. 313.

Bescheinigt der Gemeinschuldner, daß einzelne Gläubiger, deren Befriedigung nachzuweisen (§. 311.) er außer Stande ist, nach Leben und Aufenthalt unbekannt sind, so sind solche Gläubiger auf sein Verlangen aufzufordern, ihre Ansprüche binnen zwei Monaten beim Gericht anzumelden. Diese Aufforderung ist mit dem Gesuch an der Gerichtsstelle und auf der Börse auszuhängen, sowie in diejenigen öffentlichen Blätter einzurücken, welche das Gericht für angemessen erachtet.

Etwanige Anmeldungen sind dem Gemeinschuldner mitzutheilen.

Melden die Gläubiger sich nicht, so steht der Mangel des Nachweises ihrer Befriedigung der Wiedereinsetzung des Gemeinschuldners in den vorigen Stand nicht entgegen.

§. 314.

Jeder Gläubiger, welcher noch nicht vollständig befriedigt ist, kann seine Einwendungen gegen das Gesuch bei dem Gericht anbringen. Das Gericht hat darüber das Nöthige von Amtswegen zu ermitteln; ein kontradiktorisches Verfahren findet nicht statt.

An den Orten, wo kaufmännische Korporationen bestehen, müssen die Vorsteher derselben über das Gesuch gehört werden; an anderen Orten sind die zuständigen Handelskammern zur Aeußerung über das Gesuch aufzufordern.

§. 315.

Nach Ablauf des für den öffentlichen Aushang des Gesuchs bestimmten Zeitraums sind die Verhandlungen dem Staatsanwalte des Bezirks zur Erklärung über das Gesuch vorzulegen.

Das Konkursgericht entscheidet über das Gesuch durch Beschluß nach Anhörung des Staatsanwalts.

Wird dem Gesuch stattgegeben, so muß die Entscheidung in derselben Weise öffentlich bekannt gemacht werden, wie dies hinsichtlich des Gesuchs vorgeschrieben ist (§. 312.).

Wird das Gesuch verworfen, so kann dasselbe erst nach Ablauf von drei Jahrenwiederholt werden.

§. 316.

In keinem Falle kann die Wiedereinsetzung in den vorigen Stand einem Gemeinschuldner zu Theil werden, gegen welchen wegen eines Verbrechens oder Vergehens der Verlust der bürgerlichen Ehrenrechte oder die Untersagung ihrer Ausübung auf Zeit durch Erkenntniß ausgesprochen ist.

Ist der Gemeinschuldner wegen einfachen Bankerutts verurtheilt worden, so kann seine Wiedereinsetzung in den vorigen Stand erst nach erfolgter Strafverbüßung oder Begnadigung stattfinden, sofern die übrigen gesetzlichen Erfordernisse vorhanden sind.

§. 317.

Die Wiedereinsetzung in den vorigen Stand ist auch nach dem Tode des Gemeinschuldners zulässig.

§. 318.

Wenn der Konkurs durch einen Akkord beendigt worden ist, so kann der Gemeinschuldner schon von dem Zeitpunkte der rechtskräftigen gerichtlichen Bestätigung des Akkordes an wieder auf der Börse erscheinen.

Von demselben Zeitpunkte an kann der Gemeinschuldner an den Orten, wo kaufmännische Korporationen bestehen, zur Ausübung der mit der Mitgliedschaft bei der Korporation verbundenen Rechte wieder zugelassen werden, wenn der Betrieb des Geschäfts des Gemeinschuldners von der Ausübung dieser Rechte abhängig ist.

Dagegen kann der Gemeinschuldner auch in dem Falle des Akkords die übrigen durch den Konkurs verlornen Rechte (§. 310.) nur durch die Wiedereinsetzung in den vorigen Stand wieder erlangen; es muß zu diesem Behuf insbesondere der Nachweis geführt werden, daß die Ausfälle, welche die Gläubiger durch den Konkurs und durch den Akkord erlitten haben (§. 198.), vollständig getilgt worden sind (§. 311.).

Jedoch kann unter besonders geeigneten Umständen schon der Nachweis der vollständigen Tilgung der akkordmäßigen Verpflichtungen für genügend angenommen werden.

Dritter Titel.

Von dem Verfahren im gemeinen Konkurse.

Erster Abschnitt.

Von der Eröffnung des Konkurses.

§. 319.

Der gemeine Konkurs findet statt über das Vermögen oder den Nachlaß eines Gemeinschuldners, welcher als Handelsmann, Schiffsrheder, oder Fabrikbesitzer nicht anzusehen ist, ingleichen über den Nachlaß eines Handelsmannes, Schiffsrheders, oder Fabrikbesitzers.

Jedoch kann in den Fällen, in welchen der kaufmännische Konkurs stattfindet (§. 114.), der gemeine Konkurs nicht eröffnet werden.

§. 320.*)

Für die Eröffnung des Konkurses und das Konkursverfahren ist das Gericht kompetent, bei welchem der Gemeinschuldner seinen ordentlichen persönlichen Gerichtsstand hat oder bei seinen Lebzeiten gehabt hat.

Besteht für den Ort, nach welchem dieser Gerichtsstand sich bestimmt, ein Handelsgericht, so gehört der Konkurs über den Nachlaß eines Handelsmannes, Schiffsrheders, oder Fabrikbesitzers vor dasselbe.

Unter mehreren zuständigen Gerichten gebührt demjenigen der Vorzug, welches die Eröffnung des Konkurses zuerst ausgesprochen hat.

§. 321.

Das Gericht hat den Konkurs niemals von Amtswegen, sondern nur auf den Antrag eines Gläubigers oder des bestellten Nachlaßkurators zu eröffnen.

---

*) vergl. §§. 1. und 2. der Instruktion.

§. 322.

Die Eröffnung des Konkurses kann nur stattfinden, wenn Umstände nachgewiesen sind, aus welchen die Unzulänglichkeit des Vermögens oder des Nachlasses des Gemeinschuldners zur vollständigen Befriedigung seiner Gläubiger zu entnehmen ist.

§. 323.

In den nachstehenden Fällen ist die Unzulänglichkeit des Vermögens oder des Nachlasses des Gemeinschuldners als erwiesen anzunehmen:

1. wenn der Gemeinschuldner selbst die Unzulänglichkeit seines Vermögens bei dem Gericht anzeigt;
2. wenn der Gemeinschuldner sich entfernt, ohne einen Bevollmächtigten zur Besorgung seiner Angelegenheiten zu bestellen, und bei der Exekution in sein Vermögen die Unzulänglichkeit desselben zur Befriedigung der andringenden Gläubiger sich ergiebt;
3. wenn der Erbe des Gemeinschuldners die Erbschaft ausschlägt, ohne ausdrücklich zu erklären, daß solches zu Gunsten des nächsten auf ihn folgenden Erben geschieht;
4. wenn der Benefizialerbe des Gemeinschuldners erklärt, daß er der Verwaltung des Nachlasses sich entschlagen will;
5. wenn aus anderweiten Erklärungen eines Benefizialerben, oder aus den Erklärungen des Nachlaßkurators, oder aus dem Inventar hervorgeht, daß der Nachlaß des Gemeinschuldners unzulänglich ist.

§. 324.

Die Eröffnung des Konkurses über einen Nachlaß ist unzulässig, so lange den Erben die gesetzliche Ueberlegungsfrist zu statten kommt.

§. 325.

Ueber das Vermögen einer Aktiengesellschaft, welche nicht auf Gewerbe- oder Handelsunternehmungen gerichtet ist, hat das Gericht den Konkurs auf den Antrag der Bezirksregierung zu eröffnen, wenn die Unzulänglichkeit des Vermögens der Gesellschaft aus der der Regierung vorgelegten Bilanz erhellt (§. 26. des Gesetzes über die Aktiengesellschaften vom 9. November 1843. Gesetz-Samml. S. 341.).

§. 326.*)

Die Konkurseröffnung ist in allen Fällen durch einen mit Gründen versehenen Beschluß auszusprechen.

Inwiefern zuvor noch Ermittelungen durch Vernehmung des Gemeinschuldners oder des Erben, oder auf andere Weise anzustellen sind, hat das Gericht nach Lage der Sache zu ermessen.

*) zu §§. 326. bis 328. vergl. §§. 9. und 10. der Instruktion.

§. 327.*)

Wenn das Gericht die Konkurseröffnung nicht zulässig erachtet, so steht dem Antragsteller binnen zehn Tagen, vom Tage der Zustellung des Beschlusses an gerechnet, die Beschwerde an die höhere Instanz offen.

Wird die Beschwerde begründet gefunden, so ist das Konkursgericht zur Eröffnung des Konkurses anzuweisen.

§. 328.*)

Der Zeitpunkt der Konkurseröffnung fällt auf die Stunde, in welcher der Beschluß gefaßt worden ist.

Diese Stunde muß in dem Beschlusse angegeben werden. Ist eine solche Angabe unterblieben, so gilt die Mittagsstunde des Tages, an welchem der Beschluß gefaßt worden ist, als der Zeitpunkt der Konkurseröffnung.

§. 329.**)

Die Konkurseröffnung, sowie der Zeitpunkt derselben ist durch das Konkursgericht sofort öffentlich bekannt zu machen.

Die öffentliche Bekanntmachung erfolgt durch eine oder mehrere Anzeigen in öffentlichen Blättern nach dem Ermessen des Gerichts, sowie durch öffentlichen Anschlag an der Gerichtsstelle und an anderen geeigneten Orten.

Der Gemeinschuldner oder dessen Erbe kann auf seine Kosten eine Abschrift des Eröffnungsbeschlusses (§§. 326. 327.) verlangen.

§. 330.

Der Beschluß kann von dem Gemeinschuldner oder dessen Erben mittelst eines Antrags auf Wiederaufhebung des Konkurses angefochten werden.

Der Antrag ist binnen zehn Tagen, vom Tage des Beschlusses an gerechnet, bei dem Konkursgericht anzubringen; er muß den Erfordernissen einer Klage entsprechen und durch den Nachweis der Vermögenszulänglichkeit begründet werden.

Ueber den Antrag hat das Konkursgericht im schleunigen Prozesse zu verhandeln und zu entscheiden.***)

Die Gegenpartei des Antragstellers ist der Verwalter der Konkursmasse und der Gläubiger, welcher die Konkurseröffnung betrieben hat; andere Betheiligte sind dem Prozesse als Intervenienten beizutreten berechtigt.

Es finden nur die Rechtsmittel der Appellation und der Nichtigkeitsbeschwerde statt.

---

*) zu §§. 326. bis 328. vergl. §§. 9. und 10. der Instruktion.
**) vergl. §. 11. der Instruktion und Formular Nr. 2.
***) vergl. §. 1. der Instruktion.

§. 331.

Die Anfechtung des Beschlusses (§. 330.) hat keine aufschiebende Wirkung.

Das Konkursverfahren muß so lange auf Grund des angefochtenen Beschlusses fortgesetzt werden, als nicht die Wiederaufhebung des Konkurses durch ein rechtskräftiges Erkenntniß ausgesprochen wird.

Die rechtskräftige Wiederaufhebung des Konkurses ist in derselben Weise öffentlich bekannt zu machen, in welcher die Bekanntmachung der Eröffnung des Konkurses geschehen ist (§. 329.).

§. 332.

Die gesetzlichen Bestimmungen, welche die Zahlungseinstellung betreffen, finden im Falle des gemeinen Konkurses keine Anwendung.

Soweit in den Gesetzen von der Zahlungseinstellung die Rede ist, sind dieselben lediglich auf den Fall des kaufmännischen Konkurses zu beziehen.

Zweiter Abschnitt.

Von dem Verfahren im Konkurse.

§. 333.

Für das Verfahren im gemeinen Konkurse kommen die Vorschriften über das Verfahren im kaufmännischen Konkurse (Titel II. Abschnitt 3 bis 16.) zur Anwendung.

Jedoch treten dabei die nachstehenden Abänderungen und Modifikationen ein.

§. 334.

Das Gericht hat vor der Beschlußnahme über die Konkurseröffnung Maaßregeln zur Sicherung der Konkursmasse in dringenden Fällen (§. 137.) nicht von Amtswegen, sondern nur auf den Antrag eines Gläubigers zu treffen.

Wohnt der Gemeinschuldner in dem Bezirk eines Einzelrichters, so kann der Letztere auf den Antrag eines Gläubigers vor der Konkurseröffnung Maaßregeln zur Sicherung der Konkursmasse treffen, wenn die erfolgte Anbringung des Antrags auf Konkurseröffnung und zugleich Umstände bescheinigt werden, aus welchen erhellt, daß der Gemeinschuldner entwichen ist, oder daß Sachen desselben bei Seite geschafft werden. Der Richter hat die Verhandlungen über die getroffenen Maaßregeln sofort an das Konkursgericht abzugeben.

§. 335.

Der einstweilige Verwalter der Masse hat die ausstehenden Forderungen und die Schulden des Gemeinschuldners aus den Büchern und Papieren, oder in anderer Weise zu ermitteln; er hat dieselben in dem Inventar oder in einem Nachtrage zu verzeichnen und das Inventar mit einem Abschlusse zu versehen, welcher das Verhältniß des Vermögens und der Schulden darstellt. Ein solches Inventar vertritt zugleich die Stelle der Bilanz (§. 155.).

Ist in dem Konkurse über einen Nachlaß das Nachlaßinventar bereits angefertigt, so hat der Verwalter dasselbe zu prüfen und zu berichtigen.

§. 336.

Der Berichterstattung des Verwalters über die Lage der Sache, die hauptsächlichen Gründe und die Veranlassungen des Konkurses, sowie über die Natur und den Karakter desselben (§. 163.) bedarf es nicht.

Es bewendet in dieser Beziehung bei den allgemeinen Anordnungen, wonach die Gerichte von den zu ihrer Kenntniß kommenden strafbaren Handlungen der Staatsanwaltschaft Mittheilung zu machen haben.

§. 337.

Die Bestellung des definitiven Verwalters und die Liquidation der Masse wird durch das Akkordverfahren nicht aufgehalten.

Jedoch kann die Realisirung der Masse von dem Gericht ausgesetzt werden, wenn der Gemeinschuldner Vorschläge zu einem Akkorde macht, der von dem Gericht als dem Interesse der Gläubiger entsprechend erachtet wird.

§. 338.

In dem Konkurse über einen Nachlaß, welcher mit der Rechtswohlthat des Inventars angetreten worden ist, kann der Benefizialerbe zum Verwalter der Masse bestellt werden. Die Befugnisse und Obliegenheiten desselben sind jedoch lediglich nach den allgemeinen Bestimmungen zu beurtheilen, welche im Konkurse in Betreff des Verwalters der Masse gelten.

Wird eine andere Person zum Verwalter bestellt, so hat der Erbe an diese den Nachlaß auszuliefern und derselben über seine Verwaltung seit dem Ableben des Erblassers Rechnung zu legen.

§. 339.

Die Eröffnung des Konkurses kann in allen Fällen unterbleiben, wenn bei dem Gericht bekannt ist, daß der Gemeinschuldner ein den Kosten des Konkursverfahrens entsprechendes Vermögen nicht besitzt.

In dieser Beziehung sind Besoldungen und andere an die Person des Gemeinschuldners gebundene Einkünfte, ingleichen Grundstücke und sonstige Gegenstände, soweit sie mit Pfand- und Hypothekenschulden belastet sind, von dem Vermögen bei dessen Schätzung in Abrechnung zu bringen.

Dritter Abschnitt.

Strafbestimmungen.

§. 340.

Der Gemeinschuldner, über dessen Vermögen der Konkurs eröffnet worden ist, wird mit Gefängniß bis zu Einem Jahre bestraft, wenn er einen Gläubiger zum Nachtheil der übrigen Gläubiger befriedigt oder begünstigt, obgleich er zur Zeit dieser Befriedigung oder Begünstigung nicht nur von der Unzulänglichkeit seines Vermögens, sondern zugleich auch davon Kenntniß hatte, daß die Konkurseröffnung bereits beantragt war.

Dieselbe Strafe trifft im Falle der Eröffnung des Konkurses über einen Nachlaß den Erben des Gemeinschuldners, wenn er sich gleicher Handlungen in Ansehung der Nachlaßgläubiger schuldig macht.

§. 341.

Der Gläubiger, welcher, nach erlangter Kenntniß von der gerichtlichen Anzeige der Vermögensunzulänglichkeit des Gemeinschuldners oder von dem Antrage auf Konkurseröffnung, zu seiner Begünstigung und zum Nachtheil der übrigen Gläubiger einen besonderen Vertrag mit dem Gemeinschuldner oder dessen Erben eingeht, oder welcher sich von demselben oder anderen Personen besondere Vortheile dafür gewähren oder versprechen läßt, daß er bei der Berathung und Beschlußnahme der Gläubiger in einem gewissen Sinne stimme, wird mit Gefängniß bis zu Einem Jahre bestraft.

Auch kann gegen denselben zugleich auf zeitige Untersagung der Ausübung der bürgerlichen Ehrenrechte erkannt werden.

Vierter Titel.

Von dem erbschaftlichen Liquidationsverfahren.

§. 342.

Jeder Benefizialerbe ist berechtigt, das Liquidationsverfahren über den Nachlaß seines Erblassers zu beantragen.

Sind mehrere Erben vorhanden, so steht der Antrag jedem einzelnen derselben in Beziehung auf den ganzen Nachlaß zu, selbst wenn die übrigen Erben die Erbschaft ohne Vorbehalt der Rechtswohlthat des Inventars angetreten haben.

§. 343.

Der Antrag auf Eröffnung des Liquidationsverfahrens ist nur innerhalb Eines Jahres, von der erlangten Wissenschaft von dem Anfall der Erbschaft an gerechnet, zulässig.

Der Antrag muß in dem Gerichtsstande der Erbschaft angebracht werden.

§. 344.

Ist das Nachlaßinventar nicht bereits errichtet, so muß der Erbe gleichzeitig mit dem Antrage auf Eröffnung des Liquidationsverfahrens ein Verzeichniß der bekannten Erbschaftsgläubiger und der Legatare übergeben, sowie ein Inventar über die zum Nachlasse gehörigen Vermögensstücke einreichen oder die gerichtliche Inventur derselben beantragen.

Die gerichtliche Inventur muß stattfinden, wenn von mehreren Erben auch nur Einer dieselbe verlangt.

§. 345.

Der Erbe, welcher auf Eröffnung des Liquidationsverfahrens vorschriftsmäßig angetragen hat, bleibt in dem Besitz und der Verwaltung des Nachlasses; er kann vor der Beendigung des Verfahrens zu keiner Zahlung an Legatare oder an solche Erbschaftsgläubiger angehalten werden, welche nur einen persönlichen Anspruch geltend machen.

Hierdurch wird jedoch die Fortführung der bereits anhängigen Prozesse und die Einleitung neuer Klagen, sowie die Anlegung von Arresten auf Nachlaßgegenstände nicht ausgeschlossen.

Auch bleibt die Eröffnung des Konkurses über den Nachlaß in Gemäßheit der darüber geltenden Bestimmungen (§§. 321. bis 323.) jederzeit zulässig.

§. 346.

Haben mehrere Erben das Liquidationsverfahren beantragt, so sind dieselben gehalten, einen gemeinschaftlichen Bevollmächtigten in dem Bezirk des Gerichts zu bestellen und dem Gericht anzuzeigen.

So lange dies nicht geschehen ist, werden die in dem Verfahren ergehenden Zustellungen an die Erben als gültig bewirkt angesehen, wenn sie auch nur an Einen der Erben erfolgt sind.

§. 347.*)

Bei der Eröffnung des Liquidationsverfahrens sind die sämmtlichen Erbschaftsgläubiger und Legatare aufzufordern, ihre Ansprüche, dieselben mögen bereits rechtshängig sein oder nicht, bis zu einem gewissen Tage bei dem Gericht schriftlich oder zu Protokoll anzumelden.

Die Bestimmung der Anmeldungsfrist hängt von dem Ermessen des Gerichts ab; doch darf die Frist nicht unter drei Wochen und nicht über sechs Monate vom Tage der Aufforderung an betragen.

§. 348.

Der Aufforderung ist die Verwarnung beizufügen, daß die Erbschaftsgläubiger und Legatare, welche ihre Forderungen nicht innerhalb der bestimmten Frist anmelden, sich wegen ihrer Befriedigung nur an dasjenige halten können, was nach vollständiger Berichtigung aller rechtzeitig angemeldeten Forderungen von der Nachlaßmasse, mit Ausschluß aller seit dem Ableben des Erblassers gezogenen Nutzungen, übrig bleibt.**)

Zugleich ist in der Aufforderung eine öffentliche Sitzung des Gerichts zur Abfassung des Präklusionserkenntnisses anzuberaumen.

§. 349.***)

Die Aufforderung ist öffentlich bekannt zu machen.

Die öffentliche Bekanntmachung erfolgt durch eine oder mehrere Anzeigen in öffentlichen Blättern nach dem Ermessen des Gerichts, sowie durch öffentlichen Anschlag an der Gerichtsstelle und an anderen geeigneten Orten.

Die Aufforderung ist außerdem der Steuererhebungsstelle und dem Gemeindevorstande am letzten Wohnorte des Erblassers, sowie jedem Erbschaftsgläubiger und Legatar, welcher in dem Nachlaßinventar oder in dem übergebenen Verzeichnisse (§. 344.) aufgeführt steht, ingleichen dem Erben in einfacher Abschrift zu übersenden. Jedoch ist in keinem Falle die Wirksamkeit der Aufforderung von dieser besonderen Zustellung abhängig.

---

*) vergl. §. 57. der Instruktion und Formular Nr. 20.

**) vergl. Formular Nr. 20.

***) vergl. §. 57. der Instruktion.

§. 350.

Die Anmeldung der Forderung muß den Namen, Wohnort und Stand des Gläubigers, sowie den Betrag und den Rechtsgrund der Forderung enthalten. Die Beweismittel für die Richtigkeit der Forderung sind der Anmeldung beizufügen oder darin anzugeben; wird die Anmeldung schriftlich eingereicht, so ist eine Abschrift derselben und ihrer Beilagen beizufügen.

§. 351.*)

Die eingehenden Anmeldungen sind dem Erben in Abschrift mitzutheilen.

Nach dem Ablauf der Anmeldungsfrist ist ein Verzeichniß der sämmtlichen angemeldeten Forderungen aufzustellen.

§. 352.*)

In der zur Abfassung des Präklusionserkenntnisses anberaumten öffentlichen Sitzung des Gerichts wird das Verzeichniß der angemeldeten Forderungen vorgetragen; die etwa erschienenen Interessenten sind mit ihren Bemerkungen und Anträgen zu hören.

Findet das Gericht die vorgeschriebenen Förmlichkeiten nicht gehörig beobachtet, so ist die Nachholung des Erforderlichen oder die Wiederholung des Verfahrens durch einen Beschluß anzuordnen.

Sind dagegen die Förmlichkeiten beobachtet, so schreitet das Gericht zur Abfassung des Erkenntnisses. Das Gericht hat darin die Erbschaftsgläubiger und Legatare, welche sich innerhalb der bestimmten Frist gemeldet haben, einzeln aufzuführen und denselben ihre Rechte wegen der angemeldeten Forderungen vorzubehalten; gegen alle übrigen ist die Ausschließung mit ihren Ansprüchen an den Nachlaß in Gemäßheit der der Aufforderung beigefügten Verwarnung (§. 348.) auszusprechen; hierbei sind die bekannten Erbschaftsgläubiger und Legatare (§. 349.) namentlich auszuschließen.

§. 353.*)

Eine Ausfertigung des Erkenntnisses ist dem Erben zuzustellen.

Eine zweite Ausfertigung für alle übrigen Betheiligten ist durch öffentlichen Aushang an der Gerichtsstelle bekannt zu machen. Die Insinuation gilt als bewirkt, wenn die Ausfertigung vierzehn Tage lang ausgehangen hat.

Wird gegen einen bekannten Erbschaftsgläubiger oder Legatar die Ausschließung ausgesprochen (§. 352.), so ist demselben das Erkenntniß, soweit es ihn betrifft, abschriftlich mitzutheilen.

---

*) zu §§. 351. bis 353 vergl. §. 57. der Instruktion.

§. 354.

Den Erbschaftsgläubigern und Legataren, welche von der durch das Erkenntniß ausgesprochenen Ausschließung (§. 352.) betroffen werden, steht gegen das Erkenntniß nur das Rechtsmittel der Restitution zu.

§. 355.

Sobald das Präklusionserkenntniß die Rechtskraft beschritten hat, ist das gerichtliche Verfahren beendigt. Dem Erben bleibt überlassen, sich mit den Erbschaftsgläubigern und Legataren wegen der Berichtigung der angemeldeten Nachlaßschulden zu benehmen.

Das Gericht hat die Beendigung des Verfahrens öffentlich bekannt zu machen (§. 349.).

Die Beweisstücke, welche zur Begründung der angemeldeten Forderungen eingereicht worden sind, müssen den Interessenten auf Verlangen zurückgegeben werden; auch steht den Interessenten frei, das Nachlaßinventar in dem Büreau des Gerichts einzusehen.

§. 356.

Erklärt der Erbe bei dem Gericht, daß er die sämmtlichen angemeldeten Forderungen, soweit solche in Richtigkeit beruhen, befriedigen will, ohne sich dagegen der Rechtswohlthat des Inventars zu bedienen, so wird er für die angemeldeten Forderungen, soweit sie in Richtigkeit beruhen, persönlich verhaftet; die übrigen Forderungen können nur insofern gegen ihn geltend gemacht werden, als die Gläubiger und Legatare beweisen, daß nach Befriedigung jener Forderungen noch Nachlaßmasse übrig bleibt.

Sind mehrere Erben vorhanden, so findet vorstehende Bestimmung auf jeden einzelnen von ihnen Anwendung.

§. 357.

Wenn der Erbe, oder unter mehreren Erben auch nur Einer von ihnen, binnen zwei Monaten seit dem Tage der öffentlichen Bekanntmachung über die Beendigung des Verfahrens (§. 355.) weder diese Erklärung (§. 356.) abgiebt, noch auf die Rechtswohlthat des Inventars verzichtet, so kann von jedem Gläubiger oder Legatar die Eröffnung des Konkurses beantragt werden, ohne daß es des besonderen Nachweises der Unzulänglichkeit des Nachlasses bedarf.

§. 358.

Die gerichtlichen Kosten des Liquidationsverfahrens gehören zu den Nachlaßschulden und sind vorweg zu berichtigen.

Dies gilt auch von den, durch die Einlegung der Restitution gegen das Präklusionserkenntniß erwachsenen gerichtlichen Kosten, soweit dieselben nicht dem Restitutionssucher zur Last fallen.

§. 359.

Faustpfandgläubiger und andere Realgläubiger (§§. 31. bis 33.) sind von der Einlassung in das erbschaftliche Liquidationsverfahren befreit, soweit sie ihre Befriedigung aus den ihrem Realrecht unterworfenen Nachlaßgegenständen suchen.

Sie haben demnach, ohne Rücksicht auf die erfolgte Eröffnung des Liquidationsverfahrens, die Befugniß, ihre Forderungen gegen den Erben im gewöhnlichen Wege geltend zu machen und sich an die verhafteten Gegenstände nach den allgemeinen Vorschriften über die Exekution und nothwendige Subhastation zu halten.

Die nothwendige Subhastation kann auch von dem Erben selbst in Antrag gebracht werden.

§. 360.

Wenn im Laufe des erbschaftlichen Liquidationsverfahrens oder nach Beendigung desselben der Konkurs über den Nachlaß eröffnet wird, so sind alle Schriftstücke und Verhandlungen, welche das Liquidationsverfahren betreffen, an das Konkursgericht abzugeben.

Der Erbe hat dem Verwalter der Masse Rechnung zu legen.

In dem Konkurse bedarf es keiner nochmaligen Anmeldung der Forderungen, welche bereits in dem erbschaftlichen Liquidationsverfahren rechtzeitig angemeldet worden sind; es ist nur die Anmeldung des Vorrechts nachzuholen, sofern ein solches für die angemeldete Forderung in Anspruch genommen wird.

Die im Liquidationsverfahren angemeldeten Forderungen sind in die bei der Prüfungsverhandlung zum Grunde zu legende tabellarische Nachweisung (§§. 170. 171.) aufzunehmen.

Ein Akkord findet nicht statt.

Gläubiger, welche mit ihren Forderungen an den Nachlaß im Liquidationsverfahren ausgeschlossen worden sind (§. 352.), können im Konkurse erst nach Befriedigung der Gläubiger, welchen in dem Präklusionserkenntnisse ihre Ansprüche vorbehalten sind, aus der Masse Befriedigung erhalten.

§. 361.

Was in dem gegenwärtigen Titel hinsichtlich des Benefizialerben verordnet ist, gilt auch von dem Nachlaßkurator, soweit nicht die Einschränkungen, welchen derselbe bei der Führung der Kuratel gesetzlich unterworfen ist, von selbst Abänderungen bedingen.

Fünfter Titel.

Von dem Prioritätsverfahren in der Exekutions-Instanz.

Erster Abschnitt.

Von dem Prioritätsverfahren bei Exekutionsvollstreckungen in das bewegliche Vermögen.

§. 362.

Wenn ein Gläubiger im Wege der Exekution bewegliche Sachen seines Schuldners in Beschlag genommen hat, so können andere Gläubiger desselben Schuldners wegen Forderungen, welche gegen den Letzteren vollstreckbar sind, der Beschlagnahme beitreten und aus den in Beschlag genommenen Sachen ihre Befriedigung suchen.

§. 363.

Wenn ein Gläubiger im Wege der Exekution eine ausstehende Forderung seines Schuldners in Beschlag genommen hat, oder zur Einklagung einer solchen Forderung mit den Rechten eines Assignatars ermächtigt worden ist, so können andere Gläubiger auf Grund eines vollstreckbaren Titels der Beschlagnahme der Forderung oder der Ermächtigung zur Einklagung derselben beitreten und aus der Forderung ihre Befriedigung suchen.

Dasselbe findet statt, wenn ein Gläubiger zur Einklagung einer solchen Forderung ermächtigt worden ist, die nicht eine bestimmte Geldsumme, sondern andere körperliche Sachen zum Gegenstande hat.

§. 364.*)

Die Beitrittserklärung ist bei dem Gericht anzubringen, von welchem die Exekution vollstreckt worden ist (§. 362.), oder welches zuerst die Forderung in Beschlag genommen oder die Ermächtigung zur Einklagung ertheilt hat (§. 363.).

---

*) vergl. §§. 58. 59. der Instruktion.

Die Beitrittserklärung muß den Nachweis der Vollstreckbarkeit der Forderung des Gläubigers enthalten, sowie den Betrag der Forderung und das Vorzugsrecht angeben, welches der Gläubiger in Anspruch nimmt.

Wird die Beitrittserklärung zulässig befunden, so ist dieselbe den übrigen Exekutionssuchern, sowie dem Schuldner bekannt zu machen. Handelt es sich um eine ausstehende Forderung des Schuldners, so muß auch Der, gegen welchen dem Schuldner die Forderung zusteht, von der Beitrittserklärung in Kenntniß gesetzt werden.

§. 365.

Wenn ein oder mehrere Gläubiger der Ermächtigung zur Einklagung einer ausstehenden Forderung beigetreten sind, so kann die Klage nur von allen gemeinschaftlich angestellt werden, oder es müssen, wenn die Klage bereits von einem Gläubiger angestellt worden ist, die übrigen Gläubiger diesem Prozesse beitreten. Der Prozeß ist in solchen Fällen durch einen gemeinschaftlichen Bevollmächtigten zu betreiben; findet über die Wahl des Bevollmächtigten keine Einigung unter den Gläubigern statt, so wird derselbe von dem Gericht bestellt.

§. 366.

Wenn sich ergiebt, daß die in Beschlag genommenen Sachen zur vollständigen Befriedigung der Gläubiger, welche aus denselben ihre Befriedigung suchen, nicht zulänglich sind, so ist der Erlös aus den Sachen in gerichtliche Verwahrung zu nehmen.

Ist die ausstehende Forderung zur vollständigen Befriedigung der Gläubiger, welche aus derselben ihre Befriedigung suchen (§. 363.), nicht zulänglich, so muß der zur Zahlung Verpflichtete die Zahlung zum gerichtlichen Depositorium leisten.

Hat die Forderung nicht eine bestimmte Geldsumme, sondern andere körperliche Sachen zum Gegenstande, so ist der Erlös aus den durch die Einziehung der Forderung herbeigeschafften Sachen im Falle der Unzulänglichkeit desselben in gerichtliche Verwahrung zu nehmen.

In Ermangelung einer gütlichen Einigung der Gläubiger ist demnächst die Vertheilung der Masse im Wege des Prioritätsverfahrens zu bewirken.

§. 367.

Das Gericht hat das Prioritätsverfahren von Amtswegen durch Beschluß zu eröffnen.

Die Eröffnung des Prioritätsverfahrens ist dem Schuldner, sowie den betheiligten Gläubigern bekannt zu machen.

§. 368.

In dem Prioritätsverfahren bestimmen sich die Theilnahmerechte der Gläubiger nach den Vorschriften über die Rangordnung der Konkursgläubiger (Titel I. Abschnitt 8.).

Wo nach diesen Vorschriften bei Bestimmung der Vorrechte der Zeitpunkt der Konkurseröffnung in Betracht kommt, ist an dessen Stelle der Tag maaßgebend, an welchem für die betreffende Forderung die Beschlagnahme erfolgt, oder die Ermächtigung zur Einklagung ertheilt, oder die Beitrittserklärung für zulässig erklärt ist (§. 364.).

Die im §. 84. erwähnten Forderungen können in dem Prioritätsverfahren geltend gemacht werden; sie haben jedoch erst nach vollständiger Berichtigung aller übrigen Forderungen Anspruch auf Befriedigung aus der Masse.

Besteht der Gegenstand einer Forderung in fortlaufenden Hebungen, so findet ein Anspruch auf Sicherstellung von künftigen Hebungen aus der Masse nur statt, insofern gegen den Schuldner die Verpflichtung zur Sicherstellung durch einen vollstreckbaren Titel ausdrücklich festgesetzt worden ist.

Der Lauf der Zinsen hört der Masse gegenüber mit dem Tage der Eröffnung des Prioritätsverfahrens auf.

§. 369.

Behufs der Vertheilung der Masse unter die Gläubiger ist ein Theilungsplan anzufertigen.

In demselben wird zuvörderst der vorhandene Bestand der Masse festgestellt und der Betrag der Kommunkosten vorweg in Abzug gebracht (§§. 40. 41.).

Sodann sind die Forderungen der Gläubiger einzeln aufzuführen und in ihren Beträgen darzustellen. Diejenigen Forderungen, für welche ein Vorzugsrecht in Anspruch genommen ist, sind vorläufig so zu behandeln, als wenn das verlangte Vorzugsrecht endgültig festgestellt worden wäre.

Demnächst ist anzugeben, welche Beträge von der zu vertheilenden Masse auf die einzelnen Forderungen fallen.

§. 370.*)

Nach der Aufstellung des Theilungsplans ist zur Erklärung und Verhandlung über denselben, sowie zur Ausführung der Vertheilung ein Termin vor einem Kommissar des Gerichts anzuberaumen.

Zu diesem Termin sind die Gläubiger und der Schuldner unter Mittheilung des Theilungsplans vorzuladen.

§. 371.**)

Neue Beitrittserklärungen, sowie Anmeldungen von Vor-

---

*) vergl. §. 59. der Instruktion.

**) vergl. §§. 58. und 59. der Instruktion.

rechten werden nach der Aufstellung des Theilungsplans noch zugelassen; jedoch bleiben dieselben unberücksichtigt, wenn sie nicht spätestens sieben Tage vor dem anberaumten Termin (§. 370.) angebracht werden.

Sind nachträgliche Beitrittserklärungen oder Anmeldungen von Vorrechten rechtzeitig erfolgt, so ist der Theilungsplan danach vor dem Termin abzuändern.

§. 372.

Bei der Verhandlung in dem Termin und bei der Ausführung der Vertheilung kommen die für die Vertheilungen im Konkursverfahren geltenden Vorschriften zur Anwendung (§§. 243. bis 245.).

Einwendungen gegen den Theilungsplan, welche erst nach dem Beginn der Ausführung der Vertheilung angebracht werden, bleiben unbeachtet.

§. 373.

Jeder bei dem Prioritätsverfahren betheiligte Gläubiger ist befugt, im Wege der Einwendung gegen den Theilungsplan die nachbezeichneten Forderungen anderer betheiligten Gläubiger als ungültig anzufechten:

1. Forderungen aus Rechtshandlungen, welche der Schuldner in der, dem anderen Theile bekannten Absicht vorgenommen hat, sie nur zum Schein vorzunehmen oder die Gläubiger auf andere Weise zu bevortheilen;
2. Forderungen aus Entscheidungen und Mandaten, wenn dabei Umstände zum Grunde liegen, bei welchen eine gleiche Absicht (Num. 1.) erhellt;
3. Forderungen aus freigebigen Verfügungen (§. 102. Num. 2.), welche der Schuldner zum Vortheil seines Ehegatten nach geschlossener Ehe vorgenommen hat;
4. Forderungen der Ehefrau des Schuldners oder der Rechtsnachfolger der Ehefrau auf Sicherstellung oder Rückzahlung des in die Verwaltung des Schuldners gekommenen Vermögens der Ehefrau, sofern ein Fall der gesetzlichen Verpflichtung zur Sicherstellung der Ehefrau oder zur Herausgabe des Vermögens derselben nicht vorliegt;
5. Forderungen, deren Nachweis durch Empfangsbekenntnisse, Anerkenntnisse oder Zugeständnisse geführt worden ist, welche der Schuldner seinem Ehegatten gegenüber, vor oder nach geschlossener Ehe, ausdrücklich oder stillschweigend, insbesondere im Kontumazialverfahren, abgegeben hat; sofern nicht die Richtigkeit des Empfangsbekenntnisses,

Anerkenntnisses oder Zugeständnisses, oder der im Kontumazialverfahren festgestellten Umstände anderweit nachgewiesen wird.

§. 374.

Wird eine Forderung auf Grund der vorstehenden Bestimmungen (§. 373.) als ungültig angefochten und keine Einigung der Interessenten erzielt, so hat der Kommissar in dem Termin eine auf die Anfechtung der Forderung gerichtete Klage oder Klageanmeldung aufzunehmen, auf welche demnächst die weitere Verfügung ergeht.

Setzt der anfechtende Gläubiger die Klage nicht fort, so gilt die mittelst der Anfechtung angebrachte Einwendung gegen den Theilungsplan als zurückgenommen.

§. 375.

Bei der Anfechtung kommen die Grundsätze zur Anwendung, welche im Konkurse bei der Anfechtung der vor der Konkurseröffnung vorgefallenen Rechtshandlungen gelten (§§. 104. 105. 109. 111. 112.).

Soweit die Ungültigkeit der angefochtenen Forderungen festgestellt wird, bleiben dieselben von der Theilnahme an der Masse ausgeschlossen.

§. 376.

Gläubiger, welchen die auf den Antrag anderer Gläubiger in Beschlag genommenen Sachen oder überwiesenen Forderungen als Faustpfand haften (§§. 32. 33.), sind dem Fortgange der Exekutionsvollstreckung in diese Gegenstände zu widersprechen nicht befugt. Sie können jedoch aus denselben, auch wenn ihre Forderungen noch nicht fällig sind, vor allen anderen Gläubigern Befriedigung verlangen.

Wird der Anspruch der Faustpfandgläubiger bestritten, so ist derselbe von ihnen mittelst einer Interventionsklage in einem besonderen Prozesse auszuführen. Zur Anstellung der Interventionsklage hat das Gericht erforderlichen Falls eine Frist zu bestimmen. Läuft dieselbe fruchtlos ab, so wird auf den Anspruch nur dann weitere Rücksicht genommen, wenn die Klage noch vor dem Termin zur Vertheilung der Masse angestellt wird.

Die Klage muß bei dem Gericht, welchem die Vertheilung der Masse zusteht, angestellt und sowohl gegen die widersprechenden Gläubiger, als gegen den Schuldner, wenn dieser den Anspruch bestreitet, gerichtet werden.

Zweiter Abschnitt.

Von dem Prioritätsverfahren bei Exekutionsvollstreckungen in Besoldungen und andere an die Person des Schuldners gebundene fortlaufende Einkünfte.

§. 377.

Die im Wege der Exekution erfolgte Beschlagnahme von Besoldungen, Dienstemolumenten, Wartegeldern, Pensionen, Fideikommiß- oder Lehnsnutzungen, oder anderen an die Person des Schuldners gebundenen fortlaufenden Einkünften erstreckt sich sowohl auf die bereits fälligen, als auf die künftigen Beträge derselben.

Die einmal erfolgte Beschlagnahme des Diensteinkommens umfaßt auch jedes Diensteinkommen, welches bei später eintretenden Veränderungen durch Versetzung, durch Uebernahme neuer Aemter oder durch Gehaltszulage erworben wird.

§. 378.*)

Wenn Besoldungen oder andere an die Person des Schuldners gebundene fortlaufende Einkünfte (§. 377.) von mehreren Gläubigern im Wege der Exekution in Beschlag genommen worden sind, so müssen dieselben gerichtlich vertheilt werden.

§. 379.

Die Vertheilung erfolgt jährlich mit dem Ablauf des Kalenderjahres, sobald die letzte Hebung eingegangen ist.

§. 380.*)

Bei den Vertheilungen ist nach folgenden Grundsätzen zu verfahren:

1. Forderungen, welchen ein Vorrecht zusteht (§. 368.), werden vorzugsweise befriedigt.
2. Von den übrigen Forderungen kommen zunächst die vor der ersten Beschlagnahme entstandenen zur Hebung. Dabei fällt die Einnahme des ersten Jahres denjenigen Gläubigern zu, welche die erste Beschlagnahme ausgebracht haben. Die Einnahme des zweiten Jahres wird zu gleichen Rechten auf sämmtliche Gläubiger vertheilt, welche während des ersten Jahres die Beschlagnahme ausgebracht haben oder derselben beigetreten sind. Bei der Vertheilung der Einnahme des dritten und jeden folgenden Jahres treten den früher theilnehmenden Gläubigern immer noch diejenigen

*) zu §§. 378. 380. und 381. vergl. §. 60. der Instruktion.

mit gleichen Rechten hinzu, welche in dem zunächst vorangegangenen Jahre der Beschlagnahme beigetreten sind.

3. Erst nach Berichtigung dieser Forderungen (Num. 2.) kommen die nach der ersten Beschlagnahme entstandenen Forderungen zur Hebung. Hierbei schließt derjenige Gläubiger, welcher der Beschlagnahme früher beigetreten ist, die später beigetretenen Gläubiger aus; sind mehrere Gläubiger an demselben Tage beigetreten, so haben sie gleiche Rechte.
4. Die Vertheilung unter die gleichberechtigten Gläubiger geschieht nach Verhältniß des Betrages ihrer Forderungen.

§. 381.*)

Im Uebrigen kommen bei den jährlichen Vertheilungen die Vorschriften des ersten Abschnitts (§§. 369. 370. 372 bis 375.) zur Anwendung.

§. 382.

Bestehen die in Beschlag genommenen fortlaufenden Einkünfte in Revenüen von Immobilien, so finden die Bestimmungen des gegenwärtigen Abschnitts keine Anwendung, insoweit es sich um Vertheilungen unter die Realgläubiger handelt.

Dritter Abschnitt.

Von der Vertheilung der Kaufgelder bei nothwendigen Subhastationen.

§. 383.

Bei den im Wege der Exekution erfolgenden nothwendigen Subhastationen von Grundstücken findet die Befriedigung der Realgläubiger aus den Kaufgeldern in der Reihenfolge und in dem Umfange statt, welche für die Vertheilung der Kaufgelder im Falle des Konkurses festgesetzt sind (Titel I. Abschnitt 6.).

§. 384.**)

Das Subhastationspatent muß allemal die Bekanntmachung enthalten, daß die Gläubiger, welche wegen einer aus dem Hypothekenbuch nicht ersichtlichen Realforderung aus den Kaufgeldern Befriedigung suchen, sich mit ihrem Anspruch bei dem Gericht zu melden haben.

Den Kassen und Anstalten, welchen das Grundstück zu den in den §§. 47. bis 49. des gegenwärtigen Gesetzes bezeichneten

---

*) vergl. §. 60. der Instruktion.

**) vergl. §. 61. der Instruktion.

Abgaben und Leistungen verpflichtet ist, wird eine Abschrift des Subhastationspatents zugestellt; jedoch ist die Wirksamkeit der in demselben enthaltenen Bekanntmachung von dieser besonderen Zustellung nicht abhängig.

§. 385.

Nach der Publikation des Adjudikationsbescheides wird von Amtswegen ein Termin zur Belegung und Vertheilung der Kaufgelder vor einem Kommissar des Subhastationsgerichts angesetzt.

Zu diesem Termin sind der Ersteher des Grundstücks, der Extrahent der Subhastation, der Schuldner, sowie die Gläubiger vorzuladen, welche aus dem Hypothekenbuch ersichtlich sind, oder welche eine aus dem Hypothekenbuch nicht ersichtliche Realforderung angemeldet haben (§. 384.).

Außerdem ist der Termin durch öffentlichen Aushang einer Vorladung an der Gerichtsstelle bekannt zu machen; dieser Aushang gilt als Vorladung in Ansehung der nicht eingetragenen Realgläubiger, welche sich noch nicht gemeldet haben.

§. 386.

Die Vorladung des Erstehers des Grundstücks geschieht unter der Verwarnung, daß bei seinem Ausbleiben angenommen werden soll, er könne die zu zahlenden Kaufgelder nicht erlegen.

Die nicht eingetragenen Realgläubiger, sie mögen ihre Forderungen bereits angemeldet haben oder nicht, sind unter der Verwarnung vorzuladen, daß die Ausbleibenden ihres Realanspruchs an die Kaufgelder verlustig werden.

Der Vorladung der übrigen Interessenten ist die Verwarnung beizufügen, daß, ihres Ausbleibens ungeachtet, mit Belegung und Vertheilung der Kaufgelder verfahren, der auf den Ausbleibenden fallende Theil auf dessen Gefahr und Kosten zum Depositum genommen, nach erfolgter Belegung der Kaufgelder das Realrecht der Forderungen für aufgehoben erachtet und die Löschung der eingetragenen Posten im Hypothekenbuche veranlaßt werden soll, ohne daß dazu die Beibringung der Schuldurkunden erforderlich ist, daß sie indeß für jeden Mißbrauch, der mit den letzteren geschehen sollte, verantwortlich bleiben.

§. 387.

In dem Termin wird zuvörderst festgestellt, was der Ersteher des Grundstücks an Kaufgeldern und Zinsen zu gewähren hat und wie viel die zu vertheilende Masse nach Abzug der Kommunkosten beträgt.

Demnächst haben sich die Interessenten über die Ansprüche, welche an die Kaufgelder gemacht werden oder aus dem Hypothekenbuch hervorgehen, und über das dafür verlangte oder aus dem Hypothekenbuch hervorgehende Vorrecht zu erklären.

§. 388.

Sind die Interessenten einig, oder werden die entstandenen Streitigkeiten beigelegt, so ist demgemäß sofort die Vertheilung der Masse zu bewirken.

Soweit eine zur Hebung kommende Forderung nicht von dem Ersteher mit Bewilligung des Gläubigers übernommen wird, erfolgt die Berichtigung derselben durch Zahlung oder durch Uebereignung eines entsprechenden Betrages von dem etwa verbleibenden Kaufgelderrückstande.

Die auf eingetragene Posten zu zahlenden Beträge, deren gegenwärtige Eigenthümer unbekannt sind, oder zu welchen sich kein legitimirter Empfänger meldet, werden auf Gefahr und Kosten der betreffenden Gläubiger als Spezialmassen in gerichtlicher Aufbewahrung zurückbehalten.

§. 389.

Wenn eine Einigung der Interessenten nicht stattfindet, so entwirft der Kommissar, nöthigenfalls mit Hülfe eines Rechnungsverständigen, im Termin einen Theilungsplan, vermerkt bei jeder Forderung, wer die Richtigkeit, das Hypothekenrecht oder das Vorrecht derselben bestreitet, berechnet die Beträge, welche auf die Forderungen, soweit sie unstreitig sind, gezahlt werden können, und vernimmt bei jeder Post die Interessenten, ob sie in die Auszahlung willigen.

Die Posten, bei welchen Niemand etwas erinnert, werden berichtigt (§. 388.); die zur Hebung gelangten streitigen Beträge aber werden als Spezialmassen in gerichtlicher Aufbewahrung zurückbehalten, wenn nicht zwischen allen bei einer solchen Post betheiligten Interessenten ein anderweitiges Abkommen getroffen wird.

§. 390.

Den im Termin ausbleibenden eingetragenen Gläubigern werden außer den Kapitalbeträgen vorläufig die laufenden Hypothekenzinsen oder anderen Prästationen, sowie die Rückstände derselben für die beiden letzten Jahre (§. 52. Num. 1. und 2; §. 54. Num. 2. und 3.) bei der Vertheilung berechnet.

Auf Kosten, welche nicht liquidirt worden sind, wird keine Rücksicht genommen.

§. 391.

In verwickelten Sachen steht dem Gericht frei, schon vor dem Termin einen vorläufigen Theilungsplan anfertigen zu lassen, welcher alsdann bei der Verhandlung im Termin zum Grunde zu legen ist.

§. 392.

Der Schuldner ist befugt, die Richtigkeit, das Hypothekenrecht und das Vorrecht der einzelnen Forderungen zu bestreiten.

In gleicher Art ist hierzu auch jeder im Termin anwesende Realgläubiger befugt, insofern durch die Theilnahme der einzelnen Forderungen an der Masse oder durch die Ausübung des verlangten Vorrechts seiner Befriedigung Eintrag geschieht.

§. 393.

Jeder in dem Termin anwesende betheiligte Realgläubiger (§. 392.) kann im Wege der Einwendung die nachbezeichneten Forderungen anderer Gläubiger nach Maaßgabe der im ersten Abschnitt ertheilten näheren Bestimmungen (§. 375.) als ungültig anfechten:

1. Forderungen aus Rechtshandlungen, welche der Schuldner in der, dem anderen Theil bekannten Absicht vorgenommen hat, sie nur zum Schein vorzunehmen oder die Gläubiger auf andere Weise zu bevortheilen;
2. Forderungen aus Entscheidungen oder Mandaten, wenn dabei Umstände zum Grunde liegen, bei welchen eine gleiche Absicht (Num. 1.) erhellt;
3. Forderungen aus freigebigen Verfügungen (§. 102. Num. 2.), welche der Pfandbesteller zum Vortheil seines Ehegatten nach geschlossener Ehe vorgenommen hat;
4. Forderungen der Ehefrau des Pfandbestellers oder der Rechtsnachfolger der Ehefrau auf Befriedigung wegen des in die Verwaltung des Mannes gekommenen Vermögens der Ehefrau, sofern ein Fall der gesetzlichen Verpflichtung zur Sicherstellung der Ehefrau oder zur Herausgabe des Vermögens derselben nicht vorlag;
5. Forderungen, die sich auf Empfangsbekenntnisse, Anerkenntnisse oder Zugeständnisse gründen, welche der Pfandbesteller seinem Ehegatten gegenüber, vor oder nach geschlossener Ehe, ausdrücklich oder stillschweigend, insbesondere im Kontumazialverfahren, abgegeben hat; sofern nicht die Richtigkeit des Empfangsbekenntnisses, Anerkenntnisses oder Zugeständnisses, oder der im Kontumazialverfahren festgestellten Umstände anderweit nachgewiesen wird.

§. 394.

Wenn eine Forderung in Ansehung der Richtigkeit, des Hypothekenrechts oder des Vorrechts bestritten wird, oder wenn eine Forderung als ungültig angefochten wird, so hat der Gläubiger, welcher dieselbe geltend macht, seinen Anspruch gegen die widersprechenden oder anfechtenden Interessenten (§§. 392. 393.) in einem besonderen Prozesse auszuführen.

Zu diesem Behuf muß der Gläubiger den Anspruch im Termin näher begründen oder sich eine besondere Klageschrift vorbehalten. Wenn dies nicht geschieht, oder wenn er die Klage nicht binnen vierzehn Tagen einreicht, so wird angenommen, daß er sich lediglich auf den Inhalt des Hypothekenbuchs und der überreichten Urkunden bezieht.

Wird eine besondere Klage nicht eingereicht, so dient eine Abschrift des Protokolls oder ein Auszug aus demselben in dem Spezialprozesse als Klageschrift.

Auf die Klage ist mit der Klagebeantwortung, sowie mit der Verhandlung und Entscheidung der Sache nach den für den ordentlichen Prozeß geltenden Vorschriften weiter zu verfahren.

Das Erkenntniß muß zugleich darüber entscheiden, an wen der streitige Kaufgelderbetrag auszuzahlen oder zu übereignen ist, oder nach Befinden die anderweite Vertheilung anordnen.

Der Spezialprozeß gehört vor das Subhastationsgericht innerhalb seiner Kompetenz in Civilprozessen.

§. 395.

Wenn eine Forderung ungetheilt auf mehreren Grundstücken haftet, so kommen die für diesen Fall im Konkurse gegebenen Vorschriften (§. 56.) zur Anwendung.

§. 396.

Die noch nicht fälligen Forderungen werden wie fällige behandelt; der Gläubiger kann die Annahme einer noch nicht fälligen Forderung nicht verweigern.

Ist eine solche Forderung unverzinslich, so kommt die Vorschrift im §. 249. zur Anwendung.

§. 397.

Hinsichtlich der bedingten Forderungen gelten für die Vertheilung folgende Grundsätze:

1. Ist die Bedingung eine aufschiebende, so erhalten diejenigen Interessenten, deren Befriedigung die bedingte Forderung im Wege steht, den auf dieselbe fallenden Betrag mit der Verpflichtung zur Rückgewähr an den bedingten Gläubiger für den Fall des Eintritts der Bedingung und gegen Sicherheitsbestellung.
2. Ist die Bedingung eine auflösende, so wird dem bedingten Gläubiger der auf seine Forderung fallende Betrag, gegen Sicherheitsbestellung wegen der Rückgewähr für den Fall des Eintritts der Bedingung, überwiesen und zugleich bestimmt, an wen für diesen Fall die Rückgewähr zu leisten ist.
3. So lange die empfangsberechtigten Interessenten keine von den übrigen Betheiligten für genügend erachtete Sicherheit bestellen, wird die Summe verzinslich angelegt. Diese Anlegung erfolgt durch gerichtliche Deposition; die aufkommenden Zinsen werden von demjenigen bezogen, welcher das

Kapital im Falle der Sicherheitsbestellung zu nutzen das Recht gehabt haben würde.

§. 398.

Besteht eine Forderung in dem Anspruche auf fortlaufende Hebungen, so wird der Betrag, welcher bei der Vertheilung auf das zur Deckung der künftigen Hebungen angesetzte Kapital fällt, verzinslich angelegt. Die Anlegung erfolgt durch gerichtliche Deposition.

Zugleich wird bestimmt, wem das Kapital bei dem Aufhören der Hebungen zufallen soll.

So oft die Zinsen zur Berichtigung der Hebungsbeträge nicht hinreichen, wird der fehlende Betrag aus dem Kapital entnommen.

§. 399.

Die Urkunden über Forderungen, welche durch Zahlung oder durch Uebereignung des Kaufgelderrückstandes getilgt sind, werden kassirt und zu den Subhastationsakten genommen. Dagegen sind die Urkunden über Forderungen, welche entweder der Ersteher übernommen hat, oder welche ganz oder theilweise ausgefallen sind und bei welchen der persönliche Anspruch noch fortbesteht, an die Gläubiger zurückzugeben.

Der Kommissar hat in dem Kaufgeldervertheilungstermin auf den zurückzugebenden Urkunden zu attestiren, ob und bis zu welchem Betrage die Post zur Hebung gekommen ist, und wenn der Ersteher die Forderung in Anrechnung auf die Kaufgelder übernommen hat, daß und bis zu welchem Betrage dies geschehen ist.

Der wörtliche Inhalt dieser Atteste ist in das Protokoll aufzunehmen.

§. 400.

Nach Abhaltung des Termins ist das über die Verhandlung aufgenommene Protokoll für den Ersteher in beglaubigter Form auszufertigen.

Auf Grund dieser Ausfertigung ist in dem Hypothekenbuche, bei Berichtigung des Besitztitels für den Ersteher, die Löschung des Subhastationsvermerks und aller Realansprüche zu bewirken, welche nicht nach gesetzlicher Vorschrift auf den Ersteher übergehen oder von demselben namentlich übernommen worden sind.

Gleichzeitig ist der aus dem Protokolle sich ergebende etwanige Kaufgelderrückstand in das Hypothekenbuch einzutragen. Der Eintragungsvermerk hat zugleich die den einzelnen Gläubigern übereigneten Antheile an dem Kaufgelderrückstande zu bezeichnen, sowie die Rangordnung derselben anzugeben. Als Eintragungsurkunde dient eine Ausfertigung des Adjudikationsbescheides und des Protokolles über die Belegung und Vertheilung der Kaufgelder. Jeder Gläubiger, welchem ein Antheil an dem Rückstande übereignet ist, hat die Befugniß, zu verlangen, daß ihm von dieser Eintragungsurkunde, nach Maaßgabe des ihm zustehenden Vorrechts, eine Theilobligation abgezweigt wird.

Das Subhastationsgericht hat die vorstehenden Eintragungen und Löschungen von Amtswegen zu veranlassen.

Jeder Gläubiger, dessen Forderung von dem Ersteher in Anrechnung auf die Kaufgelder übernommen worden ist, kann eine Ausfertigung des Kaufgelderbelegungsprotokolls verlangen.

§. 401.

Was nach der in Gemäßheit der vorstehenden Bestimmungen (§§. 383. ff.) erfolgten Befriedigung der Realgläubiger von den Kaufgeldern übrig bleibt, dient zur Befriedigung der Realgläubiger wegen älterer als zweijähriger Rückstände von Hypothekenzinsen und anderen Prästationen, sowie zur Befriedigung der persönlichen Gläubiger, welche die Subhastation beantragt haben, oder welche den Kaufgelderrest im Wege der Exekution in Beschlag genommen haben.

Wenn der Kaufgelderrest zur vollständigen Befriedigung der Gläubiger, welche auf denselben Anspruch machen, nicht zulänglich ist, so findet das im ersten Abschnitt des gegenwärtigen Titels vorgeschriebene Prioritätsverfahren statt.

§. 402.

Bei nothwendigen Subhastationen von solchen Schiffsmühlen und Gerechtigkeiten, welche die Eigenschaft unbeweglicher Sachen haben, ingleichen von verliehenem und von nicht verliehenem Berg- und Hütteneigenthum werden die Kaufgelder nach den Vorschriften vertheilt, welche bei der Vertheilung der Kaufgelder von Grundstücken zur Anwendung kommen (§§. 384. ff.).

Hinsichtlich der Theilnahmerechte der Realgläubiger gelten die für den Fall des Konkurses festgesetzten Bestimmungen (§. 63.).

§. 403.

Bei nothwendigen Subhastationen von Seeschiffen und anderen zur Frachtschiffahrt bestimmten Schiffsgefäßen richten sich die Theilnahmerechte der Schiffsgläubiger an der Schiffsmasse nach den für den Fall des Konkurses ertheilten Vorschriften (Titel I. Abschnitt 7.).

Bei der Vertheilung der Schiffsmasse ist nach den Bestimmungen zu verfahren, welche bei der Vertheilung der Kaufgelder von Grundstücken zur Anwendung kommen (§§. 385. ff.).

Die auf den Schiffserwerbsurkunden nicht eingetragenen Realgläubiger sind in dem Subhastationspatent zur Anmeldung ihrer Ansprüche aufzufordern und in derselben Weise, wie die aus dem Hypothekenbuch nicht ersichtlichen Realgläubiger, zu dem Vertheilungstermin vorzuladen (§§. 385. 386.). Die auf jenen Urkunden eingetragenen Realgläubiger werden wie die in dem Hypothekenbuch eingetragenen Gläubiger behandelt.

§. 404.

Die Vorschriften des gegenwärtigen Abschnitts finden auch bei den auf den Antrag des Benefizialerben eingeleiteten nothwendigen Subhastationen Anwendung (§. 359.).

Ein Gleiches gilt bei den auf den Antrag eines Miteigenthümers zum Zweck der Auseinandersetzung eingeleiteten nothwendigen Subhastationen, insofern dieselben die Wirkungen einer nothwendigen Subhastation nicht blos gegen die Miteigenthümer, sondern auch gegen Realgläubiger haben.

Vierter Abschnitt.

Von dem Aufgebote der bei der Kaufgeldervertheilung im Falle der nothwendigen Subhastation gebildeten Spezialmassen.

§. 405.

Wenn bei der im Falle der nothwendigen Subhastation stattfindenden Vertheilung der Kaufgelder sich Niemand mit Ansprüchen auf eine bestimmte, zur Hebung gelangende Hypothek oder andere Realforderung gemeldet hat, oder wenn der Gläubiger sich nicht durch Vorlegung des Hypothekendokuments legitimiren kann, so ist den unbekannten Interessenten von dem Subhastationsgericht ein Kurator zu bestellen.

§. 406.

Der bestellte Kurator muß zu ermitteln suchen, ob die Forderung schon getilgt ist; er muß sich bemühen, das fehlende Hypothekendokument und den Inhaber desselben, oder diejenigen zu erforschen, denen Eigenthumsrechte, Pfandrechte oder andere Rechte an der Forderung zustehen.

§. 407.

Haben die Nachforschungen des Kurators keinen Erfolg, so liegt ihm ob, das Aufgebot der für die Forderung angelegten Spezialmasse oder des auf die Post angewiesenen Kaufgelderrückstandes bei dem Gericht nachzusuchen.

Der Kurator hat die Versicherung abzugeben, daß er sich nach bestem Wissen und mit sorgfältiger Benutzung der von den

Interessenten ihm an die Hand gegebenen Mittel bemüht habe, das fehlende Hypothekendokument und den Inhaber desselben, oder diejenigen zu erforschen, denen Rechte an der Forderung zustehen.

§. 408.

Eines Diligenzeides bedarf es in dem Falle nicht, wenn sich Niemand zu der Post gemeldet hat.

Wenn dagegen der eingetragene Gläubiger oder dessen Rechtsnachfolger sich gemeldet hat und nur das Dokument nicht beschaffen kann, so muß derselbe einen Eid dahin leisten:

> daß er das Dokument nicht selbst besitze, daß ihm kein Anderer bekannt sei, der es besitze, noch ein Ort, an dem es sich befinden möge, und daß er dasselbe auch nicht zur Gefährdung fremder Rechte abhanden gebracht habe.

Behauptet der Gläubiger die erfolgte Vernichtung des Dokuments, so muß er den Eid dahin leisten:

> daß und in welcher Art das Dokument vernichtet worden sei.

§. 409.

Bei dem Aufgebote (§. 407.) ergeht die öffentliche Aufforderung, daß alle diejenigen, welche an die Spezialmasse oder an den Kaufgelderrückstand Ansprüche als Eigenthümer, Erben, Cessionarien, Pfandinhaber oder aus einem anderen Grunde geltend machen wollen, ihre Ansprüche in einem vor einem Kommissar des Gerichts anzuberaumenden Termine, bei Vermeidung der Ausschließung, schriftlich oder zu Protokoll bei dem Gericht anzumelden haben.

In der öffentlichen Aufforderung ist die Forderung, auf welche das Aufgebot sich bezieht, durch Benennung des aus dem Hypothekenbuch ersichtlichen Gläubigers und Schuldners, des Betrages der Forderung und des Datums der Urkunde, sowie durch Benennung des verhafteten Grundstücks zu bezeichnen.

§. 410.

Die Bestimmung der Anmeldungsfrist und die öffentliche Bekanntmachung der Aufforderung (§. 409.) erfolgt nach den Vorschriften, welche bei nothwendigen Subhastationen hinsichtlich der Anberaumung des Bietungstermins und der Bekanntmachung desselben gelten, mit der Maaßgabe, daß statt des Grundstückswerths der Betrag der Spezialmasse oder des Kaufgelderrückstandes zum Grunde gelegt wird.

§. 411.

Eine Abschrift der Aufforderung erhalten:

1. der im Hypothekenbuche eingetragene letzte Eigenthümer der Forderung und die etwa mit einem Pfandrechte oder ande-

ren Rechte an der Forderung eingetragenen Personen, oder deren Rechtsnachfolger, insofern der Aufenthalt dieser Personen bekannt ist;

2. der Schuldner, gegen welchen die Subhastation stattgefunden hat;
3. die bei der Kaufgeldervertheilung nicht vollständig oder überhaupt nicht zur Hebung gekommenen Hypothekengläubiger;
4. der ernannte Kurator.

§. 412.

Nach Abhaltung des Termins ist ein Präklusionserkenntniß abzufassen. In demselben sind den Personen, welche sich gemeldet haben, ihre Rechte vorzubehalten; alle unbekannten Interessenten sind mit ihren Ansprüchen an die Spezialmasse oder den Kaufgelderrückstand auszuschließen.

Eine Ausfertigung des Erkenntnisses wird dem Kurator, sowie dem Gläubiger zugestellt, welcher sich bei der Kaufgeldervertheilung zu der Post gemeldet hat.

Eine zweite Ausfertigung für alle übrigen Interessenten ist durch öffentlichen Aushang an der Gerichtsstelle bekannt zu machen; die Insinuation gilt als bewirkt, wenn die Ausfertigung vierzehn Tage lang ausgehangen hat. Sofern die Interessenten sich gemeldet haben, oder sonst bekannt sind (§. 411.), ist ihnen eine Abschrift des Erkenntnisses mitzutheilen.

Gegen das Erkenntniß findet nur das Rechtsmittel der Restitution statt.

§. 413.

Nach beschrittener Rechtskraft des Präklusionserkenntnisses sind die Personen, welche sich bei dem Aufgebote gemeldet haben, sowie die übrigen bekannten Interessenten vor einem Kommissar des Gerichts mit ihren Ansprüchen und Gegenerklärungen zu hören; findet keine gütliche Einigung unter den Interessenten statt, so hat der Kommissar die Sache bis zur Beweisaufnahme zu verhandeln.

Demnächst erfolgt das weitere Verfahren und die Entscheidung der Sache nach den für den ordentlichen Prozeß geltenden Vorschriften. In dem zur Beschlußfassung über die Beweisaufnahme oder zur Entscheidung der Sache anzuberaumenden Audienztermin können die Parteien oder deren Vertreter zur Ausführung ihrer Rechte das Wort ergreifen; die Anführung neuer Thatsachen ist nicht zulässig.

Das Erkenntniß hat darüber zu entscheiden, an wen die Spezialmasse auszuzahlen, oder wem der Kaufgelderrückstand zu übereignen ist.

§. 414.

Wenn bei der Kaufgeldervertheilung eine Spezialmasse aus dem Grunde gebildet werden muß, weil auf der Forderung nach Ausweis des Hypothekenbuchs Rechte haften, deren gegenwärtige Inhaber unbekannt sind, so wird diesen unbekannten Interessenten ein Kurator bestellt und mit dessen Zuziehung die Vertheilung der Kaufgelder beendigt.

Zur Ermittelung:

ob der Hauptgläubiger ohne Zuziehung dieser Interessenten, oder mit wessen Zuziehung, die Spezialmasse oder den auf die Post angewiesenen Kaufgelderrückstand zu erheben befugt sei,

ist nach den vorstehenden Bestimmungen (§§. 406. ff.) zu verfahren, jedoch mit den Modifikationen, welche die Natur des Falles nothwendig macht.

Der Hauptgläubiger hat, wenn sich die Sache durch die angestellten Ermittelungen nicht erledigt, einen Eid dahin zu leisten:

daß ihm nicht bekannt sei, daß noch irgend Jemandem auf das fragliche Recht ein Anspruch zustehe, und daß er nichts verschwiegen habe, was zur Ermittelung eines solchen Berechtigten führen könne.

§. 415.

Die gerichtlichen Kosten des Aufgebotsverfahrens, sowie die Gebühren und Auslagen des Kurators werden in allen Fällen aus der Spezialmasse oder dem Kaufgelderrückstande entnommen.

Die besonderen Kosten, welche durch die Erörterung eines unbegründeten Anspruchs oder Widerspruchs erwachsen, fallen dem Interessenten zur Last, welcher den Anspruch oder Widerspruch erhoben hat.

Fünfter Abschnitt.

Von der Vertheilung der Revenüen von Immobilien.

§. 416.

Wenn die Beschlagnahme der Revenüen oder die Einleitung der Sequestration eines Grundstücks im Wege der Exekution stattfindet, so werden die Revenüen unter die Realgläubiger nach den Grundsätzen vertheilt, welche im Falle des Konkurses maaßgebend sind (§§. 57. bis 59.).

Ein Gleiches gilt bei verliehenem und nicht verliehenem Berg- und Hütteneigenthum, sowie bei solchen Schiffsmühlen und Gerechtigkeiten, welche die Eigenschaft unbeweglicher Sachen haben (§. 63.).

§. 417.

Nach erfolgter Beschlagnahme der Revenüen oder Einleitung der Sequestration ist ein Termin zur Regulirung der Revenüenvertheilung vor einem Kommissar des Gerichts anzuberaumen.

Zu diesem Termin sind der Schuldner, der Extrahent und alle aus dem Hypothekenbuch ersichtlichen Realgläubiger vorzuladen, sofern der Aufenthalt derselben bekannt ist.

Die Vorladung geschieht unter der Verwarnung, daß der Ausbleibende die auf Grund der vorzunehmenden Regulirung erfolgenden Zahlungen nicht anfechten kann.

§. 418.

In dem Termin (§. 417.) vernimmt der Kommissar die Interessenten über die Ansprüche, welche an die Revenüen gemacht werden.

Er entwirft, nöthigenfalls mit Hülfe eines Rechnungsverständigen, einen Plan zur Vertheilung der Revenüen; er führt darin die sämmtlichen Forderungen nach Maaßgabe des Hypothekenbuchs auf und berechnet für jede Forderung den aus den Revenüen zu berichtigenden Betrag unter Angabe des Fälligkeitstermins; er hört die Interessenten mit ihren Erklärungen über den Plan.

Entstehen Streitigkeiten, welche nicht beigelegt werden können, so ist bei jeder Post zu vermerken, wer die Richtigkeit, das Hypothekenrecht oder das Vorrecht derselben bestreitet (§§. 392. 393.).

§. 419.

Auf Grund der stattgefundenen Regulirung (§. 418.) hat das Gericht den bestellten Administrator oder Sequester mit einer Zahlungsanweisung zu versehen. In derselben muß der auf jede Forderung zu zahlende Betrag, der Fälligkeitstermin, der Empfangsberechtigte und die Folgeordnung der einzelnen Zahlungen genau bestimmt werden.

Die unstreitigen Beträge sind an die Gläubiger, deren Aufenthalt bekannt ist, durch den Administrator oder Sequester unmittelbar zu berichtigen.

Für jede zur Hebung stehende streitige Post, sowie für jede Post, deren Eigenthümer der Existenz oder dem Aufenthalte nach unbekannt ist, wird die Zahlung zum gerichtlichen Depositum geleistet und mit dem Betrage eine Spezialmasse angelegt. Wegen Ausschüttung der angelegten Spezialmassen ist nach den für den Fall der Kaufgeldervertheilung vorgeschriebenen Grundsätzen zu verfahren (§§. 394. 405. ff.).

§. 420.

Der nach Befriedigung der Realgläubiger etwa verbleibende Revenüenüberschuß fließt zur Kaufgeldermasse, wenn die nothwendige Subhastation des Grundstücks eingeleitet worden ist.

Ist letzteres nicht der Fall, so wird der Revenüenüberschuß unter die persönlichen Gläubiger vertheilt, welche die Revenüen im Wege der Exekution in Beschlag genommen haben. Wenn der Revenüenüberschuß zur vollständigen Befriedigung dieser Gläubiger nicht hinreicht, so findet das im zweiten Abschnitt des gegenwärtigen Titels vorgeschriebene Prioritätsverfahren statt.

Sechster Titel.

Von der gerichtlichen Zahlungsstundung und von der Rechtswohlthat der Kompetenz.

Erster Abschnitt.

Von der gerichtlichen Zahlungsstundung.

§. 421.

Der Richter ist befugt, gegen eine vollstreckbare Forderung dem Schuldner auf dessen Antrag Zahlungsstundung zu bewilligen, wenn die Lage des Schuldners die Stundung rechtfertigt und der Gläubiger nicht darunter leidet.

§. 422.

Der Schuldner, welcher eine gerichtliche Zahlungsstundung in Anspruch nehmen will, hat seinen Antrag spätestens vierzehn Tage nach dem Eintritt der Vollstreckbarkeit der Forderung bei dem Richter erster Instanz anzubringen.

§. 423.

Der Antrag muß enthalten:

1. die vollständige Angabe der Umstände, welche den Schuldner an der sofortigen Zahlung hindern, sowie der Umstände, welche der Schuldner für die Aussetzung der Exekutionsvollstreckung anzuführen hat;
2. die Angabe der Mittel, aus welchen die Zahlung nach dem Ablauf der Stundungsfrist geleistet werden kann;
3. die Beweismittel für die Angaben des Schuldners;
4. das Erbieten des Schuldners zur Sicherstellung der Forderung des Gläubigers und die Angabe der Gegenstände, mit welchen die Sicherheit bestellt werden soll.

§. 424.

Ueber den Antrag wird im schleunigen Prozesse verfahren.

Es ist ein naher Termin zur Beantwortung des Antrags und zugleich zur mündlichen Verhandlung der Sache anzuberaumen.

Die Parteien haben in diesem Termin alle Beweismittel für ihre Behauptungen mit zur Stelle zu bringen, soweit dieselben nicht bereits dem Gericht eingereicht sind.

Wird die Stundung von dem Gläubiger versagt, so ist sogleich in dem Termin zur Aufnahme des Beweises zu schreiten und über den Antrag durch Erkenntniß zu entscheiden.

§. 425.

Der Richter entscheidet nach billigem Ermessen unter Würdigung der beigebrachten Beweise und unter Berücksichtigung der Lage beider Theile.

Gegen das Erkenntniß ist kein Rechtsmittel zulässig.

Die Kosten des Verfahrens hat in jedem Falle der Schuldner zu tragen.

§. 426.

Die Zahlungsstundung darf die Dauer eines Jahres, vom Eintritt der Vollstreckbarkeit der Forderung an gerechnet, nicht übersteigen.

§. 427.

Der Schuldner ist verpflichtet, während der bewilligten Zahlungsfrist die Forderung des Gläubigers zu verzinsen.

§. 428.

Verlangt der Gläubiger die Sicherstellung seiner Forderung, so kann die Zahlungsstundung nur gegen Gewährung einer genügenden Sicherheit für Kapital, Zinsen und Kosten bewilligt werden.

§. 429.

Als genügende Sicherheit (§. 428.) ist anzusehen:

1. die Sicherheit, welche durch Faustpfand bestellt wird, sofern der Betrag der Forderung drei Viertheile des gerichtlich abgeschätzten Werths des Pfandes nicht übersteigt;
2. die Sicherheit, welche auf städtische Grundstücke innerhalb der ersten Hälfte ihres Werths, oder auf ländliche Grundstücke innerhalb der ersten zwei Drittheile ihres Werths durch Hypothekbestellung oder Verpfändung von Hypothekenforderungen angewiesen wird. Der Werth ist durch Hypothekendokumente, durch Kauf-, Pacht- oder Miethsverträge, durch Atteste der landschaftlichen, Kreis- oder Ortsbehörden, oder in einer anderen glaubhaften Weise zu bescheinigen. Ob diese Bescheinigungen für genügend zu erachten sind, oder ob eine förmliche Taxe zu erfordern ist, hat der Richter zu ermessen.

Aktivforderungen, welche nicht hypothekarisch versichert sind, ingleichen Vermögensstücke, welche sich im Auslande befinden, ist der Gläubiger zur Sicherheit sich anweisen zu lassen nicht schuldig.

§. 430.

So lange dem Gläubiger die erforderliche Sicherheit (§§. 428. 429.) nicht bestellt ist, kann die Exekution gegen den Schuldner vollstreckt werden.

§. 431.

Der Schuldner wird der bewilligten Zahlungsstundung verlustig, wenn gegen ihn auf den Antrag anderer Gläubiger die Exekution vollstreckt wird.

§. 432.

Die Bewilligung einer Zahlungsstundung ist in jedem Falle unzulässig:

1. gegen Wechselforderungen;
2. gegen Forderungen von Alimenten;
3. gegen Forderungen aus unerlaubten Handlungen des Schuldners;
4. gegen Forderungen, über welche ein vollstreckbarer Vergleich geschlossen worden ist, sofern der Gläubiger bereits in diesem Vergleich dem Schuldner eine Zahlungsfrist bewilligt hat;
5. gegen alle Forderungen an einen Handelsmann, Schiffsrheder oder Fabrikbesitzer, wenn die Forderungen aus dem Geschäftsbetriebe desselben entspringen.

§. 433.

Generalmoratorien können nicht bewilligt werden.

Zweiter Abschnitt.

Von der Rechtswohlthat der Kompetenz.

§. 434.

Fortlaufende Einkünfte, welche ein Schuldner nicht durch lästigen Vertrag erworben hat, sondern aus Stiftungen oder sonst durch die Fürsorge und Freigebigkeit eines Dritten bezieht, unterliegen der Beschlagnahme behufs der Befriedigung der Gläubiger nur mit der Maaßgabe, daß dem Schuldner davon der nothdürftige Unterhalt für sich, seine Ehefrau und seine noch unversorgten Kinder (Kompetenz) belassen werden muß, wenn er nicht im Stande ist, diesen Unterhalt auf eine seinen Verhältnissen angemessene Art selbst zu erwerben.

§. 435.

Die nachbezeichneten Gläubiger sind verpflichtet, ihrem Schuldner, ohne Unterschied des Gegenstandes der Exekutionsvollstreckung, eine Kompetenz zu bewilligen:

1. Verwandte des Schuldners in aufsteigender und absteigender Linie;
2. vollbürtige und halbbürtige Geschwister des Schuldners;
3. der Ehegatte des Schuldners während der Ehe.

Diese Verpflichtung fällt jedoch weg, wenn es im Falle der Bewilligung der Kompetenz dem Gläubiger selbst an dem nöthigen Unterhalte fehlen würde, oder wenn der Schuldner im Stande ist, seinen Unterhalt auf eine seinen Verhältnissen angemessene Art selbst zu erwerben.

§. 436.

Ueber die Bewilligung der Kompetenz und den Betrag derselben entscheidet das Gericht auf den Antrag des Schuldners nach billigem Ermessen.

Die Entscheidung erfolgt im schleunigen Prozesse.

Es finden nur die Rechtsmittel der Appellation und der Nichtigkeitsbeschwerde statt. Die Rechtsmittel haben keine aufschiebende Wirkung.

§. 437.

Die Gläubiger können auf gänzliche oder theilweise Entziehung der Kompetenz antragen, wenn der Schuldner zu besseren Vermögensumständen gelangt.

Das Verfahren hierüber richtet sich nach den für die Bewilligung der Kompetenz ertheilten Vorschriften (§. 436.).

§. 438.

In Ansehung der Kompetenz, welche dem Besitzer eines Lehns aus den Einkünften desselben gebührt, kommen die darüber bestehenden besonderen Bestimmungen zur Anwendung.

§. 439.

Durch die Bestimmungen des gegenwärtigen Abschnitts wird in den besonderen Vorschriften über die Zulässigkeit und den Umfang der Beschlagnahme von Besoldungen, Dienstemolumenten, Wartegeldern und Pensionen nichts geändert.

Schlußbestimmung.

§. 440.

Das gegenwärtige Gesetz erlangt für die verschiedenen Landestheile mit dem Zeitpunkte Gesetzeskraft, für welchen dasselbe durch besondere Gesetze eingeführt wird.

Tarif

zur

Bestimmung der Belohnung und Entschädigung des Verwalters der Konkursmasse, sowie der Entschädigung der Mitglieder des Verwaltungsraths.

§. 1.

Dem einstweiligen Verwalter der Masse sind für seine gesammte Geschäftsführung, einschließlich der Prozeßführung und Ausmittelung der Passivmasse, als Belohnung zuzubilligen:

1. von dem Betrage der Konkursmasse bis 1000 Rthlr. einschließlich 2 bis 6 Prozent;
2. von dem Betrage der Masse über 1000 Rthlr. bis 5000 Rthlr. einschließlich 1 bis 3 Prozent;
3. von dem Betrage der Masse, welcher 5000 Rthlr. übersteigt, $\frac{1}{2}$ Prozent.

§. 2.

Der definitive Verwalter erhält die Belohnung für seine gesammte Geschäftsführung ebenfalls nach den vorstehend bestimmten Sätzen.

§. 3.

Bei der Ausmittelung des Betrages der Masse werden diejenigen Gegenstände, welche bereits veräußert oder eingezogen sind, nach dem Betrage des Erlöses, die noch unveräußerten Gegenstände nach dem Betrage des Taxwerthes berechnet. Von den vorhandenen Aktivforderungen kommen Kreditpapiere, Fonds und Effekten zu dem Tageskurse, andere Außenstände zu dem Nominalwerthe in Ansatz; uneinziehbare Forderungen werden außer Berechnung gelassen.

§. 4.

Die zur Konkursmasse gehörigen Immobilien bleiben bei der Bestimmung der Belohnung des Verwalters außer Betracht.

Führt derselbe die Verwaltung solcher Immobilien, so erhält er dafür die taxmäßigen Gebühren der Sequester und Administratoren.

§. 5.

Bei der Festsetzung der Belohnung des Verwalters hat das Gericht nach billigem Ermessen zu verfahren und hauptsächlich auf den Umfang der Geschäftsführung, die Schwierigkeiten derselben, die bewiesene Thätigkeit und Umsicht, sowie auf den Betrag der der Masse verursachten anderweiten Kosten Rücksicht zu nehmen.

Das Gericht ist auch ermächtigt, den nach den Prozentsätzen (§. 1.) bemessenen Betrag der Belohnung im Falle außerordentlicher Mühwaltungen des Verwalters zu erhöhen, oder in geeigneten Fällen zu ermäßigen.

§. 6.

Scheidet der Verwalter vor der Beendigung seiner Amtsverrichtungen aus, so hat er nur einen seinen Leistungen entsprechenden Theil der Belohnung zu fordern.

Dasselbe gilt von dem eintretenden Ersatzmann.

§. 7.

Auf die dem Verwalter gebührende Belohnung können Abschlagszahlungen bei den stattfindenden Masseveriheilungen oder zu einer anderen geeigneten Zeit auf Verfügung des Gerichts geleistet werden.

§. 8.

Hat der Verwalter bei der Prozeßführung und Ausmittelung der Masse eines Rechtsbeistandes sich bedient oder einen Bevollmächtigten bestellt, so werden ihm nur die dadurch erwachsenen Auslagen besonders vergütet.

Die übrigen nothwendigen baaren Auslagen des Verwalters werden ebenfalls aus der Masse besonders erstattet.

§. 9.

Wenn der Verwalter oder die Mitglieder des Verwaltungsraths zum Zweck ihrer Amtsverrichtungen Reisen zu unternehmen haben, so können sie dafür die den Sachverständigen im Prozesse gebührende Entschädigung fordern.

Urkundlich unter Unserer Höchsteigenhändigen Unterschrift und beigedrucktem Königlichen Insiegel.

Gegeben Charlottenburg, den 8. Mai 1855.

(L. S.) **Friedrich Wilhelm.**

v. Manteuffel. v. d. Heydt. Simons. v. Raumer.
v. Westphalen. v. Bodelschwingh. Gr. v. Waldersee.

Für den Minister für die landwirthschaftlichen Angelegenheiten:
v. Manteuffel.

III. Gesetz

vom 9. Mai 1855.

betreffend die Befugniß der Gläubiger zur Anfechtung der Rechtshandlungen zahlungsunfähiger Schuldner außerhalb des Konkurses, für die Landestheile, in welchen das Allgemeine Landrecht und die Allgemeine Gerichts-Ordnung Gesetzeskraft haben.

(Gesetz-Sammlung von 1855. S. 429—434.)

Wir **Friedrich Wilhelm**, von Gottes Gnaden, König von Preußen ꝛc. ꝛc.

verordnen für diejenigen Landestheile, in welchen das Allgemeine Landrecht und die Allgemeine Gerichtsordnung Gesetzeskraft haben, unter Zustimmung der Kammern, was folgt:

§. 1.

Außer dem Falle des Konkurses steht jedem Gläubiger, dessen Forderung vollstreckbar ist, die Befugniß zu, Rechtshandlungen seines Schuldners im Wege der Klage oder Einwendung nach Maaßgabe der folgenden näheren Bestimmungen als ungültig anzufechten.

§. 2.

Die Anfechtung ist nur zulässig, wenn eine Vermögensunzulänglichkeit des Schuldners anzunehmen ist.

§. 3.

Eine Vermögensunzulänglichkeit des Schuldners (§. 2.) ist anzunehmen:

1. wenn bei der von dem Gläubiger veranlaßten Auspfändung keine Exekutionsgegenstände, oder nur solche Gegenstände vorgefunden worden sind, deren Unzulänglichkeit sich klar ergiebt, oder welche von dritten Personen in Anspruch genommen werden; sofern der Schuldner auf Befragen anderweite Gegenstände nicht sofort nachweist;

2. wenn der Schuldner sich auf flüchtigen Fuß gesetzt hat oder sich verborgen hält, und deshalb die Vollstreckung der Exekution nicht stattfinden kann;
3. wenn innerhalb des letzten Jahres vor dem Tage, an welchem die auf die Anfechtung gerichtete Klage oder Einwendung angebracht worden ist, eine Exekution gegen die Person oder in das Vermögen des Schuldners fruchtlos gewesen ist.

Ein anderweiter Nachweis der Vermögensunzulänglichkeit ist durch vorstehende Bestimmungen nicht ausgeschlossen.

§. 4.

Werden bei der durch den Gläubiger veranlaßten Exekution Gegenstände der Exekutionsvollstreckung vorgefunden oder von dem Schuldner nachgewiesen, so treten, bevor eine Vermögensunzulänglichkeit angenommen werden kann, folgende Bestimmungen ein:

1. wenn liquide, sichere, zur Deckung der Schuld hinreichende und innerhalb dreier Monate fällige Aktivforderungen in Beschlag genommen sind, so muß der Gläubiger den Zahlungstermin abwarten;
2. wenn andere bewegliche Sachen, deren Unzulänglichkeit sich nicht klar ergiebt, abgepfändet sind, so muß der Gläubiger den öffentlichen Verkauf derselben bewirken lassen;
3. wenn der Schuldner Grundstücke besitzt, so muß der Gläubiger entweder deren Revenüen in Beschlag nehmen, sofern nicht klar erhellt, daß seine Befriedigung aus den Revenüen innerhalb Jahresfrist nicht zu erlangen sei; oder er muß den gerichtlichen Verkauf der Grundstücke und die Vertheilung der Kaufgelder abwarten, insofern nicht der Ausfall der Forderung klar zu übersehen ist;
4. wenn für die Forderung eine Sache als Pfand oder Hypothek bestellt ist, welche sich nicht mehr im Eigenthum des Schuldners befindet, so muß der Gläubiger den gerichtlichen Verkauf derselben und die Vertheilung der Kaufgelder abwarten, insofern nicht der Ausfall der Forderung klar zu übersehen ist.

§. 5.

Die nachstehend bezeichneten Rechtshandlungen unterliegen der Anfechtung, insofern sie innerhalb zweier Jahre, vom Tage der Anbringung der auf die Anfechtung gerichteten Klage oder Einwendung zurückgerechnet, vorgenommen worden sind:

1. Verträge, durch welche der Schuldner Gegenstände seines Vermögens auf Leibrenten gegeben hat;
2. freigebige Verfügungen des Schuldners, insbesondere Schenkungen, Erbes- oder Vermächtnißentsagungen, ingleichen

solche Verfügungen, welche zwar unter lästigem Titel vorgenommen, aber wegen des zwischen der Leistung des Schuldners und der Gegenleistung obwaltenden erheblichen Mißverhältnisses als freigebige Verfügungen des Schuldners zu erachten sind;

3. Veräußerungen unter einem lästigen Titel, welche der Schuldner
   a. an seinen Ehegatten, vor oder nach geschlossener Ehe, oder
   b. an einen seiner eigenen nahen Verwandten, oder
   c. an einen nahen Verwandten seines Ehegatten, oder
   d. an den Ehegatten einer der unter b. und c. erwähnten Personen

   vorgenommen hat; sofern der andere Theil nicht Umstände nachweist, aus welchen zu entnehmen ist, daß er zur Zeit der Veräußerung um eine Absicht des Schuldners, seine Gläubiger durch die Veräußerung zu benachtheiligen, nicht gewußt hat.

   Unter nahen Verwandten werden verstanden: die Verwandten in auffsteigender und absteigender Linie, sowie die vollbürtigen und halbbürtigen Geschwister.

§. 6.

Kann der Gläubiger schon vor der Vollstreckbarkeit seiner Forderung, sei es bei Anstellung der Klage oder im Laufe des Prozesses gegen den Schuldner, die Vermögensunzulänglichkeit desselben bescheinigen und eine der vorstehend (§. 5.) aufgeführten Rechtshandlungen bezeichnen, welche er künftig anzufechten gedenkt, so hat auf seinen Antrag das Gericht diese Absicht sofort demjenigen bekannt zu machen, gegen welchen die Anfechtung künftig gerichtet werden soll.

Der Gläubiger erlangt durch eine solche Bekanntmachung das Recht, den zweijährigen Zeitraum, auf welchen die Anfechtung beschränkt ist, schon von dem Tage der Zustellung der Bekanntmachung zurückzurechnen.

§. 7.

Ohne Beschränkung auf einen bestimmten Zeitraum unterliegen der Anfechtung:

1. alle Rechtshandlungen, welche der Schuldner in der, dem anderen Theile bekannten Absicht vorgenommen hat, sie nur zum Schein vorzunehmen, oder die Gläubiger auf andere Weise zu bevortheilen;
2. die gegen den Schuldner ergangenen Entscheidungen und Mandate, sowie die auf Grund solcher Titel vorgenommenen Rechtshandlungen, wenn dabei Umstände zum Grunde liegen, bei welchen eine gleiche Absicht (Num. 1.) erhellt;

3. die freigebigen Verfügungen (§. 5. Num. 2.), welche der Schuldner zum Vortheil seines Ehegatten nach geschlossener Ehe vorgenommen hat;
4. die Rechtshandlungen, durch welche der Schuldner seiner Ehefrau oder deren Rechtsnachfolgern, behufs Sicherstellung oder Abfindung wegen des in seine Verwaltung gekommenen Vermögens, in stehender Ehe ein Pfandrecht oder ein Hypothekenrecht bestellt, oder auf irgend eine Weise Befriedigung gewährt hat, ohne daß ein Fall der gesetzlichen Verpflichtung zur Sicherstellung der Ehefrau oder zur Herausgabe des Vermögens derselben vorlag;
5. Quittungen, Anerkenntnisse oder Zugeständnisse, welche der Schuldner seinem Ehegatten gegenüber, vor oder nach geschlossener Ehe, ausdrücklich oder stillschweigend, insbesondere im Kontumazialverfahren, abgegeben hat; sofern nicht die Richtigkeit der Quittung, des Anerkenntnisses oder Zugeständnisses, oder der im Kontumazialverfahren festgestellten Umstände anderweit nachgewiesen wird.

§. 8.

Die Anfechtung einer Rechtshandlung wird dadurch nicht ausgeschlossen, daß derselben ein vollstreckbarer Vergleich oder ein anderer vollstreckbarer Titel (§. 7. Num. 2.) hinzugetreten ist. Vielmehr ist jeder einer anfechtbaren und für ungültig erklärten Rechtshandlung hinzugetretene vollstreckbare Titel, dem Gläubiger gegenüber, unwirksam, ohne daß es der besonderen Anfechtung desselben bedarf.

§. 9.

Die Anfechtung ist unstatthaft, wenn die Rechtshandlung schon vor der Entstehung der Forderung des Gläubigers vorgenommen worden ist und es sich nicht um ein Scheingeschäft handelt.

§. 10.

Der Gläubiger verliert sein Anfechtungsrecht, wenn er von demselben nicht innerhalb des Zeitraums Gebrauch macht, in welchem ihm die Exekution gegen den Schuldner überhaupt zusteht.

Wenn der Gläubiger dem Schuldner Zahlungsfrist bewilligt und dies die Wirkung hat, daß die Frist verlängert wird, innerhalb welcher die Exekution zulässig ist, so wird dadurch nicht zugleich der Zeitraum verlängert, innerhalb dessen der Gläubiger von seinem Anfechtungsrechte Gebrauch machen kann.

§. 11.

Die Bestimmungen wegen Anfechtung von Rechtshandlungen, welche vorstehend in Ansehung des Schuldners ertheilt sind, gelten auch von dem Erben hinsichtlich der Rechtshandlungen, welche derselbe seit dem Ableben des Schuldners über den Nachlaß in Betreff dieses letzteren vorgenommen hat.

§. 12.

Der Gläubiger ist befugt, zu verlangen, daß dasjenige zurückgewährt wird, was durch die ungültige Rechtshandlung von dem Schuldner aus seinem Vermögen oder von dem Erben aus dem Nachlasse (§. 11.) weggegeben oder veräußert worden ist.

Ebenso kann, wenn die erfolgte Befriedigung eines anderen Gläubigers des Schuldners der Anfechtung unterliegt, der anfechtende Gläubiger verlangen, daß der befriedigte Gläubiger das Empfangene zurückgewährt.

Bildet eine freigebige Verfügung des Schuldners (§. 5. Num. 2.) den Gegenstand der Anfechtung, so kann das Rückforderungsrecht, wenn nicht der Fall des §. 7. Num. 1. vorliegt, nur insoweit ausgeübt werden, als der Erwerber zur Zeit der Anfechtung noch im Besitz der durch die freigebige Verfügung erlangten Sache sich befindet oder durch den aus derselben gelösten Werth noch wirklich reicher ist.

Dasjenige, was in Folge der Anfechtung zurückgewährt wird, ist zur Befriedigung des anfechtenden Gläubigers zu verwenden.

§. 13.

Gegen Rückgewähr des Empfangenen (§. 12.) muß dem Erwerber seine etwanige Gegenleistung vollständig erstattet werden. Wenn jedoch dem Erwerber bekannt war, daß der Schuldner die Rechtshandlung nur zum Schein oder in der Absicht vorgenommen hat, die Gläubiger zu bevortheilen, so kann er sich wegen Erstattung der Gegenleistung nur an den Schuldner halten.

Muß der Empfänger einer anfechtbaren Zahlung das Empfangene zurückgeben, so tritt seine Forderung an den Schuldner wieder in Kraft.

§. 14.

Erfolgt die Anfechtung im Wege der Klage, so hat der Gläubiger sogleich in der Klage seinen Antrag darauf zu richten, was der Verklagte zu thun oder zu dulden für schuldig erkannt werden soll.

§. 15.

Inwieweit der zur Rückgewähr Verpflichtete sich wegen Forderungen, welche ihm gegen den Schuldner zustehen, ebenfalls an das halten kann, was er zurückgewähren muß, ist nach den allgemeinen Vorschriften über das Prioritätsverfahren in der Exekutionsinstanz (Titel V. Abschnitt 1. der Konkurs-Ordnung) zu entscheiden.

§. 16.

Gegen einen dritten Besitzer der aus dem Vermögen des Schuldners weggegebenen oder veräußerten Gegenstände, oder der von dem Schuldner bestellten Pfandrechte oder Hypothekenrechte findet das in Beziehung auf den Vorbesitzer zulässige Anfechtungs- und Rückforderungsrecht statt:

1. wenn der dritte Besitzer zur Zeit seiner Erwerbung davon Kenntniß gehabt hat, daß die Rechtshandlung des Schuldners nur zum Schein oder in der Absicht vorgenommen ist, die Gläubiger zu bevortheilen;
2. wenn der dritte Besitzer der Ehegatte des Schuldners oder ein naher Verwandter oder Verschwägerter (§. 5. Num. 3.) ist, insofern derselbe nicht Thatsachen nachweist, aus welchen zu entnehmen ist, daß er zur Zeit seiner Erwerbung von den Umständen, welche das Recht zur Anfechtung und Rückforderung gegen den Vorbesitzer begründen, keine Kenntniß gehabt hat;
3. wenn der dritte Besitzer die Sache durch eine freigebige Verfügung erworben hat; jedoch unterliegt in diesem Falle das Rückforderungsrecht denselben Beschränkungen, welche für den Fall der Anfechtung einer freigebigen Verfügung des Schuldners zu Gunsten des ersten Erwerbers festgesetzt sind (§. 12.).

Gegen Erben findet das in Beziehung auf den Erblasser derselben begründete Anfechtungs- und Rückforderungsrecht ohne die vorstehenden Beschränkungen statt.

§. 17.

Bei der Entscheidung über die Zulässigkeit einer Anfechtung bleiben die positiven Regeln über die Wirkungen der Beweise außer Anwendung. Der erkennende Richter hat, unter Erwägung aller vorliegenden Umstände und unter genauer Prüfung aller beigebrachten Beweise, nach seiner freien, aus dem Inbegriff der stattgehabten Verhandlungen geschöpften Ueberzeugung zu entscheiden, ob ein angetretener Beweis als geführt anzusehen sei oder nicht, oder ob es noch der Auferlegung eines nothwendigen Eides bedürfe. Insbesondere bleibt auch dem Ermessen des Richters vorbehalten, ob und welches Gewicht dabei auf die im §. 7. unter Num. 5. erwähnten Quittungen, Anerkenntnisse und Zugeständnisse gelegt werden kann. Der Richter muß die Gründe, auf welchen seine Ueberzeugung beruht, in dem Urtheil vollständig anführen.

Jedoch behält es in Ansehung der Befugniß der Parteien zur Eideszuschiebung, sowie in Ansehung der Wirkungen der geschehenen oder verweigerten Ableistung zugeschobener Eide bei den bestehenden gesetzlichen Vorschriften sein Bewenden.

§. 18.

Wird über das Vermögen des Schuldners der Konkurs eröffnet, so gehen die Rechte, welche der Gläubiger aus dem gegenwärtigen Gesetze bereits erworben hat, auf die Gläubigerschaft über.

§. 19.

Das gegenwärtige Gesetz tritt mit dem 1. Oktober 1855. in Kraft.

Mit diesem Zeitpunkt sind alle entgegenstehenden Bestimmungen aufgehoben, namentlich das Gesetz vom 26. April 1835. über Verträge zahlungsunfähiger Schuldner zum Nachtheil ihrer Gläubiger (Gesetz-Sammlung S. 53.).

Urkundlich unter Unserer Höchsteigenhändigen Unterschrift und beigedrucktem Königlichen Insiegel.

Gegeben Charlottenburg, den 9. Mai 1855.

(L. S.) **Friedrich Wilhelm.**

v. Manteuffel. v. d. Heydt. Simons. v. Raumer.
v. Westphalen. v. Bodelschwingh. Gr. v. Waldersee.

Für den Minister für die landwirthschaftlichen Angelegenheiten:
v. Manteuffel.

IV. Bestimmungen

über die

Kosten im Konkurse und erbschaftlichen Liquidations-Verfahren.

1. Verordnung vom 4. Juni 1855 *).

(Gesetz-Sammlung S. 434—436.)

Wir **Friedrich Wilhelm**, von Gottes Gnaden, König von Preußen ꝛc. ꝛc.

verordnen im Verfolg des Artikels XVIII. des Gesetzes über die Einführung der Konkurs-Ordnung in den Landestheilen, in welchen das Allgemeine Landrecht und die Allgemeine Gerichts-Ordnung Gesetzeskraft haben, vom 8. Mai d. J., auf den Antrag Unseres Staats-Ministeriums, was folgt:

Artikel I.

Im Konkurse und im erbschaftlichen Liquidationsverfahren werden in den Fällen, in welchen die Konkurs-Ordnung vom 8. Mai 1855 zur Anwendung kommt, die Gerichtskosten nach folgenden Sätzen erhoben:

A. im Konkurse:

1. für die Zurückweisung des Antrages auf Eröffnung des Konkurses nach Artikel 5. A. des Gesetzes vom 9. Mai 1854. (Gesetz-Sammlung S. 273.);
2. für die den Betheiligten auf ihr Verlangen zuzustellenden Abschriften des Beschlusses über die Konkurseröffnung und über den Tag des Eintritts der Zahlungseinstellung nach §. 63. des Gerichtskosten-Tarifs vom 10. Mai 1851. (Gesetz-Sammlung S. 632.);
3. für das Prozeßverfahren wegen Wiederaufhebung des Konkurses oder anderweiter Bestimmung des Tages der

*) Diese Verordnung ist aufgehoben und das nachfolgend abgedruckte Gesetz vom 15. März 1858. an deren Stelle getreten.

Zahlungseinstellung nach §. 9. des Tarifs vom 10. Mai 1851.; in den höheren Instanzen, wie im gewöhnlichen Prozeß;

Anmerkung. Der Streitgegenstand ist in diesen Fällen als unschätzbar anzunehmen.

4. für die Konstituirung der Aktivmasse, einschließlich der Depositalverwaltung und der Eintragung des Vermerkes über die Konkurseröffnung, sowie dessen Löschung im Hypothekenbuche und einschließlich der Distribution, jedoch ausschließlich der besonderen Kosten der Auktion und Sequestration nach dem Betrage der Aktivmasse:
   a. von dem Betrage bis zu 1000 Thlr. von je 10 Thlr.: 15 Sgr.,
   b. von dem Mehrbetrage bis 2000 Thlr. von je 100 Thlr.: 2½ Thlr.,
   c. von dem Mehrbetrage bis 20000 Thlr. von je 100 Thlr.: 1 Thlr.,
   d. von dem Mehrbetrage von je 100 Thlr.: 15 Sgr.;

5. für die Berufung der Konkursgläubiger und Prüfung der Ansprüche derselben die Hälfte der vorstehenden Sätze, ebenfalls nach dem Betrage der Aktivmasse;

6. wenn der Konkurs durch Akkord oder Vergleich aufgehoben wird, die Hälfte des Satzes Num. 4. und der volle Satz Num 5.;

   Anmerkung. Bei der Ausmittelung des Betrages der Masse werden diejenigen Gegenstände, welche bereits veräußert oder eingezogen sind, nach dem Betrage des Erlöses, die noch unveräußerten Gegenstände nach dem Betrage des Taxwerthes berechnet. Von den vorhandenen Aktivforderungen kommen Kreditpapiere, Fonds und Effekten zu dem Tageskurse am Tage der Festsetzung der Kosten, andere Außenstände zu dem Nominalwerthe in Ansatz; uneinziehbare Forderungen werden außer Berechnung gelassen. Die zur Konkursmasse gehörigen Immobilien sind nur insoweit in Betracht zu ziehen, als die Kaufgelder, nach Befriedigung der Realgläubiger, zur Masse fließen.

7. für die nach Ablauf der bestimmten Fristen erfolgte Anmeldung einer Forderung nach Artikel 5. A. des Gesetzes vom 9. Mai 1854, und ebenso für die Prüfung derselben, für Rechnung des Gläubigers;

8. für das Verfahren in den höheren Instanzen, wenn gegen das Erkenntniß über die Bestätigung des Akkor-

des Rechtsmittel eingelegt sind, wie im gewöhnlichen Prozeß;

Anmerkung. Der Streitgegenstand ist in diesen Fällen als unschätzbar anzunehmen. Wird das Erkenntniß zweiter Instanz vernichtet, so kommt in Ansehung des Kostenpunktes der §. 17. der Verordnung vom 14. Dezember 1833. (Gesetz-Sammlung Seite 302) und der Artikel 2. des Gesetzes vom 9. Mai 1854 zur Anwendung.

9. für die Feststellung der streitigen Forderungen der Konkursgläubiger, wie im gewöhnlichen Prozeß;

Anmerkung. Wird nur über das Vorrecht bei dem Konkursgericht gestritten und entschieden, so ist der Streitgegenstand, sofern die Forderung den Betrag von 60 Thlr. übersteigt, als unschätzbar anzunehmen.

10. für das Verfahren auf Wiedereinsetzung des Gemeinschuldners in den vorigen Stand, nach §. 9. des Tarifs vom 10. Mai 1851;

B. im erbschaftlichen Liquidationsverfahren:

für das ganze Verfahren der sub A. Num. 4. bestimmte Satz.

Anmerkung. Wenn vor Beendigung des erbschaftlichen Liquidationsverfahrens der Konkurs über den Nachlaß eröffnet wird, so kommen nur die unter A. bestimmten Sätze und daneben nicht noch die unter B. angeordneten Sätze in Ansatz.

Artikel II.

Außer den im Artikel I. bestimmten Sätzen sind die Nebenkosten nach den §§. 61. ff. des Tarifs vom 10. Mai 1851. und den Artikeln 20. und 21. des Gesetzes vom 9. Mai 1854. zu erheben. Auch ist der in der Vorbemerkung III. zum Tarif vom 10. Mai 1851. angeordnete Zuschlag von sechs Silbergroschen zu jedem vollen Thaler des zu erhebenden Kostenbetrages in Ansatz zu bringen.

Artikel III.

Der §. 12. des Gerichtskosten-Tarifs vom 10. Mai 1851. und der Artikel 13. des Gesetzes vom 9. Mai 1854. werden, insoweit die vorstehenden Bestimmungen zur Anwendung kommen, außer Kraft gesetzt.

Dagegen bewendet es in Ansehung des Kostenansatzes im Prioritätsverfahren in der Exekutionsinstanz (Titel V. der Konkurs-Ordnung), sowie im Verfahren über die gerichtliche Zahlungsstundung (Spezial-Moratorium) bei den bestehenden Vorschriften.

Für das Verfahren über die Bewilligung der Kompetenz sind die Kosten nach §. 9. des Tarifs vom 10. Mai 1851. anzusetzen.

Urkundlich unter Unserer Höchsteigenhändigen Unterschrift und beigedrucktem Königlichen Insiegel.

Gegeben Sanssouci, den 4. Juni 1855.

(L. S.) **Friedrich Wilhelm.**

v. Manteuffel. v. d. Heydt. Simons. v. Raumer. v. Westphalen. v. Bodelschwingh. Gr. v. Waldersee.

Für den Minister für die landwirthschaftlichen Angelegenheiten:
v. Manteuffel.

---

2. Gesetz vom 15. März 1858,

betreffend die im Konkurse und erbschaftlichen Liquidationsverfahren zu erhebenden Gerichtskosten.

Gesetz-Sammlung S. 69—72.

Wir **Friedrich Wilhelm**, von Gottes Gnaden, König von Preußen rc. rc.

verordnen, mit Zustimmung der beiden Häuser des Landtags Unserer Monarchie, was folgt:

Artikel I.

Im Konkurse und im erbschaftlichen Liquidationsverfahren werden in den Fällen, in welchen die Konkurs-Ordnung vom 8. Mai 1855 zur Anwendung kommt, die Gerichtskosten nach folgenden Sätzen erhoben:

A. im Konkurse:

1. für die Zurückweisung des Antrages auf Eröffnung des Konkurses nach Artikel 5. A. des Gesetzes vom 9. Mai 1854. (Gesetz-Sammlung S. 273.);

2. für die den Betheiligten auf ihr Verlangen zuzustellenden Abschriften des Beschlusses über die Konkurseröffnung und über den Tag des Eintritts der Zahlungseinstellung nach §. 63. des Gerichtskosten-Tarifs vom 10. Mai 1851. (Gesetz-Sammlung S. 632.);

3. für das Prozeßverfahren wegen Wiederaufhebung des Konkurses oder anderweiter Bestimmung des Tages der Zahlungseinstellung nach §. 9. des Tarifs vom 10. Mai 1851, in den höheren Instanzen, wie im gewöhnlichen Prozeß;

   Anmerkung. Der Streitgegenstand ist in diesen Fällen als unschätzbar anzunehmen.

4. für die Konstituirung der Aktivmasse, einschließlich der Depositalverwaltung und der Eintragung des Vermerkes über die Konkurseröffnung, sowie dessen Löschung im Hypothekenbuche und einschließlich der Distribution, jedoch ausschließlich der besonderen Kosten der Auktion und Sequestration, nach dem Betrage der Aktivmasse:
   a. von dem Betrage bis zu 1000 Thlr. von je 10 Thlr.: 15 Sgr.,
   b. von dem Mehrbetrage bis 2000 Thlr. von je 100 Thlr.: $2\frac{1}{2}$ Thlr.,
   c. von dem Mehrbetrage bis 20000 Thlr. von je 100 Thlr.: 1 Thlr.,
   d. von dem Mehrbetrage von je 100 Thlr.: 15 Sgr.;

5. für die Berufung der Konkursgläubiger und Prüfung der Ansprüche derselben die Hälfte der vorstehenden Sätze, ebenfalls nach dem Betrage der Aktivmasse;

6. wenn der Konkurs durch Akkord oder Vergleich aufgehoben wird, die Hälfte des Satzes Num. 4. und der volle Satz Num. 5.;

   Anmerkung. Bei der Ausmittelung des Betrages der Masse werden diejenigen Gegenstände, welche bereits veräußert oder eingezogen sind, nach dem Betrage des Erlöses, die noch unveräußerten Gegenstände nach dem Betrage des Taxwerthes berechnet. Von den vorhandenen Aktivforderungen kommen Kreditpapiere, Fonds und Effekten zu dem Tageskurse am Tage der Festsetzung der Kosten, andere Außenstände zu dem Nominalwerthe in Ansatz; uneinziehbare Forderungen werden außer Berechnung gelassen. Die zur Konkursmasse gehörigen Immobilien sind nur insoweit in Betracht zu ziehen, als die Kaufgelder, nach Befriedigung der Realgläubiger, zur Masse fließen.

7. für die nach Ablauf der bestimmten Fristen erfolgte Anmeldung einer Forderung nach Artikel 5. A. des Gesetzes vom 9. Mai 1854, und ebenso für die Prüfung derselben, für Rechnung des Gläubigers;

8. für das Verfahren in den höheren Instanzen, wenn gegen das Erkenntniß über die Bestätigung des Akkordes Rechtsmittel eingelegt sind, wie im gewöhnlichen Prozeß;

   Anmerkung. Der Streitgegenstand ist in diesen Fällen als unschätzbar anzunehmen. Wird das Erkenntniß zweiter Instanz vernichtet, so kommt in Ansehung des Kostenpunktes der §. 17. der Verordnung vom 14. Dezember 1833. (Gesetz-Sammlung Seite 302) und der Artikel 2. des Gesetzes vom 9. Mai 1854 zur Anwendung.

9. für die Feststellung der streitigen Forderungen der Konkursgläubiger, wie im gewöhnlichen Prozeß;

   Anmerkung. Wird nur über das Vorrecht bei dem Konkursgericht gestritten und entschieden, so ist der Streitgegenstand, sofern die Forderung den Betrag von 60 Thlr. übersteigt, als unschätzbar anzunehmen.

10. für das Verfahren auf Wiedereinsetzung des Gemeinschuldners in den vorigen Stand, nach §. 9. des Tarifs vom 10. Mai 1851.

B. im erbschaftlichen Liquidationsverfahren:

1. für die Zurückweisung des Antrages auf Eröffnung des erbschaftlichen Liquidationsverfahrens nach Artikel 5. A. des Gesetzes vom 9. Mai 1854. (Gesetz-Sammlung Seite 273.);

2. für das ganze Verfahren, jedoch mit Ausschluß der gerichtlichen Inventur, nach §. 9. des Tarifs vom 10. Mai 1851, wie für Aufgebots- und Amortisations-Sachen. Für die gerichtliche Inventur werden die Kosten nach dem Tarif vom 10. Mai 1851. angesetzt;

3. wenn vor Beendigung des erbschaftlichen Liquidations-

verfahrens der Konkurs über den Nachlaß eröffnet wird, so kommen nur die unter A. bestimmten Sätze in Ansatz;

4. wird der Konkurs über den Nachlaß erst nach Beendigung des erbschaftlichen Liquidationsverfahrens eröffnet, so kommen neben den unter B. angeordneten Sätzen die unter A. bestimmten Sätze in Ansatz;

5. für die Restitution gegen das Präklusions-Erkenntniß ist der Satz Artikel 5. A. des Gesetzes vom 9. Mai 1854. um die Hälfte erhöht und ohne Beschränkung auf ein Minimum, für Rechnung des Restitutionssuchers, anzusetzen.

Artikel II.

Außer den im Artikel I. bestimmten Sätzen sind die Nebenkosten nach den §§. 61. ff. des Tarifs vom 10. Mai 1851. und den Artikeln 20. und 21. des Gesetzes vom 9. Mai 1854. zu erheben. Auch ist der in der Vorbemerkung III. zum Tarif vom 10. Mai 1851. angeordnete Zuschlag von sechs Silbergroschen zu jedem vollen Thaler des zu erhebenden Kostenbetrages in Ansatz zu bringen.

Artikel III.

Der §. 12. des Gerichtskosten-Tarifs vom 10. Mai 1851. und der Artikel 13. des Gesetzes vom 9. Mai 1854., insoweit die vorstehenden Bestimmungen zur Anwendung kommen, desgleichen die in Gemäßheit des Artikels XVIII. des Gesetzes über die Einführung der Konkurs-Ordnung vom 8. Mai 1855. erlassene Verordnung vom 4. Juni 1855. werden außer Kraft gesetzt.

Dagegen bewendet es in Ansehung des Kostenansatzes im Prioritätsverfahren in der Exekutions-Instanz (Titel V. der Konkurs-Ordnung), sowie im Verfahren über die gerichtliche Zahlungsstundung (Spezial-Moratorium) bei den bestehenden Vorschriften.

Für das Verfahren über die Bewilligung der Kompetenz sind die Kosten nach §. 9. des Tarifs vom 10. Mai 1851. anzusetzen.

Artikel IV.

Die vorstehenden Bestimmungen kommen bei allen nach dem Eintritt der Gesetzeskraft dieses Gesetzes zur Festsetzung gelangenden Kostenliquidationen zur Anwendung.

Urkundlich unter Unserer Höchsteigenhändigen Unterschrift und beigedrucktem Königlichen Insiegel.

Gegeben Berlin, den 15. März 1858.

Im Allerhöchsten Auftrage Seiner Majestät des Königs:

(L. S.) Prinz von Preußen.

v. Manteuffel. v. d. Heydt. Simons. v. Raumer.
v. Westphalen. v. Bodelschwingh. v. Massow.
Gr. v. Waldersee. v. Manteuffel II.

---

3. Verfügung des Justiz-Ministers

vom 1. April 1858,

betreffend die im Konkurse und erbschaftlichen Liquidations-verfahren zu erhebenden Gerichtskosten.

(Justiz-Minist.-Bl. 1858. S. 106.)

Zur gleichmäßigen Ausführung des Gesetzes vom 15. März d. J., betreffend die im Konkurse und erbschaftlichen Liquidations-Verfahren zu erhebenden Gerichtskosten, findet sich der Justiz-Minister zu folgenden Bemerkungen und Anweisungen veranlaßt.

Zu Artikel I. A. Num. 3. und 8.

1. Die in den Anmerkungen zu Num. 3. und 8. enthaltene Bestimmung, daß der Streitgegenstand als unschätzbar anzunehmen sei, bezieht sich nur auf die unter Num. 3. und 8. genannten Fälle des Prozeßverfahrens, nicht auch auf die unter den vorhergehenden Nummern bezeichneten Fälle.

Zu Artikel I. A. Num. 4. und 5.

2. Die Anordnung, daß die Kosten für die Konstituirung

der Aktivmasse, sowie für die Berufung der Konkursgläubiger und für die Prüfung ihrer Ansprüche nach dem Betrage der Aktivmasse zu erheben sind, setzt voraus, daß die letztere von der Passivmasse überstiegen wird. Ist dies nicht der Fall, so ist bei der Kostenberechnung nur derjenige Theil der Aktivmasse zum Grunde zu legen, welcher von den Gläubigern ihrer Befriedigung wegen in Anspruch genommen wird.

Zu Artikel I. B. Num. 1. und 2.

3. Im erbschaftlichen Liquidations-Verfahren sind die Kosten den im §. 9. des Gerichtskosten-Tarifs vom 10. Mai 1851 für Aufgebotssachen bestimmten Sätzen gleichgestellt.

Demgemäß ist bei Berechnung der Kosten sowohl für die Zurückweisung des Antrages auf Eröffnung des erbschaftlichen Liquidations-Verfahrens, als auch für das ganze Verfahren der Betrag der Nachlaßmasse, wenn dieser 100 Thlr. nicht übersteigt, zum Grunde zu legen, wogegen bei größeren Massen der Kostenansatz wie bei unschätzbaren Gegenständen zu bewirken ist.

Da jedoch das erbschaftliche Liquidations-Verfahren meistentheils zu umfangreicheren Verhandlungen, als das gewöhnliche Aufgebots-Verfahren führt, so ist bei Bestimmung des Objekts, wonach die Kosten zu berechnen sind, hierauf angemessene Rücksicht zu nehmen. Die Kosten sind daher bei einer Nachlaßmasse von mehr als 100 Thlr. bis zu 400 Thlr., wenn nicht der Betrag der angemeldeten Ansprüche ganz unbedeutend ist, ohne Rücksicht auf die Bestimmungen unter Num. 46. der Instruktion vom 1. Juni 1854, in der Regel wie bei einem Gegenstande von 400 Thlr., bei einem bedeutenderen Betrage der Nachlaßmasse und der Schulden aber wie bei einem Gegenstande von 1000 bis 5000 Thlr. anzusetzen.

4. Trägt der Erbe auf die gerichtliche Inventur des Nachlasses an, so sind die Kosten dafür, wie für einen Akt der freiwilligen Gerichtsbarkeit nach den §§. 16. und 24. des Tarifs vom 10. Mai 1851, ohne Zuschlag, jedoch mit Hinzurechnung des gesetzlichen Stempelbetrages, in Ansatz zu bringen. Bei der Berechnung ist der Werth der im Inventarium verzeichneten Vermögensstücke zum Grunde zu legen.

Zu Artikel II.

5. Für die Berechnung und Erhebung der Kosten sind die

Vorbemerkungen I. und II. zum Tarif vom 10. Mai 1851. ebenfalls maaßgebend.

Die Gerichtsbehörden haben hiernach zu verfahren.

Berlin, den 1. April 1858.

Der Justiz-Minister
Simons.

---

4. Verfügung des Justiz-Ministers

vom 20. Mai 1857,

über die Gebühren der Rechtsanwalte in Konkurssachen.

(Justiz-Minist.-Bl. 1857. S. 198—200.)

Von mehreren Seiten ist die Frage aufgeworfen worden:

nach welchen Normen die Gebühren der Rechtsanwalte als Vertreter der Gläubiger in dem nach der Konkurs-Ordnung vom 8. Mai 1855. eingeführten Verfahren zu liquidiren seien?

Den Gerichtsbehörden und Rechtsanwalten wird in dieser Beziehung Folgendes eröffnet:

Bei Beantwortung der vorstehenden Frage ist davon auszugehen, daß das neue Konkursverfahren kein Prozeß ist, indem dasselbe keine richterliche Entscheidung streitiger Ansprüche zum Ziele hat. Jedes bestrittene Liquidat wird nicht im Konkurse, sondern in einer besonderen Klage nach den Vorschriften für den ordentlichen Prozeß gegen den Massen-Verwalter oder die bestreitenden Gläubiger in besonderen Prozessen erörtert und entschieden; überhaupt müssen alle beim Konkurse hervortretenden prozessualischen Streitigkeiten unabhängig von dem Konkursverfahren, und ohne dasselbe zu unterbrechen, außerhalb des letzteren oder neben demselben verhandelt und zur Entscheidung gebracht werden.

Die Vorschrift §. 5. Num. 4. des Gebühren-Tarifs vom 12. Mai 1851, wonach

in Konkursprozessen für die Feststellung der einzelnen Liquidate die daselbst bestimmten Gebühren angesetzt, für die außerdem zu besorgenden Geschäfte der von den Gläubigern bestellten Mandatare aber die in den §§. 12. bis 20. des Tarifs angeordneten Sätze erhoben werden können, hat daher mit der Einführung der neuen Konkurs-Ordnung ihre Bedeutung verloren.

Geht man auf die einzelnen Bestimmungen der Konkurs-Ordnung näher ein, so ergiebt sich:

1. daß in allen Prozessen außerhalb des Konkurses, in welchen Vindikations-Ansprüche, Anträge auf abgesonderte Befriedigung, oder Forderungen der Massegläubiger, der Real- und Pfandgläubiger geltend gemacht werden (§§. 20. ff. 31. ff. 40. ff. der Konkurs-Ordnung), das ordentliche Prozeßverfahren stattfindet,
2. daß dasselbe bei Feststellung der streitigen Forderungen der Konkursgläubiger hinsichtlich der Verität, der Höhe und der Vorzugsrechte (§. 227. a. a. O.), bei Anstellung und Verfolgung der Klage auf Nichtigkeit des Akkords (§. 202.) und von denjenigen besonderen Prozessen gilt, in welchen die Streitpunkte bei Einwendungen gegen den Theilungsplan in Betreff der angelegten Spezialmassen erörtert und entschieden werden.

Daß in allen diesen Fällen die Gebühren der Rechtsanwalte wie in anderen ordentlichen Prozessen anzusetzen sind, kann keinem Zweifel unterliegen.

Außerdem kommen aber noch einige besondere Prozesse vor, bei welchen der Ansatz der Gebühren anderen Normen unterliegt. Dieses sind:

1. die im schleunigen Prozeßverfahren zu verhandelnde Klage des Gemeinschuldners auf Wiederaufhebung des Konkurses, gerichtet gegen den Verwalter der Konkursmasse, gegen die Gläubiger, welche die Konkurseröffnung betrieben haben, und gegen andere Betheiligte, welche dem Prozesse als Intervenienten beigetreten sind,
2. die Klage auf anderweitige Bestimmung des Tages der Zahlungseinstellung (§. 125. a. a. O.),
3. das Akkordverfahren (§§. 181. ff. a. a. O.). Der Akkord ist ein Vergleich, welcher zwischen den Konkursgläubigern und dem Gemeinschuldner zur Zweck der Wiederaufhebung des Konkurses geschlossen wird; seinen Formen nach aber ist das Verfahren ein prozessualisches, indem über die Bestätigung, deren Versagung resp. über den Einspruch, durch Erkenntniß entschieden werden muß.

In allen diesen drei Fällen liegen besondere Prozeßarten vor, auf welche der §. 8. des Gebühren-Tarifs vom 12. Mai 1851. anzuwenden ist, der auf die im §. 9. des Gerichtskosten-Tarifs bezeichneten besonderen Prozeßarten verweist. — Der Streitgegenstand ist in den beiden ersteren Fällen nach Art. I. A. Num. 3.

der Verordnung vom 4. Juni 1855, in Verbindung mit §. 2. des Gesetzes vom 12. Mai 1851, als unschätzbar anzunehmen.

Für die Wahrnehmung der Rechte der Gläubiger bei dem Konkursverfahren selbst können sodann nicht mehr gemäß §. 5. Num. 4. des Gebühren-Tarifs die im §. 4. desselben unter A. bestimmten Sätze liquidirt werden. Die Voraussetzung für die Anwendung dieser Sätze ist, daß nach erfolgter Anmeldung der Liquidate diese zur Instruktion gezogen und im Klassifikations-Erkenntnisse festgestellt werden. Ein solches Verfahren findet nach der Konkurs-Ordnung vom 8. Mai 1855. nicht mehr statt. Dieselbe hat die Prüfungs-Termine eingeführt (§§. 164. bis 180. a. a. O.). Die Vertreter der Konkursgläubiger haben die Anmeldungen der Forderungen unter Angabe oder Beifügung der Beweismittel und des Vorrechts vorher einzureichen (§. 169.). Der Liquidationsbericht ist keine Prozeßschrift (§. 229.), der Prüfungstermin kein Akt des prozessualischen Verfahrens, welcher eine richterliche Festsetzung oder Entscheidung bezweckt. Der richterliche Kommissar hat die angemeldeten Forderungen Post für Post mit den erschienenen Gläubigern durchzugehen, und in der vorgeschriebenen Nachweisung bei jeder Post zu vermerken, ob und inwieweit die Richtigkeit und das Vorrecht derselben unstreitig ist, oder ob, durch wen und in welchem Umfange die Richtigkeit oder das Vorrecht bestritten worden ist (§. 171.).

Für die Mühwaltungen bei Anfertigung der Liquidationsberichte und Wahrnehmung der Prüfungs-Termine, sowie für die einzelnen Geschäfte, welche in dem Konkursverfahren und neben demselben zu besorgen sind, können die Gebühren nur nach den §§. 12. bis 20. des Tarifs vom 12. Mai 1851. angesetzt werden, welche für die Liquidation ausreichende Normen an die Hand geben.

Nach den vorstehenden Andeutungen lassen sich die Grundsätze, von welchen bei dem Ansatze der Gebühren der Rechtsanwalte im Konkurse auszugehen sein wird, dahin zusammenfassen:

I. In allen beim Konkursverfahren nach dem Gesetze vom 8. Mai 1855. entstehenden Prozessen, welche die Feststellung der streitigen Liquidate, die Richtigkeitserklärung des Akkords oder die Erledigung der Einwendungen gegen den Theilungsplan in Betreff der angelegten Spezialmassen zum Gegenstande haben, erhält der Rechtsanwalt als Vertreter der Konkursgläubiger die im §. 4. des Tarifs enthaltenen Pauschsätze.

II. Bei den besonderen Prozeßarten:

Wiederaufhebung des Konkurses oder anderweite Bestimmung des Tages der Zahlungseinstellung, sowie für das Akkordverfahren, hat derselbe als Vertreter der Konkursgläubiger resp. der Intervenienten nach §. 8. des Tarifs, in Verbindung mit §. 9. des Gerichtskosten-Tarifs vom 10. Mai 1851, zu liquidiren.

Der Streitgegenstand ist in diesen Fällen nach den betreffenden Bestimmungen in der Verordnung vom 4. Juni 1855. zu berechnen.

III. Für alle außerdem im Konkursverfahren für die Konkursgläubiger zu besorgenden Geschäfte, einschließlich der Anfertigung der Liquidationsberichte und Wahrnehmung der Prüfungstermine, gelten die Vorschriften sub II. des ersten Abschnitts des Tarifs (§§. 12. bis 20.).

Berlin, den 20. Mai 1857.

Der Justiz-Minister
Simons.

V. Instruktion

des Justiz-Ministers für die Gerichte vom 6. August 1855, betreffend die Ausführung der Konkurs-Ordnung.

(Justiz-Minist.-Blatt von 1855. Seite 259 — 282.)

I. Konkursgericht.

Zu den §§. 115. und 320. des Gesetzes.

§. 1.

Durch die Bestimmungen der Konkurs-Ordnung über die Kompetenz der Gerichte in Konkurssachen wird in den bestehenden Vorschriften über die Geschäftsorganisation der Stadt- und Kreisgerichte im Allgemeinen nichts geändert.

Die Konkurssachen gehören auch fernerhin zur Kompetenz der Abtheilung des Gerichts, vor welche dieselben bisher gehört haben; sie sind, soweit die kollegialische Bearbeitung erforderlich ist, bei dieser Abtheilung nach Maaßgabe der bestehenden Geschäftseinrichtungen zu erledigen (Geschäftsregulativ für die Gerichte erster Instanz vom 18. Juli 1850. §. 15, Geschäfts-Instruktion für die Civil-Abtheilung des Stadtgerichts zu Berlin vom 4. Oktober 1851.).

Die Spezialprozesse, für welche das Konkursgericht kompetent ist (§§. 124. 125. 199. 204. 228. 245. 330. des Gesetzes), gehören vor die zuständigen Prozeßdeputationen oder beziehungsweise die Kommissarien für Bagatellsachen.

§. 2.

Die in den Bezirken einzelner Kreisgerichte außerhalb des Sitzes derselben eingerichteten beständigen kollegialischen Gerichts-Deputationen haben die volle kreisgerichtliche Kompetenz zur Bearbeitung der Konkurssachen aus ihren Bezirken.

Dagegen steht den aus periodisch zusammentretenden Einzelrichtern gebildeten Deputationen die Bearbeitung von Konkurssachen nicht zu. Dasselbe gilt in Ansehung der Gerichts-Kommissionen.

II. Gerichtlicher Kommissar.

Zum §. 127. des Gesetzes.

§. 3.

Der gerichtliche Kommissar für den Konkurs wird von dem Dirigenten der Gerichtsabtheilung oder der Deputation ernannt.

Bei der Wichtigkeit der Funktionen, welche dem Kommissar obliegen, ist es nothwendig, daß solche Richter dazu bestellt werden, welche durch ihre Erfahrung, Sachkenntniß und Geschäftsgewandtheit vorzugsweise geeignet erscheinen. Referendarien können, sofern ihnen nicht die Verwaltung einer Richterstelle übertragen ist, als Kommissarien nicht fungiren, sondern nur den richterlichen Kommissarien im gewöhnlichen Wege ihrer praktischen Ausbildung zur geeigneten Beschäftigung überwiesen werden.

Ein Wechsel in der Person des Kommissars während der Dauer des Konkurses erscheint nicht angemessen; er darf nur aus den dringendsten Gründen eintreten. Für den Fall einer nothwendig werdenden zeitweisen Stellvertretung sind die geeigneten interimistischen Anordnungen zu treffen.

§. 4.

Der Kommissar hat alle auf das Konkursverfahren bezüglichen Angelegenheiten als Dezernent und Deputirter zu bearbeiten. Er verfährt dabei selbstständig, soweit nicht die Konkurs-Ordnung eine Mitwirkung oder Genehmigung des Kollegiums (Gerichts) ausdrücklich vorschreibt. Jedoch bleibt er der Aufsicht des Gerichtsvorstandes, namentlich in Ansehung der Disziplin und des Geschäftsbetriebes im Allgemeinen, gleich andern selbstständigen Kommissarien des Gerichts unterworfen; über sachliche Beschwerden (§. 127. des Gesetzes) befindet zunächst das Kollegium gemäß §. 10. Num. 7. des Geschäftsregulativs vom 18. Juli 1850, unbeschadet des in den bisherigen Gesetzen begründeten Instanzenzuges.

Der Kommissar ist befugt, die zu dem Gerichtsbezirke gehörigen Zweiggerichte mit der Erledigung einzelner Geschäfte zu beauftragen, sowie Requisitionen an andere Behörden zu erlassen.

Die von dem Kommissar in seiner selbstständigen Stellung erlassenen Verfügungen und ertheilten Ausfertigungen ergehen unter seinem Namen; er zeichnet dieselben:

„Königliches Kreis- (Stadt-) Gericht.
Der Kommissar des Konkurses.“

§. 5.

Was diejenigen Angelegenheiten betrifft, welche zur Beschlußnahme des Kollegiums gelangen, so hat der Kommissar nicht nur in den Fällen den Vortrag zu halten, für welche dies in der Konkurs-Ordnung ausdrücklich vorgeschrieben ist, sondern auch in allen übrigen Fällen, sofern in diesen letzteren nicht der Dirigent den Vortrag einem anderen Gerichtsmitgliede zu übertragen oder den Vortrag selbst zu übernehmen für angemessen erachtet.

Der Kommissar nimmt an der Berathung und Abstimmung des Kollegiums Theil.

Alle zur Konkurssache gehörigen Protokolle, Eingaben, Verfügungen und anderen Schriftstücke unterliegen dem gewöhnlichen Geschäftsbetriebe in den gerichtlichen Büreaus. Dieselben gehen durch das Büreau-Journal und gelangen zu den betreffenden gerichtlichen Akten. Der Kommissar führt keine besonderen Kommissionsakten.

III. Eröffnung des Konkurses.

1. Anzeige der Zahlungseinstellung.

Zu den §§. 116. und 117. des Gesetzes.

§. 6.

Meldet sich ein Handelsmann, Schiffsrheder oder Fabrikbesitzer mündlich oder schriftlich mit der Anzeige der Zahlungseinstellung, so hat der Gerichtsvorstand die protokollarische Vernehmung desselben durch einen richterlichen oder einen geeigneten Subalternbeamten sofort zu veranlassen.

Bei der Verhandlung ist die Erklärung des Gemeinschuldners über die Zahlungseinstellung zu erfordern; es sind die Bilanz und die Handelsbücher entgegenzunehmen, oder es ist, wenn deren Ueberreichung nicht erfolgt, die Erklärung des Gemeinschuldners über die Hinderungsgründe herbeizuführen; endlich ist in Ermangelung einer Bilanz der Gemeinschuldner über seine Vermögens- und Verkehrsverhältnisse im Allgemeinen zu vernehmen, sofern dies ohne Aufenthalt in der Sache geschehen kann.

Die Handelsbücher müssen in der Regel von dem Gemeinschuldner in dem Gerichtslokale vorgelegt und zur gerichtlichen Verwahrung übergeben werden. Ist jedoch die Zahl oder der Umfang der Bücher sehr erheblich, so kann die Uebergabe auch in der Weise stattfinden, daß der Gemeinschuldner dieselben in seinem Geschäftslokale zur Verfügung stellt und der Deputirte sie hier unter gerichtliche Sperre nimmt.

§. 7.

Bei der Uebergabe, Beschreibung und Schließung der Bücher handelt es sich nicht um eine genaue Durchsicht und Vergleichung oder um einen förmlichen Abschluß derselben; vielmehr kommt es nur darauf an, festzustellen, welche Bücher der Gemeinschuldner geführt und übergeben hat, in welchem Zustande die übergebenen Bücher ihrer äußeren Erscheinung nach sich befinden, sowie durch einen Vermerk am Schlusse der Bücher etwanige Nachtragungen zu verhindern. Der Vermerk wird unter die letzten Eintragungen gesetzt; es genügt, wenn derselbe dahin lautet:

„Geschlossen bei der gerichtlichen Uebergabe der Handelsbücher am . . . .

N. N., Deputirter.“

Diese einfache Schließung findet bei allen Büchern statt. Der Schließung der einzelnen Konten des Hauptbuchs bedarf es nicht, vielmehr genügt der Schlußvermerk unter dem letzten Konto, und wenn das Hauptbuch aus mehreren Bänden besteht, unter dem letzten Konto eines jeden Bandes.

Die Beschreibung des äußeren Zustandes der Bücher hat sich auf Momente zu beschränken, welche sich bei der vorläufigen An- und Durchsicht ergeben und ohne genaue Prüfung der Bücher wahrzunehmen sind. Unter dieser Voraussetzung ist insbesondere zu vermerken, wenn die Bücher ohne die nöthige Akkuratesse geführt sind, wenn Blätter ausgeschnitten, ausgerissen oder verletzt, wenn Rasuren oder Korrekturen wahrzunehmen oder andere Unregelmäßigkeiten ersichtlich sind.

§. 8.

Das Protokoll über die Verhandlung muß hiernach enthalten:

1. die Erklärung des Gemeinschuldners über die Einstellung seiner Zahlungen;
2. die Angabe, ob der Gemeinschuldner eine Bilanz (§. 116. des Gesetzes) überreicht hat, oder wenn dies nicht der Fall ist, die Erklärung des Gemeinschuldners über die Hinderungsgründe, sowie die etwanigen Angaben über seine Vermögens- und Verkehrsverhältnisse im Allgemeinen;
3. die spezielle Benennung und Bezeichnung der vom Gemeinschuldner übergebenen Handelsbücher, ferner die Erklärung des Gemeinschuldners, ob und welche Bücher von ihm außerdem noch geführt worden sind und weshalb deren Uebergabe unterblieben ist, endlich die Bemerkung, auf welche Art die gerichtliche Beschlagnahme der im Geschäftslokale des Gemeinschuldners verbliebenen Bücher erfolgt ist;
4. die Beschreibung des äußeren Zustandes der Bücher, sowie den Vermerk über die erfolgte Schließung der Bücher und das dabei beobachtete Verfahren.

Enthält die vom Gemeinschuldner eingereichte oder bei der Vernehmung übergebene schriftliche Anzeige der Zahlungseinstellung vollständig und deutlich einzelne der vorstehend erwähnten Punkte, so bedarf es insoweit keiner protokollarischen Wiederholung der Angaben; es genügt, daß der Gemeinschuldner die schriftliche Anzeige anerkennt.

2. Beschluß über die Konkurseröffnung.

Zu den §§. 119. bis 122. 326. bis 328. des Gesetzes.

§. 9.

Das Protokoll über die Anzeige der Zahlungseinstellung (§. 8.), sowie die Anträge auf Eröffnung des Konkurses sind dem Dirigenten der zuständigen Gerichtsabtheilung vorzulegen, welcher den unverzüglichen Vortrag zu veranlassen hat.

Die Beschlußnahme darüber, ob der Konkurs zu eröffnen ist, oder ob und welcher vorgängigen Ermittelungen oder vorläufigen Sicherungsmaaßregeln es bedarf, erfolgt in einer Sitzung der Gerichtsabtheilung, an welcher mindestens drei Richter Theil nehmen müssen. Die Beschlußfassung muß wo möglich noch an dem Tage des Eingangs der betreffenden Piecen stattfinden. Auf keinen Fall darf der nächste gewöhnliche Sitzungstag abgewartet werden, wenn daraus ein Aufenthalt für die Sache entstehen würde; vielmehr sind alsdann die Mitglieder zu einer außerordentlichen Sitzung zu berufen.

§. 10.

In dem Beschlusse, durch welchen die Konkurseröffnung ausgesprochen wird, sind die Gründe kurz, aber vollständig anzuführen *).

Ergeht der Beschluß aus Veranlassung einer Beschwerde auf die Anweisung der höheren Instanz, so kann auf die Gründe dieses anweisenden Bescheides Bezug genommen werden.

Der Beschluß muß aussprechen, ob der kaufmännische oder der gemeine Konkurs stattfinden soll; er muß über den Zeitpunkt der Konkurseröffnung, sowie über den Tag der Zahlungseinstellung stets eine ausdrückliche Bestimmung enthalten; die Vorschrift des Gesetzes, welche für den Fall der unterbliebenen Festsetzung einen Zeitpunkt (Mittagsstunde, Tag der Konkurseröffnung, Todestag des Gemeinschuldners) bestimmt, hat nicht den Zweck, das Gericht von dieser Verpflichtung zu entbinden. Hierbei versteht sich von selbst, daß, wenn der Beschluß auf Anweisung der höheren Instanz ergeht, der Zeitpunkt der Konkurseröffnung gleichwohl erst auf die Stunde fällt, in welcher der Beschluß von dem Konkurs-

---

*) vergl. Formular Nr. 1.

gericht gefaßt worden ist. Dagegen wird in einem solchen Falle, mit Rücksicht auf das vorangegangene Verfahren, der Tag der Zahlungseinstellung in der Regel auf einen früheren Zeitpunkt festzusetzen sein.

Der Beschluß muß von denjenigen Richtern unterzeichnet sein, welche an der Fassung desselben Theil genommen haben.

3. Bekanntmachung der Konkurseröffnung.

Zu den §§. 123. 329. des Gesetzes.

§. 11 *).

Bei den wichtigen, mit der Konkurseröffnung verknüpften Folgen ist die öffentliche Bekanntmachung derselben vorzugsweise zu beschleunigen. Zu diesem Behuf ist über die Art der Bekanntmachung sogleich in dem Eröffnungsbeschlusse (§. 10.) Bestimmung zu treffen. Die Ausführung muß dergestalt erfolgen, daß die Bekanntmachung mit den erforderlichen Verfügungen und Anschreiben noch an demselben Tage, an welchem der Beschluß gefaßt ist, zum Abgange befördert wird; auch ist dahin zu wirken, daß die Bekanntmachung noch vor Ablauf der beiden nächstfolgenden Tage (vergl. §. 7. des Gesetzes) zur Veröffentlichung gelangt. Zur Herbeiführung der nöthigen Beschleunigung wird den Gerichten empfohlen, für die Expeditionen und Reinschriften der Bekanntmachung gedruckte Formulare in Anwendung zu bringen.

In welche öffentliche Blätter, ob in eins oder in mehrere und wie oft die Bekanntmachung einzurücken ist, hat das Gericht nach den obwaltenden Umständen zu ermessen. Es ist dabei im Auge zu behalten, daß es darauf ankommt, die Konkurseröffnung schleunigst und mit möglichster Sicherheit in einem den Verhältnissen des Gemeinschuldners angemessenen Umfange zur Publizität zu bringen. Es sind daher hauptsächlich solche Blätter zu wählen, durch welche die Bekanntmachung eine schleunige und weite Verbreitung an den Orten oder in den Gegenden findet, wo der Gemeinschuldner wohnt oder sich aufhält, Vermögen besitzt oder bisher sein Geschäft betrieben hat. Jedoch muß eine unverhältnißmäßige Häufung der Kosten vermieden werden.

Nach gleichen Gesichtspunkten ist zu bestimmen, ob und in welcher Weise der öffentliche Anschlag der Bekanntmachung, außer an der Gerichtsstelle und der Börse, noch an anderen Orten erfolgen soll, an den für andere öffentliche Bekanntmachungen der Behörden bestimmten Stellen, an der bisherigen Wohnung oder dem Geschäftslokale des Gemeinschuldners, oder an Orten, wo zur Konkursmasse gehörige Vermögensstücke sich befinden.

*) vergl. Formulare Nr. 1 und 2.

Alle im weiteren Verlaufe des Konkursverfahrens zu erlassenden öffentlichen Bekanntmachungen sind, sofern nicht besondere Umstände eine Ausnahme begründen, durch dieselben öffentlichen Blätter zu bewirken, welche das Gericht für die Bekanntmachung der Konkurseröffnung gewählt hat, damit die Betheiligten nicht darüber in Ungewißheit sind, auf welche Blätter sie behufs Wahrnehmung ihrer Rechte während des Konkurses ihre Aufmerksamkeit zu richten haben.

4. Bekanntmachung des offenen Arrestes.

Zu den §§. 145. bis 149. des Gesetzes.

§. 12. *)

Mit der Bekanntmachung der Konkurseröffnung ist stets die Bekanntmachung des offenen Arrestes zu verbinden.

Die Bestimmung der dabei festzusetzenden Frist für die Anzeige über den Besitz von Gegenständen, welche zur Masse gehören, hängt von dem Ermessen des Gerichts ab; es muß aber, zur Vermeidung von Zweifeln über die Berechnung der Frist, jedesmal der Tag bestimmt angegeben werden, mit welchem dieselbe abläuft.

Die Zustellung der Abschriften als Inhibitorien an die bekannten Schuldner und Pfandgläubiger des Gemeinschuldners ist, soweit diese Personen aus der von dem Gemeinschuldner übergebenen Bilanz ersichtlich sind, so schleunig als möglich zu bewirken; es darf jedoch durch die Anfertigung der Abschriften die Expedition und der Abgang der öffentlichen Bekanntmachung (§. 11.) in keiner Weise aufgehalten werden. Soweit die erwähnten Personen erst später bekannt werden, ist die Zustellung der Abschriften an dieselben durch den Kommissar zu verfügen.

Bei der Anfertigung der Abschriften ist von den gedruckten Formularen der Bekanntmachung Gebrauch zu machen; die Zustellung erfolgt stets ohne Beifügung von Begleitschreiben. Besonderer Empfangsbescheinigungen der Adressaten über die bewirkte Zustellung bedarf es nicht; jedoch muß zu den Akten festgestellt werden, daß und an welchem Tage die Behändigung oder Absendung der Abschriften an die einzelnen Adressaten erfolgt ist.

Die Benachrichtigungen an die Postanstalten sind noch am Tage der Konkurseröffnung zum Abgange zu befördern.

---

*) Vergl. Formulare Nr. 1 und 2.

5. Einstweiliger Verwalter.

Zu den §§. 128. und 129. des Gesetzes.

§. 13.*)

Der einstweilige Verwalter der Masse ist, wenn dies möglich, sogleich bei Abfassung des Beschlusses über die Konkurseröffnung zu ernennen.

Zuverlässigkeit und Geschäftskenntniß sind die Eigenschaften, auf welche bei der Auswahl hauptsächlich zu sehen ist; namentlich kommt es für den kaufmännischen Konkurs darauf an, daß der Verwalter eine praktische Bekanntschaft mit den Verhältnissen und Geschäften des Handelsverkehrs besitzt. Das Gesetz legt kein besonderes Gewicht darauf, daß der Verwalter ein Rechtsverständiger ist; dies schließt jedoch keinesweges aus, daß die Wahl auf einen Rechtsanwalt fallen kann, sofern nur bei demselben die Eigenschaften des Verwalters, wie sie die Beschaffenheit der Konkursmasse in dem konkreten Falle erfordert, anzutreffen sind. Auskultatoren und Referendarien sind zu Verwaltern nicht zu bestellen.

Ein Zwang zur Uebernahme des Amts als Verwalter der Masse findet nicht statt.

Es wird den Gerichten empfohlen, vorsorgliche Maaßregeln zu treffen, damit die Ernennung des einstweiligen Verwalters in den einzelnen Fällen ohne Aufenthalt erfolgen kann. Insbesondere erscheint es für den kaufmännischen Konkurs zweckmäßig, daß die Gerichte an den Orten, wo kaufmännische Korporationen oder Handelskammern bestehen, sich mit dem Vorstande derselben in Kommunikation setzen, um die Personen, welche zur Führung der Verwaltung von Konkursmassen geeignet und bereit sind, im Voraus zu ermitteln.

Die Ernennung des einstweiligen Verwalters wird nebst der Aufforderung der Gläubiger zur Abgabe ihrer Erklärungen und Vorschläge in der über die Konkurseröffnung ergehenden Bekanntmachung veröffentlicht. Von der im Gesetz nachgelassenen nachträglichen Bekanntmachung ist in solchen Fällen Gebrauch zu machen, wo die Ernennung nicht sogleich erfolgen kann, oder die öffentliche Bekanntmachung der Konkurseröffnung binnen der im §. 11. angegebenen Frist durch die vorgängige Ernennung des einstweiligen Verwalters aufgehalten werden würde, oder wegen Behinderung oder Ablehnung des ernannten Verwalters eine anderweite Ernennung nothwendig wird.

---

*) Vergleiche Formulare Nr. 1. 2. und 3.

6. Verhaftung des Gemeinschuldners.

Zu den §§. 138. und 139. des Gesetzes.

§. 14.*)

Bei der Beschlußfassung über die Konkurseröffnung hat das Gericht zu prüfen, ob ein Grund vorhanden ist, die Verhaftung des Gemeinschuldners zu verfügen; befindet sich derselbe bereits in Schuldhaft, so ist deren Fortsetzung anzuordnen.

In denjenigen Fällen, in welchen die Verhaftung nach Vorschrift des Gesetzes in der Regel erfolgen soll, kann nach dem Ermessen des Gerichts ausnahmsweise davon Abstand genommen werden, wenn besondere Umstände, insbesondere die Persönlichkeit und das bisherige Verhalten des Gemeinschuldners, sowie der offenbar unverschuldete Ausbruch des Konkurses, dies ohne Nachtheil für die Gläubigerschaft und das Verfahren als zulässig erscheinen lassen.

Die Kosten der verfügten oder fortgesetzten Schuldhaft des Gemeinschuldners sind, abweichend von den in den §§. 7. und 55. der Kassen-Instruktion vom 10. November 1851. getroffenen Bestimmungen, sogleich nach ihrem Entstehen bei der Salarienkasse des Gerichts aus dem zu baaren Auslagen in Parteisachen bestimmten Fond definitiv zu verausgaben; demnächst werden dieselben bei der Liquidation der als Kommunkosten anzusetzenden Gerichtsgebühren der gemeinschaftlichen Konkursmasse als solche mit in Rechnung gestellt, zu welchem Zwecke die monatlichen Berechnungen über die entstandenen Haftkosten zu den Konkursakten gelangen müssen. Die Haft darf wegen des etwanigen Mangels an Kostenvorschuß nicht ausgesetzt oder unterbrochen werden.**)

Die durch einzelne Gläubiger eingezahlten Alimentenvorschüsse dürfen mit Rücksicht auf die Bestimmung im §. 9. des Gesetzes zur Berichtigung der Kosten der aus Veranlassung des Konkursverfahrens verfügten oder fortgesetzten Schuldhaft des Gemeinschuldners nicht verwendet werden.

7. Siegelung.

Zu den §§. 141. bis 144. des Gesetzes.

§. 15.

Bei Eröffnung des Konkurses muß sogleich die Siegelung

*) Vergl. Formular Nr. 1.

**) Wenn der Gemeinschuldner vor der Verhaftung oder während der Haft erkrankt, so ist nach den bei Erkrankung von Schuldgefangenen bestehenden Vorschriften zu verfahren. (Rescr. des Justiz.-Minist. v. 19. Dez. 1856.)

des Mobiliarvermögens und der Schriften des Gemeinschuldners verfügt werden.

Die Ausführung des Siegelungsgeschäfts wird am zweckmäßigsten stets in die Hand des Kommissars gelegt, jedoch dergestalt, daß demselben von dem Dirigenten noch ein anderer Beamter, oder wenn das Geschäft an verschiedenen Orten des Gerichtsbezirks vorzunehmen ist, mehrere andere Beamte zur aushülflichen Verwendung beigegeben werden, und es dem pflichtmäßigen Ermessen des Kommissars überlassen bleibt, inwieweit er das Geschäft selbst ausführen oder solches den Gehülfen übertragen will. Der Kommissar kann auch eine zum Bezirk des Konkursgerichts gehörige Gerichts-Kommission mit der Siegelung beauftragen, wenn die obwaltenden Umstände dies als angemessen erscheinen lassen und kein Aufenthalt in der Sache dadurch entsteht.

Zur Siegelung muß unverzüglich und wo möglich noch am Tage der Konkurseröffnung geschritten werden. Ist der Erlaß von Requisitions- oder Auftragsschreiben an auswärtige Behörden erforderlich, so müssen dieselben an diesem Tage noch zum Abgange befördert und nöthigenfalls durch expresse Boten bestellt werden.

Für das Verfahren bei der Siegelung dienen, soweit nicht die Konkurs-Ordnung besondere Bestimmungen enthält, die Vorschriften über das Verfahren bei Siegelungen in Sterbefällen zur Richtschnur; es wird hierbei hauptsächlich auf die §§. 25. 33. und 34. Thl. II. Tit. 5. Allg. Gerichts-Ordnung verwiesen.

§. 16.

Wenn die Fortführung des Geschäfts des Gemeinschuldners rathsam erscheint, so wird sich der Kommissar einstweilen auf solche Anordnungen zu beschränken haben, welche den plötzlichen Stillstand des laufenden Geschäftsbetriebes des Gemeinschuldners vorläufig verhindern. Es wird also der Verkauf der vorhandenen Waaren, die Ausführung der in Angriff genommenen Arbeiten oder die Verarbeitung der vorräthigen Materialien in der bisherigen Weise einstweilen fortzusetzen sein, und es werden zu diesem Behuf Demjenigen, welchem die einstweilige Geschäftsführung übertragen wird, das Waarenlager, die Materialien und Utensilien, oder ein Theil derselben, nach einem darüber aufzunehmenden Verzeichnisse, nebst dem erforderlichen Betriebsvorschusse zu übergeben sein. Für die Beschlußfassung des Gerichts über die etwa zu ergreifenden weiteren Maaßregeln wird es häufig von Nutzen sein, zuvor noch die Ansichten der Gläubiger zu hören. Der Termin zur Erklärung derselben über die Person des einstweiligen Verwalters (§. 128. des Gesetzes) bietet eine geeignete Gelegenheit dar, diesen Gegenstand zur Sprache zu bringen. Dem bestellten Geschäftsführer ist in Gemäßheit der Beschlüsse des Gerichts eine Instruktion zu ertheilen und die einstweilige Fortsetzung des Geschäfts durch Anschlag an dem Geschäftslokale, sowie auf andere angemessene Weise zur öffentlichen Kenntniß zu bringen. Inwiefern der Gemeinschuldner selbst bei der Geschäftsführung verwendet werden kann, ist nach den Umständen und nach der Persönlichkeit desselben zu beurtheilen.

8. Beschlagnahme der Immobilien.

Zum §. 150. des Gesetzes.

§. 17.

Besitzt der Gemeinschuldner Immobilien, so ist deren Beschlagnahme gleichzeitig mit der Siegelung zu verfügen. Wenn der Gemeinschuldner die Immobilien bisher selbst bewirthschaftet hat oder hat bewirthschaften lassen, so ist die Einleitung der Sequestration oder Administration schleunigst zu bewirken; steht diese aber einer andern Behörde zu, so muß das Gericht oder der Kommissar die erforderlichen Requisitionen zur Einleitung der Administration oder Sequestration an die dazu kompetenten Behörden ungesäumt erlassen. Einstweilen ist bei der Siegelung in Gemäßheit des §. 28. Thl. II. Tit. 5. der Allg. Gerichts-Ordnung zu verfahren und die vorläufige Fortsetzung der Wirthschaft dem Verwalter der Masse oder einer anderen zuverlässigen Person zu übertragen. Sind die Immobilien vermiethet oder verpachtet, so ist die Konkurseröffnung und der offene Arrest den Miethern oder Pächtern nach Vorschrift des §. 12. bekannt zu machen.

Die Requisition an den Hypothekenrichter zur Eintragung des Vermerks der Konkurseröffnung in das Hypothekenbuch muß noch am Tage der Konkurseröffnung ergehen, soweit die Besitzverhältnisse des Gemeinschuldners zu dieser Zeit bekannt sind. Werden später Immobilien ermittelt, welche der Gemeinschuldner besitzt, so hat der Kommissar sofort die Requisition zu erlassen. Die Eintragung des Vermerks ist auf die bloße Requisition des Konkursgerichts oder des Kommissars zu bewirken.

9. Sonderung der Nebenverfügungen bei der Konkurseröffnung.

§. 18.

Die umfassenden Maaßregeln, welche bei der Konkurseröffnung nach den vorstehenden Bestimmungen ohne Verzug getroffen werden müssen, erheischen eine vorzügliche Aufmerksamkeit, Sorgfalt und Thätigkeit des Gerichts. Es ist die besondere Pflicht des Vorsitzenden, die vorschriftsmäßige Ausführung aller dieser Maaßregeln, welche oft für den Erfolg des ganzen Verfahrens von entscheidender Wichtigkeit ist, streng zu überwachen.

Die desfallsigen Anordnungen des Gerichts sind dergestalt zu treffen, daß die dringlichsten Maaßregeln zuerst in Ausführung gebracht und nicht durch die Erledigung der weniger dringlichen aufgehalten werden.

Zu diesem Behuf erscheint es rathsam, daß über die zu erledigenden Gegenstände mehrere getrennte Verfügungen erlassen werden, etwa nach folgender Eintheilung:

1. die zu dem Eröffnungsbeschlusse zu entwerfende Nebenverfügung umfaßt:
   - die Ernennung des Kommissars und der demselben für die Siegelung beizugebenden Gehülfen; diese Ernennung muß durch den Vorsitzenden sogleich bei Vollziehung des Eröffnungsbeschlusses erfolgen;
   - die Ausführung der öffentlichen Bekanntmachung der Konkurseröffnung und des offenen Arrestes; dabei ist sogleich der Termin zur Erklärung der Gläubiger über den ernannten einstweiligen Verwalter (§. 128. des Gesetzes) zu bestimmen;
2. Gegenstand einer oder mehrerer besonderer, gleichzeitig zu erledigender Verfügungen ist:
   - die Ausführung der beschlossenen Verhaftung des Gemeinschuldners;
   - die Herbeiführung der Bestellung des einstweiligen Verwalters, wenn dessen Ernennung im Eröffnungsbeschlusse nicht geschehen ist;
   - die Benachrichtigung und Verpflichtung des ernannten einstweiligen Verwalters;
3. ebenso wird abgesondert verfügt:
   - die Benachrichtigung der Postbehörde;
   - die Requisition des Hypothekenrichters wegen Eintragung des Vermerks der Konkurseröffnung;
   - der Erlaß der etwa erforderlichen Requisitionen an andere Behörden wegen Vornahme der Siegelung;
4. demnächst wird durch weitere Verfügung angeordnet:
   - der Erlaß der Spezial-Inhibitorien an die Schuldner und Pfandgläubiger des Gemeinschuldners, welche aus der von dem letzteren übergebenen Bilanz ersichtlich sind (vergl. §§. 12. 17.);
   - die Einleitung der Administration oder Sequestration der Immobilien, soweit die Besitzverhältnisse des Gemeinschuldners zur Zeit der Konkurseröffnung bekannt sind;
   - die Benachrichtigung der Staatsanwaltschaft von der erfolgten Konkurseröffnung (§. 123. des Gesetzes).

IV. Konstituirung der Aktiv- und Passivmasse.

1. Im Allgemeinen.

Zu den §§. 132. und 152. des Gesetzes.

§. 19.

Für den Fortgang des Verfahrens ist die weitere Sicherstellung der Masse im Auge zu behalten; auch kommt es darauf an, den Aktiv- und Passivzustand durch die Inventur, sowie aus den vorhandenen Büchern, Schriften oder anderen Nachrichten näher zu ermitteln und dessen Uebersicht herzustellen.

Der Betrieb dieser Angelegenheiten fällt zunächst dem einstweiligen Verwalter anheim; das Gesetz giebt demselben in den §§. 152, 155. bis 157. die erforderliche Anleitung. Der Kommissar hat jedoch die Thätigkeit des Verwalters unter Kontrole zu halten; er hat zu diesem Behuf in kurzen Zwischenräumen auf geeignete Weise von dem Stande der Sache Kenntniß zu nehmen, nöthigenfalls den Verwalter zu den erforderlichen Schritten anzuregen und seine Mitwirkung oder Unterstützung da, wo der Verwalter derselben bedarf, z. B. bei nachträglichen Beschlagnahmen, bei unaufschiebbaren Veräußerungen, bei der Entsiegelung und Inventur, bei Vernehmungen behufs Information des Verwalters (§. 132. des Gesetzes), unverzüglich eintreten zu lassen. Er hat sich mit dem Verwalter auf dem kürzesten Wege in Verbindung zu setzen, weitläuftige schriftliche Kommunikation zu vermeiden und durch mündliche Rücksprachen den Fortgang der Sache zu erleichtern und zu fördern.

2. Bilanz und Inventar.

Zu den §§. 153. und 155. des Gesetzes.

§. 20.

Unter den Geschäften, welchen sich der einstweilige Verwalter ungesäumt unterziehen muß, ist im kaufmännischen Konkurse die Feststellung der Bilanz von besonderer Wichtigkeit. Der Verwalter kann sich hierbei, wenn er es für nöthig erachtet, eines sachverständigen Gehülfen bedienen (§. 132. des Gesetzes).

Die Erfordernisse der Bilanz ergeben sich aus dem §. 116. des Gesetzes; sie hat den Zweck, in Verbindung mit dem Inventar, welches die Spezifikation der in der Bilanz nur summarisch zusammenzustellenden Vermögensstücke enthält, eine vollständige Uebersicht der Aktiv- und Passivmasse zu gewähren.

Was die Entsiegelung und Inventur betrifft, so hat der Kommissar, wenn er es nicht für angemessen erachtet, sie selbst auszuführen, den Dirigenten zur Ernennung eines Subalternbeamten oder Referendars zu veranlassen, oder geeignetenfalls eine Gerichtskommission des Bezirks mit dem Geschäft zu beauftragen oder eine andere zuständige Behörde zu requiriren. Die Aufstellung des Inventars erfolgt auf Grund des über den Akt gemäß §. 54. Thl. II. Tit. 5. der Allg. Gerichts-Ordnung aufzunehmenden Protokolls. Das Inventar ist dem Verwalter zur Benutzung bei Herstellung der Bilanz in beglaubigter Abschrift mitzutheilen; die Abschrift ist mit einer besonderen Kolonne zu versehen, welche dem Verwalter für die Nachtragungen und den Nachweis über den Verbleib der verzeichneten Gegenstände einen angemessenen Raum offen läßt.

Der Kommissar hat darauf zu sehen, daß die Herstellung der Bilanz und des Inventars möglichst beschleunigt wird, und daß der Verwalter jedenfalls binnen acht Tagen nach der Konkurseröffnung ein besonderes Verzeichniß der bis dahin ermittelten Schuldner und Gläubiger des Gemeinschuldners einreicht, auf dessen Grund die etwa weiter erforderlichen Spezialbekanntmachungen des offenen Arrestes in Gemäßheit des §. 12. zu erlassen sind, und welches bei der Berufung der Konkursgläubiger zum Anhalt dient.

3. Berufung der Konkursgläubiger.

Zu den §§. 164. bis 168. des Gesetzes.

§. 21. *)

Behufs der Berufung der Konkursgläubiger hat das Gericht über die Festsetzung der Anmeldungsfristen und Prüfungstermine, sowie über die Art der öffentlichen Bekanntmachung Beschluß zu fassen; der Kommissar hat diese Angelegenheit dergestalt zu betreiben, daß die Aufforderung an die Gläubiger noch vor Ablauf von vierzehn Tagen seit der Konkurseröffnung erlassen und schleunigst zum Abgange befördert wird.

Im Falle des §. 167. des Gesetzes hat der Kommissar nach Abhaltung des ersten Prüfungstermins ein Verzeichniß der Gläubiger aufzustellen, welche ihre Forderungen noch nicht angemeldet haben, und dem Kollegium unter Zugrundelegung desselben Vortrag zu halten.

Bei Bestimmung der Anmeldungsfristen ist hauptsächlich auf die Entfernung der bekannten oder präsumtiven Gläubiger, sowie auf die vorhandenen Kommunikationsmittel Rücksicht zu nehmen; bei Bemessung der Frist für die Prüfungstermine ist die Zahl der wahrscheinlich zu erwartenden Anmeldungen und die danach

---

*) Vergl. Formulare Nr. 6. 7. u. 8.

vor dem Termine nöthig werdende Vorbereitung ins Auge zu fassen.

§. 22. *)

Zur Beschleunigung und Erleichterung des Geschäftsganges beim Erlaß der Aufforderung an die Konkursgläubiger erscheint auch hier, wie im Falle des §. 11., die Anwendung gedruckter Formulare rathsam.

Die Bekanntmachung ist möglichst kurz zu fassen; der Beifügung von Verwarnungen bedarf es nicht; dagegen muß es im praktischen Interesse als angemessen erachtet werden, die Gläubiger auf die im §. 179. des Gesetzes vorgeschriebene Verpflichtung zur Bestellung von Bevollmächtigten aufmerksam zu machen und den Auswärtigen die zur Praxis bei dem Gericht berechtigten Rechtsanwalte, oder einige derselben, zu benennen; auch ist zu beachten, daß es sich im ersten Prüfungstermine zugleich um die Bestellung des definitiven Verwaltungspersonals handeln kann (vergl. §§. 211. 213. des Gesetzes).

Dem einstweiligen Verwalter, sowie dem Gemeinschuldner, wenn er nicht entwichen ist, wird von dem Erlasse durch Zustellung einer Abschrift desselben besondere Nachricht gegeben.

4. Anmeldung der Forderungen.

Zu den §§. 169. und 170. des Gesetzes.

§. 23.

Jede Anmeldung ist nach ihrem Eingange durch das betreffende Büreau dem Kommissar vorzulegen; es darf damit nicht erst bis zum Ablauf der Anmeldungsfrist gewartet werden.

Der Kommissar hat zu prüfen, ob die Anmeldung den gesetzlichen Erfordernissen entspricht. Ist dies der Fall, so läßt er Abschrift der Anmeldung dem Verwalter der Masse unverzüglich mittheilen. Wenn einer schriftlichen Anmeldung nicht die erforderliche Abschrift beigefügt ist, so wird solche auf Kosten des anmeldenden Gläubigers beim Gericht angefertigt; die Kosten sind nach §. 63. des Gerichtskosten-Tarifs vom 10. Mai 1851 in Ansatz zu bringen. Hat die Anmeldung materielle Mängel, so findet zwar gleichfalls die Mittheilung an den Verwalter statt; der Kommissar hat jedoch zugleich dem Gläubiger, durch Abschrift der Verfügung, bemerklich zu machen, in welchen Punkten die Anmeldung der Ergänzung bedarf.

Wenn eine angemeldete Forderung zur Zeit der Konkurseröffnung bereits rechtshängig war, so hat der Kommissar gleichzeitig die Einforderung oder Beilegung der betreffenden Prozeß-

*) Vergl. Formulare Nr. 6. 7. u. 8.

akten zu verfügen; diese Akten sind demnächst dem Verwalter auf kurze Zeit zur Einsicht mitzutheilen und im Prüfungstermine vorzulegen.

§. 24.

Das Büreau hat den Ablauf der Anmeldungsfristen sorgfältig zu notiren.

Sogleich nach dem Ablauf einer jeden Frist ist die Sache dem Kommissar zur weiteren Verfügung vorzulegen. Derselbe veranlaßt den Verwalter zur Beantwortung der Anmeldungen, soweit solche noch nicht eingegangen ist; er läßt alsbald die tabellarische Nachweisung aller eingegangenen Anmeldungen unter seiner Kontrole durch einen Büreaubeamten anfertigen.

Die Nachweisung, welche den Zweck hat, nicht nur im Prüfungstermine, sondern auch bei dem Akkordverfahren und den Vertheilungen an die Konkursgläubiger als Grundlage und Anhalt zu dienen, ist unter fortlaufenden Nummern nach zwei Abtheilungen aufzustellen.

In der ersten Abtheilung werden die Forderungen aufgeführt, für welche in der Anmeldung ein Vorrecht in Anspruch genommen worden ist. Die Reihenfolge ist nach der Reihenfolge der in den §§. 73. bis 80. des Gesetzes durch römische Zahlen bezeichneten acht Vorrechte zu ordnen. Es sind hiebei lediglich die Anträge der betreffenden Gläubiger maaßgebend. Jedem dieser acht Vorrechte ist eine Nummer in der fortlaufenden Nummerfolge der Nachweisung zu widmen, wenn auch noch keine Anmeldung mit dem einen oder dem anderen Vorrechte eingegangen ist. Mehrere mit demselben Vorrechte angemeldete Forderungen werden unter der Nummer dieses Vorrechts hintereinander nach der Zeitfolge der Anmeldungen mit Buchstaben aufgeführt, z. B. mehrere Forderungen mit dem Vorrechte des §. 77. des Gesetzes unter Num. 5. a., b., c. u. s. w. Zwischen den einzelnen Vorrechten und für solche Vorrechte, zu welchen noch keine Anmeldungen eingegangen sind, ist ein angemessener Raum offen zu lassen. In diesen werden die Forderungen, für welche etwa noch im Prüfungstermine (vergl. §. 174. des Gesetzes) oder in späteren Anmeldungen ein Vorrecht in Anspruch genommen wird, betreffenden Orts nachgetragen.

In der zweiten Abtheilung werden sodann die einzelnen Forderungen, für welche kein Vorrecht in Anspruch genommen worden ist, mit fortlaufenden Nummern nach der Zeitfolge der Anmeldungen angefügt, so daß also, da jede der sämmtlichen acht Vorrechte eine Nummer erhält, die zweite Abtheilung mit Nummer 9. beginnt. Mehrere Forderungen desselben Gläubigers sind stets hintereinander, jedoch unter besonderen Nummern aufzuführen.

Hat ein Gläubiger mehrere Forderungen zu beiden Abtheilungen oder zu verschiedenen Vorrechten der ersten Abtheilung angemeldet, so versteht es sich, daß jede Forderung am gehörigen Orte besonders aufgeführt werden muß. Ebenso ist, wenn nur für einen Theil der angemeldeten Forderung ein Vorrecht verlangt wird, die Forderung sowohl in der ersten, als in der zweiten Abtheilung aufzuführen, wobei jedesmal auf die betreffende Nummer der anderen Abtheilung zu verweisen ist.

§. 25.

Die tabellarische Nachweisung muß nach folgenden Rubriken aufgestellt werden:

1. laufende Nummer;
2. Name, Wohnort und Stand des Gläubigers;
3. Name des Bevollmächtigten des Gläubigers und Folium der Akten, wo die Vollmacht befindlich ist;
4. Tag des Eingangs der Anmeldung;
5. angemeldeter Betrag;
6. Bezeichnung und Rechtsgrund der Forderung, unter Angabe der Beweisurkunden;
7. beanspruchtes Vorrecht (d. h. die Angabe, welches Vorrecht verlangt ist, und auf Höhe welches Betrages dieses Vorrecht beansprucht wird);
8. Resultat der Prüfungsverhandlung;
9. Bemerkungen.

Für die Rubrik 8. muß ein hinlänglich ausgedehnter Raum gelassen werden, damit der im §. 171. des Gesetzes vorgeschriebene Vermerk des Kommissars ohne Beengung eingetragen werden kann. In der Rubrik 9. ist z. B. der Wegfall einer Post in der zweiten Abtheilung, wenn nachträglich ein Vorrecht dafür in Anspruch genommen wird, und umgekehrt, zu notiren; ferner die etwa nöthige Verweisung auf andere Nummern der Nachweisung; ingleichen der Vermerk, ob die Forderung bereits und bei welcher Behörde rechtshängig ist, sowie die Endentscheidung über streitig gebliebene Ansprüche und dergl.

Ist eine Anmeldung mangelhaft und noch nicht vervollständigt (vergl. §. 23.), so wird in den Rubriken, für welche die Angaben fehlen, solches nicht vermerkt, sondern es werden diese Rubriken offen gelassen.

Die für den ersten allgemeinen Prüfungstermin angefertigte Nachweisung ist auch für alle weiteren Prüfungstermine bestimmt. Dabei werden die weiter angemeldeten Vorzugsrechte in die erste Abtheilung, wie oben angegeben, eingeschoben, die nicht bevorzugten Forderungen aber in der laufenden Nummerfolge der zweiten Abtheilung nachgetragen.

5. Prüfungstermine.

Zu den §§. 171. bis 176. des Gesetzes.

§. 26.

In dem ersten allgemeinen Prüfungstermin wird über die Forderungen verhandelt, welche bis zum Ablauf der ersten Frist angemeldet worden sind.

Es erscheint zweckmäßig, bei der Verhandlung in nachstehender Weise zu verfahren.

Der Kommissar giebt eine kurze Uebersicht der Konkursmasse, sowie der angemeldeten und bekannten Schulden auf Grund des Inventars, der Bilanz und der tabellarischen Nachweisung. Er schreitet sodann zur Verhandlung über die einzelnen angemeldeten Forderungen nach der Reihenfolge der tabellarischen Nachweisung. Er trägt dabei den wesentlichen Inhalt der zur Verhandlung stehenden Anmeldung vor, veranlaßt nöthigenfalls den Liquidanten zur Vervollständigung derselben und vernimmt die Erklärungen der übrigen anwesenden Interessenten über die Forderung und das etwa beanspruchte Vorrecht. Der Verwalter hat sich hierbei zuerst zu erklären. Hat er seine Erklärung bereits schriftlich abgegeben, so trägt der Kommissar dieselbe vor; der Verwalter ist befugt, sie bei der Verhandlung zu modifiziren.

Das Verfahren ist kein streng prozessualisches. Der Zweck desselben geht vielmehr dahin, die Ansprüche der Konkursgläubiger festzustellen, und soweit dies ohne Prozeß nicht erreicht wird, durch Bestimmung des Streitgegenstandes und der Parteien die nöthige Grundlage für die Anstellung der Spezialprozesse zu gewinnen.

Der Gemeinschuldner ist nicht als Partei zu behandeln, seine Vernehmung dient nur zur Aufklärung der Sache und zur Information der übrigen Interessenten.

§. 27.

Wenn der Verwalter die Richtigkeit, den Betrag und das Vorrecht einer Forderung anerkennt und von den anwesenden Gläubigern kein Widerspruch erhoben wird, so ist die Verhandlung über die Forderung geschlossen, die hiernach als eine unstreitige festgestellt ist.

Wenn dagegen der Verwalter kein ausdrückliches Anerkenntniß abgiebt, oder ein Gläubiger der Forderung widerspricht, so muß die Verhandlung fortgesetzt werden. Es sind alsdann die weiteren beiderseitigen Erklärungen zu hören, und es ist zu versuchen, durch Vorlegung und Einsicht der vorhandenen Beweisurkunden und der Bücher, sowie durch mündliche Auskunft des Gemeinschuldners das Sachverhältniß aufzuklären und eine gütliche Einigung zu Stande zu bringen. Ist Letzteres der Fall, so gilt der Anspruch als unstreitig. Erfolgt hingegen über die

Richtigkeit, den Betrag oder das Vorrecht der Forderung keine Einigung, so ist insoweit der Anspruch als ein streitig gebliebener anzusehen. Der Kommissar hat in diesem Falle festzustellen, welche Personen in dem hiernächst einzuleitenden Spezialprozesse die Gegenpartei des Liquidanten bilden.

Nach dem Schlusse der Verhandlung über einen Anspruch wird das Resultat derselben nach Vorschrift des §. 171. des Gesetzes sofort in der achten Rubrik der tabellarischen Nachweisung vollständig, jedoch in gedrängter Kürze vermerkt. Der Vermerk muß insbesondere ergeben, zu welchem Betrage die Richtigkeit und das Vorrecht der Forderung als unstreitig festgestellt worden ist; inwieweit etwa der Liquidant seinen Anspruch hat fallen lassen; zu welchem Betrage die Richtigkeit oder das Vorrecht streitig geblieben ist, und welche Interessenten dabei die Gegenpartei bilden. Beispielsweise können die Vermerke dahin lauten:

1. „Die Forderung ist nach dem angemeldeten Betrage und Vorrechte als unstreitig festgestellt;“ oder:
2. „Die Forderung ist auf Höhe von . . . (Theil) mit dem angemeldeten Vorrechte als unstreitig festgestellt; den Anspruch auf den angemeldeten Mehrbetrag hat der Liquidant fallen lassen;“ oder:
3. „Die Richtigkeit der Forderung ist streitig geblieben; Gegenpartei des Liquidanten sind . . . . Das angemeldete Vorrecht ist eventuell unstreitig;“ oder:
4. „Die Richtigkeit der Forderung ist auf Höhe von . . . . als unstreitig festgestellt, der angemeldete Mehrbetrag ist streitig geblieben; das verlangte Vorrecht ist in Beziehung auf die ganze Forderung streitig. Gegenpartei des Liquidanten sind . . . . .“

Der Vermerk ist vorzulesen und von dem Kommissar, sowie dem etwa zugezogenen Protokollführer zu unterzeichnen.

In vorstehender Weise wird mit der Verhandlung bis zur Erledigung der sämmtlichen Forderungen fortgefahren.

Demnächst werden die Vorschläge der Gläubiger behufs Bestellung des definitiven Verwaltungspersonals (§. 213. des Gesetzes) erfordert, wenn diese Bestellung schon jetzt zulässig ist und der Kommissar es nicht angemessen findet, einen besonderen Termin dafür anzuberaumen.

§. 28.

Verzögert der Verwalter der Masse sein Erscheinen im Prüfungstermine, so ist er durch mündliche Aufforderung, sofern dieselbe ohne erheblichen Aufenthalt ausführbar ist, zum sofortigen Erscheinen zu veranlassen. Die Verhandlung kann zu diesem Behuf auf kurze Zeit ausgesetzt werden. Jedenfalls darf in Abwesenheit des Verwalters nur über solche Punkte verhandelt werden, über welche derselbe bereits seine Erklärung gemäß §§. 170. 172. des Gesetzes abgegeben hat, oder bei welchen es, wie bei Abgabe der Vorschläge zur Bestellung des definitiven Verwaltungspersonals, einer Theilnahme des Verwalters nicht bedarf.

Bleibt der Verwalter in dem Termine ganz aus, so hat der Kommissar, nach Erledigung der erwähnten Punkte, die weitere Verhandlung nach Anleitung des §. 171. Alinea 3. des Gesetzes auf eine angemessene Frist zu vertagen; dem Verwalter fallen die Kosten des durch seine Schuld vereitelten Termins (§. 64. des Gerichtskosten-Tarifs vom 10. Mai 1851) zur Last; er ist zur Fortsetzung der Verhandlung unter Androhung einer Ordnungsstrafe vorzuladen; auch hat der Kommissar ein solches pflichtwidriges Verhalten des Verwalters zur Kenntniß des Kollegiums zu bringen, welches darüber befindet, ob das Entlassungsverfahren (§. 133. des Gesetzes) einzuleiten ist.

Durch das Nichterscheinen des Gemeinschuldners im Termine wird die Verhandlung nicht aufgehalten; wenn jedoch seine Anwesenheit zur Aufklärung oder sonst zur Förderung der Sache dienlich zu sein scheint, so kann ihn der Kommissar sofort gestellen lassen, sofern dies noch während des Termins geschehen kann.

Wenn ein Gläubiger, über dessen Forderung verhandelt werden soll, im Termine nicht anwesend ist, so findet gleichwohl die Verhandlung mit den übrigen anwesenden Interessenten über diese Forderung statt, und es wird danach das Resultat in der tabellarischen Nachweisung vermerkt.

§. 29.

In dem über die Verhandlung im Prüfungstermin aufzunehmenden Protokolle sind die sämmtlichen Erschienenen aufzuführen, und es ist der Gang der Verhandlung im Allgemeinen zu verzeichnen. Die einzelnen Momente derselben und die speziellen Erklärungen der Interessenten werden nicht niedergeschrieben; ebensowenig bedarf es einer Aufnahme des Resultates der Verhandlung in Ansehung der einzelnen Forderungen, vielmehr genügt in dieser Hinsicht die Bezugnahme auf die in die tabellarische Nachweisung eingetragenen Vermerke. Spezielle Punkte sind nur da, wo eine besondere Veranlassung vorliegt, im Protokolle niederzuschreiben. Dahin gehören:

1. die Erklärungen eines Liquidanten, durch welche dessen Anmeldung wesentlich vervollständigt oder modifizirt wird; es muß danach zugleich die Nachweisung ergänzt und berichtigt werden; namentlich ist, wenn der Liquidant nachträglich ein Vorrecht oder ein besseres Vorrecht beansprucht, oder umgekehrt, die Forderung demgemäß anderweit einzutragen und an ihrer bisherigen Stelle in Wegfall zu bringen;

2. die etwanigen Modifikationen der bereits schriftlich abgegebenen Erklärungen des Verwalters;
3. die besondere Einigung, welche in Betreff einer Forderung behufs Feststellung derselben zwischen den Interessenten zu Stande gekommen ist, z. B. wenn im Falle des §. 17. des Gesetzes der kontraktliche Erfüllungstag noch nicht eingetreten, jedoch das Entschädigungsquantum schon jetzt durch Uebereinkunft festgestellt worden ist. Besteht dagegen die Einigung nur in einem theilweisen Verzicht des Liquidanten gegen Anerkennung des übrigen Theiles seiner Forderung, so genügt der bloße Vermerk in der Nachweisung;
4. die Anträge der Gläubiger auf Rückgabe der Urkunden über ihre unstreitigen Forderungen, oder wenn die Rückgabe sogleich im Termine erfolgt, die Registratur darüber.

Ueber die etwa wegen Bestellung des definitiven Verwaltungspersonals stattfindende Verhandlung wird ein besonderes Protokoll aufgenommen.

Die tabellarische Nachweisung bildet ein Zubehör des Protokolles über die Prüfungsverhandlung; sie ist jedoch, behufs ihres weiteren Gebrauchs für fernere Prüfungsverhandlungen, abgesondert bei den Akten zu asserviren. Auf dem Titelblatte der Nachweisung ist jeder Prüfungstermin mit Angabe der Nummern der in demselben zur Verhandlung gekommenen Forderungen und unter Anführung der das betreffende Protokoll enthaltenden Aktenfolien zu vermerken.

§. 30. *)

Ist noch eine zweite Anmeldungsfrist bestimmt (§§. 166. 167. des Gesetzes), so wird in dem zugleich anberaumten zweiten Prüfungstermine über die sämmtlichen seit dem Ablauf der ersten bis zum Ablauf der zweiten Frist angemeldeten Forderungen verhandelt. Bei der Verhandlung über diese Forderungen nehmen auch diejenigen Gläubiger Theil, deren Forderungen schon früher angemeldet und geprüft worden sind. In dem Termin ist ebenso, wie im ersten Prüfungstermin zu verfahren.

Für verspätete Anmeldungen (§. 176. des Gesetzes) hat der Kommissar den besonderen Prüfungstermin wo möglich dergestalt anzuberaumen, daß derselbe mit einem bereits anderweit angesetzten oder anzusetzenden besonderen Prüfungstermin zusammenfällt. Die Vorladung ergeht an die sämmtlichen Konkursgläubiger, welche ihre Forderungen angemeldet haben; zugleich ist der Verwalter der Masse unter abschriftlicher Mittheilung der Anmeldung, sowie der Gemeinschuldner von dem Termin in Kenntniß zu setzen. Ob der Termin öffentlich bekannt zu machen oder den einzelnen

*) Vergl. Formulare Nr. 7. 8. u. 9.

Gläubigern besonders anzuzeigen ist, hängt von dem Ermessen des Kommissars ab. Im ersteren Falle bedarf es nicht außerdem noch der Mittheilung von Abschriften der Bekanntmachung an die einzelnen Betheiligten, und für beide Fälle ist nicht außer Acht zu lassen, daß es mit Rücksicht auf §. 179. des Gesetzes nur darauf ankommen kann, die bestellten Bevollmächtigten der Gläubiger und die im Bezirk des Konkursgerichts wohnenden Gläubiger, welche solche Bevollmächtigte nicht bestellt haben, von dem Termin in Kenntniß zu setzen.

V. Akkordverfahren.

1. Erörterungstermin, Beschluß über die Zulassung zum Mitstimmen und Aussetzung der Verhandlung über den Akkord.

Zu den §§. 181. und 182. des Gesetzes.

§. 31.*)

Wenn zur Anmeldung der Forderungen der Konkursgläubiger zwei Fristen bestimmt sind, so wird gleichwohl die Verhandlung und Beschlußfassung über den Akkord nicht bis nach Abhaltung des zweiten allgemeinen Prüfungstermins ausgesetzt; vielmehr findet dieselbe sogleich nach Abhaltung des ersten Prüfungstermins statt, sofern der Antrag des Gemeinschuldners auf Schließung eines Akkords vorliegt und nach §. 189. des Gesetzes zulässig ist.

Findet ein Erörterungstermin statt, so werden in demselben die Anmeldungen, die eingereichten Urkunden und die tabellarische Nachweisung zum Grunde gelegt. Der Kommissar hat sich zu bemühen, eine gütliche Einigung der Parteien darüber zu Stande zu bringen, ob und für welchen Betrag die streitigen Forderungen zum Mitstimmen im Akkordverfahren zugelassen werden sollen. Wird eine solche Einigung erreicht, so ist bei der betreffenden Forderung nur das schließliche Resultat und der Betrag, für welchen die Forderung zum Mitstimmen beim Akkord zugelassen werden soll, im Protokolle niederzuschreiben; andernfalls müssen die gegenseitigen Erklärungen der Parteien in ihrem wesentlichen Inhalte zu Protokoll genommen werden.

§. 32.

Nach der Abhaltung des Erörterungstermins ist das Protokoll dem Dirigenten vorzulegen, um den Beschluß des Gerichts über die Zulassung der Forderungen zum Mitstimmen beim Akkord innerhalb der nächsten acht Tage herbeizuführen. Der Beschluß hat für jede einzelne Forderung, welcher die Stimmberechtigung

---

*) Vergl. Formular Nr. 10.

bestritten worden ist, die Zulassung oder Nichtzulassung auszusprechen. Die Forderungen, über deren Zulassung zum Mitstimmen im Termin eine Einigung zu Stande gekommen ist, sind nach Maaßgabe dieser Einigung in den Beschluß aufzunehmen. Der Angabe von Gründen zur Motivirung des Beschlusses bedarf es nicht. Von dem Ausfall des Beschlusses ist jeder Gläubiger in Betreff seiner streitigen Forderung, ingleichen der Verwalter der Masse zu benachrichtigen. Diese Benachrichtigung kann geeignetenfalls mit der Anzeige des Termins zur Verhandlung über den Akkord (§. 183. des Gesetzes) verbunden werden.

§. 33.

Von der ausnahmsweisen Befugniß, die Verhandlung und Beschlußfassung über den Akkord bis nach endgültiger Erledigung aller oder einzelner Streitigkeiten auszusetzen, wird das Gericht, bei den damit verbundenen gewichtigen Uebelständen, nur aus den erheblichsten Gründen Gebrauch zu machen haben. Nach der Absicht des Gesetzes ist insbesondere die bloße Zweifelhaftigkeit einer oder der anderen Forderung kein ausreichender Grund, die Entscheidung über die Zulassung oder Nichtzulassung auszusetzen, vielmehr müssen, wenn Letzteres geschehen soll, in der Regel noch andere bestimmende Umstände vorliegen, wohin beispielsweise der Fall gehört, wenn der Ausgang des Prozesses über einzelne streitige Forderungen sehr zweifelhaft und zugleich die letzteren so bedeutend sind, daß das Stimmenverhältniß bei der Beschlußfassung über den Akkord sich voraussichtlich wesentlich anders gestalten muß, je nachdem diese Forderungen zugelassen werden oder nicht.

2. Verhandlung über den Akkord.

Zu den §§. 183. bis 189. des Gesetzes.

§. 34. *)

Der Akkord mit den Konkursgläubigern kann nur von dem Gemeinschuldner oder dessen Erben (vergl. §. 14. des Gesetzes) geschlossen werden. Wenn ein Dritter zu Gunsten des Gemeinschuldners eintritt, um durch Anbietung von Zahlung, oder Bürgschaft, oder eines sonstigen Arrangements demselben einen Akkord auszuwirken, so nimmt zwar dieser Dritte an der Schließung des Akkords Theil, der Gemeinschuldner ist aber gleichwohl dabei als der Hauptkontrahent zu behandeln.

Der Termin zur Verhandlung und Beschlußfassung über den Akkord ist dem Dritten nur dann besonders anzuzeigen, wenn er von seiner beabsichtigten Interzession bereits den Kommissar oder

*) Vergl. Formular Nr. 11.

das Gericht benachrichtigt hat; in andern Fällen ist es Sache des Gemeinschuldners, denselben in dem Termine zu gestellen.

Bei Anberaumung des Termins hat der Kommissar zugleich zu veranlassen, daß für den Fall, wenn im Termine die Zuziehung eines Kalkulators nothwendig werden sollte, der Zuziehung desselben nichts im Wege steht.

Der Staatsanwalt des Bezirks ist von dem Termine besonders in Kenntniß zu setzen. Ist die Eröffnung der Untersuchung gegen den Gemeinschuldner oder die Verurtheilung desselben wegen einfachen Bankerutts erfolgt, so wird der Staatsanwalt gleichzeitig um seine Aeußerung in Gemäßheit des §. 189. des Gesetzes ersucht; er hat diese noch vor dem Termine abzugeben, sofern nicht besondere Umstände seine persönliche Anwesenheit im Termine als nothwendig erscheinen lassen.

§. 35.

In dem Termine zur Verhandlung und Beschlußfassung über den Akkord kommt es vor Allem darauf an, daß die Gläubiger in den Stand gesetzt werden, die Lage der Sache, insbesondere die Aktiv- und Passivmasse, zu übersehen, um hierdurch für die Erörterung und Abstimmung über die Akkordvorschläge die erforderliche Grundlage zu gewinnen. Hierzu dient der Vortrag des Kommissars und des Verwalters der Masse. Ebenso gehört dahin, wenn der Gemeinschuldner wegen einfachen Bankerutts verurtheilt oder zur Untersuchung gezogen worden ist, die desfallsige Mittheilung an die Gläubiger (§. 189. des Gesetzes). Der Staatsanwalt ist in allen Fällen befugt, im Termine selbst zu erscheinen (vergl. §. 140. des Gesetzes) und das Ergebniß der etwa gegen den Gemeinschuldner stattgehabten Ermittelungen vorzutragen, sofern er dies nach Lage der Sache für nothwendig erachtet.

Es ist ein wesentliches Erforderniß des Protokolles, daß dasselbe über diesen Theil der Verhandlung Auskunft giebt. Der Inhalt der Vorträge kann auch schon vor dem Termine schriftlich aufgesetzt, und es können solche Schriftsätze im Termine dem Protokolle als Anlagen beigefügt werden, nachdem sie den Interessenten vorgelesen worden sind. Im Protokolle genügt die Bezugnahme auf diese Anlagen.

Der Gemeinschuldner, sowie der Dritte, welcher für denselben eintritt, kann ebenfalls die Vorschläge zum Akkorde schriftlich übergeben. Geschieht dies nicht, so müssen sie im Protokolle niedergeschrieben werden. Die abgegebenen Vorschläge können, wie dies kaum der Erwähnung bedarf, im Laufe der weiteren Verhandlung modifizirt werden. In allen Fällen hat der Kommissar darauf zu sehen, daß die Vorschläge erschöpfend, bestimmt und unzweideutig aufgestellt werden, und daß sie eine solche Formulirung erhalten, wie es zum Entwurfe eines Vergleichs erforderlich ist.

§. 36.

Bei der Erörterung und Berathung der Vorschläge zum Akkorde hat der Kommissar solche mit den Interessenten durchzugehen; er hat nöthigenfalls die Vorschläge erläutern und vervollständigen zu lassen. Bei der Verhandlung ist überall der Gesichtspunkt festzuhalten, daß die Abschließung des Akkords nach §. 197. des Gesetzes nicht blos die vergleichsweise Abfindung der theilnehmenden Gläubiger, sondern auch die aller übrigen zur Zeit der Konkurseröffnung vorhandenen Gläubiger des Gemeinschuldners, soweit dieselben nicht mittelst eines Vorrechts oder Absonderungsrechts befriedigt werden, betrifft, in Ansehung der streitigen und der nicht angemeldeten Forderungen für den Fall, daß die Richtigkeit derselben dem Gemeinschuldner gegenüber gerichtlich oder außergerichtlich festgestellt werden wird. Zugleich hat der Kommissar dahin zu wirken, daß geeignete Maaßregeln zur Befriedigung der Massegläubiger (§. 199. des Gesetzes) vereinbart werden.

Erachtet der Kommissar die Akkordvorschläge für genügend erörtert, so schließt er die Diskussion, um zur Abstimmung zu schreiten. *)

Vor der Abstimmung müssen jedenfalls die Akkordvorschläge so, wie sie schließlich aufgestellt worden sind, vollständig und zusammenhängend in dem Protokolle oder in einer Anlage desselben niedergeschrieben sein und den Interessenten vorgelesen werden. Daß dies geschehen, ist im Protokolle zu vermerken.

§. 37.

Das Ergebniß der Abstimmung ist im Protokolle dergestalt niederzulegen, daß daraus ersichtlich ist, welche stimmberechtigte Gläubiger überhaupt zur Zeit der Abstimmung im Termine persönlich oder durch Bevollmächtigte anwesend gewesen sind, und welche einzelne Gläubiger ausdrücklich für die Vorschläge gestimmt haben. Es muß ferner — was zweckmäßig schon vor dem Termine vorbereitet wird — die Gesammtsumme aller zum Mitstimmen berechtigenden Forderungsbeträge an Kapital und Zubehör (§. 83. des Gesetzes), unter Zugrundelegung der tabellarischen Nachweisung, sowie des Beschlusses über die vorläufige Zulassung und der etwa ergangenen rechtskräftigen Erkenntnisse, im Protokolle festgestellt werden. Demnächst ist die Gesammtsumme aller zum Mitstimmen berechtigenden Forderungsbeträge der Gläubiger, welche ausdrücklich für die Vorschläge gestimmt haben, zu be-

*) Die Bestimmung der Allg. Gerichtsordnung Th. I. Tit. 8. §. 8. über die Kontumazialstunde findet auf die Verhandlung über den Akkord keine Anwendung (Reskr. des Just.-Minist. v. 25. September 1856).

rechnen. Hierauf wird noch im Termine gemäß §. 186. des Gesetzes ermittelt, ob der Akkord als geschlossen anzusehen ist oder nicht.

Wenn ein Bevollmächtigter mehrere stimmberechtigte Gläubiger vertritt, so stimmt er für die einzelnen Machtgeber besonders ab, und es werden bei Ermittelung der Majorität nach der Personenzahl (§. 186. Num. 1. des Gesetzes) die Personen der einzelnen Machtgeber zur Berechnung gezogen.

Enthält der Akkordentwurf mehrere Stipulationen, so kann über die einzelnen Stipulationen getrennt abgestimmt werden; jedoch sind die angenommenen Stipulationen demnächst noch zusammen als Ganzes zur Abstimmung zu bringen. Wird in solcher Weise der Akkordentwurf von den Gläubigern nur zum Theil angenommen, so gilt der Akkord nur dann als geschlossen, wenn der Gemeinschuldner und der etwa für denselben eingetretene Dritte in den Wegfall der nicht angenommenen Stipulationen einwilligt.

§. 38.

Wenn in dem Akkorde eine Hypothek für dessen Erfüllung bestellt worden ist, so wird es zur Vermeidung künftiger Weiterungen dienen, wenn der Kommissar die Interessenten zum Verzicht auf die Bildung und Ertheilung eines Hypotheken-Instruments (vergl. §. 17. des Gesetzes vom 24. Mai 1853, Gesetz-Samml. S. 521.), oder doch zur Vereinigung über die Person Desjenigen veranlaßt, welcher die Urkunde in Verwahrung nehmen soll.

Zum Schluß erfolgt die Vorlesung des Protokolles, soweit solche nicht bereits stattgefunden hat, sowie die Unterzeichnung desselben von Seiten der Interessenten. Sind die Vorschläge zu dem geschlossenen Akkord in einer Anlage des Protokolls enthalten, so ist auch diese Anlage von den konsentirenden Interessenten zu unterzeichnen.

Wenn die Anberaumung eines neuen Termins nothwendig wird (§. 187. des Gesetzes), so bedarf es nur der Bekanntmachung desselben am Schlusse des ersten Termins, nicht aber einer weiteren Vorladung der Interessenten. *)

---

*) Nach Verwerfung des Akkords kann der Gemeinschuldner zwar einen neuen Akkord anbieten; er muß jedoch die Kosten des neuen Verfahrens vorschießen, und es darf die Liquidation der Masse durch das neue Verfahren nicht aufgehalten werden (Reskr. des Just.-Minist. v. 25. September 1856).

3. Gerichtliche Bestätigung des Akkords.

Zu den §§. 191. bis 194. des Gesetzes.

§. 39.

Die Entscheidung über die Bestätigung des Akkords gehört vor die Abtheilung des Konkursgerichts, welche die kollegialischen Geschäfte in Konkurssachen zu erledigen hat.

Das Protokoll über den Akkord ist nach Abhaltung des Termins dem Dirigenten vorzulegen. Derselbe hat die Sitzung anzuberaumen, in welcher über die Bestätigung des Akkords entschieden werden soll. Sind zur Vorbereitung dieser Entscheidung noch vor der Sitzung Ermittelungen zu veranlassen, so ist darüber, nach Vortrag im Kollegium, das Erforderliche gleichzeitig anzuordnen. Insbesondere muß, wenn das bei der Akkordschließung in Betracht kommende Rechnungswerk noch einer kalkulatorischen Prüfung und Feststellung bedarf, dieselbe schon vor der Sitzung ausgeführt werden. Dem Gericht bleibt unbenommen, noch in der Sitzung die Vornahme weiterer Ermittelungen durch Resolut anzuordnen, nach dessen Erledigung sodann eine neue Sitzung, nach Vorschrift des §. 191. des Gesetzes, durch Aushang an der Gerichtsstelle anberaumt wird.

Das Verfahren über einen erhobenen Einspruch ist kein streng prozessualisches. Das Gericht ist an die Anführungen und Zugeständnisse der Parteien nicht gebunden, es entscheidet von Amtswegen, nach freier Beurtheilung, über die Anwendung des §. 193. des Gesetzes und die zu diesem Behuf etwa noch erforderlichen Ermittelungen.

Es ist nicht nothwendig, daß in den Tenor des Erkenntnisses, welches die Bestätigung des Akkords ausspricht, der Inhalt des Akkords aufgenommen wird, vielmehr genügt die Bezugnahme auf den Inhalt des betreffenden Protokolles und dessen etwanige Anlagen.

Beispielsweise kann der Eingang und der Tenor des Erkenntnisses dahin gefaßt werden:

„In dem Konkurse über das Vermögen des ꝛc. hat das ꝛc. auf das stattgehabte Akkordverfahren dahin erkannt:

1. „daß der von dem Gemeinschuldner mit den Konkursgläubigern nach Inhalt des Protokolles vom . . . . . . abgeschlossene Akkord, wie hiermit geschieht, zu bestätigen."

oder:

2. „daß, unter Verwerfung des von dem ꝛc. (A.) erhobenen Einspruchs, der von dem Gemeinschuldner mit den Konkursgläubigern nach Inhalt des Protokolles vom . . . . . . abgeschlossene Akkord, wie hiermit geschieht, zu bestäti-

gen und der A. die besonderen Kosten seines Einspruchs zu tragen schuldig.«

oder:

3. »daß dem von dem Gemeinschuldner mit den Konkursgläubigern nach Inhalt des Protokolles vom ...... abgeschlossenen Akkorde die Bestätigung, wie hiermit geschieht, zu versagen.«

Die Ausfertigung des Erkenntnisses und dessen Zustellung an den Gemeinschuldner ist möglichst zu beschleunigen. Den übrigen Betheiligten ist auf Verlangen Abschrift des Erkenntnisses auf ihre Kosten (§. 63. des Gerichtskosten-Tarifs vom 10. Mai 1851) zu ertheilen.

4. Verfahren nach endgültigem Abschluß des Akkords.

Zu den §§. 195. und 199. des Gesetzes.

§. 40.

Ist der Akkord rechtskräftig bestätigt, so wird die Akkordverhandlung nebst den etwanigen, die Stipulationen des Akkords enthaltenden Anlagen von dem Konkursgericht mit dem Atteste über die rechtskräftig ertheilte gerichtliche Bestätigung für den Gemeinschuldner ausgefertigt. Eine zweite Ausfertigung erhält der Verwalter der Masse, wenn die Eintragung einer für die Erfüllung des Akkords bestellten Hypothek erfolgen muß (§. 200. des Gesetzes) und keine besondere Urkunde über die Hypothekbestellung aufgenommen ist.

Andere Betheiligte erhalten eine Ausfertigung oder Abschrift des Akkords nur auf ihren Antrag und auf ihre Kosten (§. 63. des Gerichtskosten-Tarifs vom 10. Mai 1851).

Der Kommissar hat dafür zu sorgen, daß der Verwalter der Masse die vor Beendigung des Konkurses noch zu treffenden Maaßregeln unverzüglich in Ausführung bringt.

Ist etwa die Liquidation der Masse bereits im Gange, so muß dieselbe sistirt werden; es sind namentlich die anstehenden Verkaufstermine wieder aufzuheben; jedoch versteht sich von selbst, daß nothwendige Subhastationen, welche auf den Antrag von Realgläubigern nach §. 268. des Gesetzes eingeleitet worden sind, ihren Fortgang behalten müssen.

Die öffentliche Bekanntmachung der Beendigung des Konkurses darf erst stattfinden, wenn die im §. 199. des Gesetzes vorgeschriebenen Maaßregeln getroffen sind und die für die Erfüllung des Akkords bestellte Hypothek eingetragen ist. Das Gericht beschließt die Bekanntmachung auf Vortrag des Kommissars. Stehen noch Prüfungstermine an, so ist die Aufhebung derselben in der Bekanntmachung anzuzeigen. Zu den Akten über anhängige Prozesse ist durch Mittheilung einer Abschrift der Bekanntmachung besondere Nachricht von der Beendigung des Konkurses zu geben.

Der im Hypothekenbuche eingetragene Vermerk über die Konkurseröffnung (§. 150. des Gesetzes) ist nur auf Requisition des Konkursgerichts zu löschen; dasselbe hat diese Requisition zugleich mit der Bekanntmachung über die Beendigung des Konkurses zu erlassen. Die Auslieferung der Masse an den Gemeinschuldner ist gleichzeitig anzuordnen.

Durch streitige Vindikationsansprüche wird die Beendigung des Konkurses nicht aufgehalten. Ist ein Prozeß darüber anhängig, so hat das Gericht die betreffenden Gegenstände in Verwahrung zu nehmen oder zu behalten, oder dieselben mit Spezialarrest zu belegen; ist kein Prozeß angestellt, so werden die Gegenstände dem Gemeinschuldner ausgeliefert.

VI. Einleitung der Spezialprozesse.

Zu den §§. 229. und 233. des Gesetzes.

§. 41.

Nach Abhaltung eines jeden Prüfungstermins hat der Kommissar in Ansehung der streitig gebliebenen Forderungen, unter Rückgabe der überreichten Urkunden, die Ertheilung und Zufertigung der für die Anstellung der Spezialprozesse erforderlichen, durch den Büreauvorsteher zu beglaubigenden Schriftstücke an die betreffenden Gläubiger von Amtswegen zu verfügen. Jedoch darf durch die Ausführung dieser Verfügung die Erledigung anderer damit etwa zusammentreffender Geschäfte, welche besonders beschleunigt werden müssen, z. B. die Einleitung des Akkordverfahrens (vergl. §§. 182. 183. des Gesetzes), nicht aufgehalten werden.

Der dem Gläubiger zu ertheilende Auszug aus der tabellarischen Nachweisung besteht in einer vollständigen Abschrift aller Rubriken derjenigen Nummer der Nachweisung, welche die streitige Forderung dieses Gläubigers enthält.

§. 42.

War eine zur Prüfung gezogene Forderung bereits zur Zeit der Konkurseröffnung rechtshängig, so werden nach dem Prüfungstermin die herbeigeschafften Prozeßakten (vergl. §. 23.) an den Prozeßrichter zurückgegeben. Hierbei ist der letztere, wenn die Forderung in Ansehung ihrer Richtigkeit als unstreitig festgestellt worden ist, von diesem Ergebniß der Prüfungsverhandlung zu benachrichtigen. Ist dagegen die Forderung in Ansehung ihrer Richtigkeit streitig geblieben, so wird bei Rückgabe der Akten dem Prozeßrichter eine beglaubigte Abschrift der Anmeldung und des

Protokolles, sowie ein Auszug aus der Nachweisung (vergl. §. 41.) mitgetheilt, auf deren Grund von ihm das Weitere wegen Fortsetzung des Prozesses über die Richtigkeit der Forderung zwischen den im Prüfungstermine festgestellten Parteien anzuordnen ist.

§. 43.

Die Erkenntnisse, welche in den Spezialprozessen ergehen, sind so zu fassen, wie es der Zusammenhang der letzteren mit dem Konkurse und der Zweck, die Entscheidung im Konkurse zur Ausführung zu bringen, erfordert.

Der Tenor wird beispielsweise, abgesehen von den durch die Anträge des Klägers etwa bedingten besonderen Modifikationen und von dem Kostenpunkte, etwa dahin zu lauten haben:

1. „daß die von dem Kläger in dem Konkurse über das Vermögen des N. N. angemeldete Forderung, Num. . . . der tabellarischen Nachweisung, auf Höhe von . . . . . . nebst Zinsen für festgestellt zu erklären und mit dem im §. . . . der Konkurs-Ordnung bestimmten Vorrechte anzusetzen“ oder:
2. „daß die von dem Kläger in dem Konkurse über das Vermögen des N. N. angemeldete Forderung, Num. . . . der tabellarischen Nachweisung, auf Höhe von . . . . . . (Theil) für festgestellt zu erklären und mit dem im §. . . . der Konkurs-Ordnung bestimmten Vorrechte anzusetzen, dagegen Kläger mit dem geltend gemachten Mehrbetrage seiner Forderung abzuweisen, jedoch für den Fall, daß dieser Mehrbetrag in höherer Instanz für festgestellt erklärt werden sollte, derselbe ebenfalls mit dem im §. . . . der Konkurs-Ordnung bestimmten Vorrechte anzusetzen.“

§. 44.

Die Bearbeitung der Spezialprozesse erfolgt in dem für die Prozeßsachen bestehenden gewöhnlichen Geschäftsgange. Bei dem Konkursgericht gehört dieselbe nicht zu den Obliegenheiten des Kommissars als solchen.

VII. Verwaltung der Aktivmasse.

Zu den §§. 132. 161. und 221. des Gesetzes.

§. 45.

Bei der Kontrole des Geldverkehrs hat der Kommissar darauf zu sehen, daß der Verwalter ordnungsmäßige Rechnung hält und außer dem Journale, in welches alle die Konkursmasse betreffenden Rechtsgeschäfte nach der Zeitfolge einzutragen sind, noch ein Kassenbuch führt. Er hat sich von Zeit zu Zeit hiervon auf geeignete Weise Ueberzeugung zu verschaffen. Die von dem definitiven Verwalter nach §. 225. des Gesetzes zu erstattenden vierteljährlichen Berichte bieten dem Kommissar eine Gelegenheit dar, über den Bestand der Masse nähere Auskunft zu erfordern. Keine wahrgenommene Unregelmäßigkeit darf unbeachtet bleiben.

In der wöchentlich einzureichenden Uebersicht der Einnahmen und Ausgaben müssen dieselben spezifizirt sein. Insbesondere ist in Ansehung der Einnahmen anzugeben, aus welchen Vermögensstücken sie herrühren; in jeder folgenden Uebersicht ist der Bestand, mit welchem die vorige Uebersicht abschließt, wieder vorzutragen. Der Kommissar setzt auf den Antrag des Verwalters die Beträge fest, welche derselbe zur Bestreitung der Auslagen und Kosten in den Händen behalten soll, und verfügt die Annahme des übrigen Bestandes zum gerichtlichen Depositum.

Der Zeitpunkt zur Einreichung dieser wöchentlichen Uebersichten ist ein für allemal festzusetzen und so zu bestimmen, wie es den Einrichtungen entspricht, welche in Bezug auf den regelmäßigen Depositalverkehr bei dem Konkursgerichte bestehen. Diese Einrichtungen sind dem Verwalter mit der Anweisung bekannt zu machen, daß er sich jedesmal am Depositaltage zur Ablieferung der Bestände ohne weitere Vorladung einzufinden habe. Dabei muß aber darauf gehalten werden, daß das Mandat zur Annahme der Gelder den Depositarien stets zu rechter Zeit zugeht.

Beträge, aus denen einzelne Gläubiger eine abgesonderte Befriedigung verlangen, oder hinsichts deren Vindikationsansprüche geltend gemacht werden, sind zu Spezialmassen zu nehmen.

Dem Verwalter ist auf seinen Antrag ein Deposital-Extrakt zu ertheilen.

Werden Gelder oder geldwerthe Papiere und Dokumente von Zahlungspflichtigen direkt an das gerichtliche Depositorium abgeliefert, so muß dem Verwalter davon durch Zustellung einer Abschrift des dieserhalb erlassenen Depositalmandats Mittheilung gemacht werden.

VIII. Vertheilungen an die Konkursgläubiger.

Zu den §§. 239. bis 247. 253. bis 255. des Gesetzes.

§. 46.

Sobald der Zeitpunkt der Zulässigkeit von Vertheilungen an die Konkursgläubiger eingetreten ist, läßt der Kommissar durch den definitiven Verwalter eine summarische Uebersicht der zur gemeinschaftlichen Konkursmasse gehörigen disponiblen Geldbestände anfertigen.

Dabei ist festzustellen, welcher Betrag der Masse zur Berichtigung der noch nicht bezahlten Kommunkosten und der übrigen, nach den einzelnen Empfangsberechtigten zu spezifizirenden Masseschulden, sowie zur Deckung der noch entstehenden Schulden dieser Art erforderlich ist. Ob und in welchem Umfange zu dem letzteren Zwecke ein Fond reservirt werden muß, wird in der Regel davon abhängig sein, inwieweit fernere Einnahmen bei der Konkursmasse in naher und sicherer Aussicht stehen.

Nachdem auf diese Weise der Bestand der verfügbaren Masse festgestellt ist, können die Zahlungen auf bevorzugte Forderungen nach Maaßgabe des §. 240. des Gesetzes verfügt werden. Verbleibt hienächst noch ein hinlänglicher Massebestand, oder sind die Voraussetzungen des §. 240. nicht vorhanden, so ist mit der Vertheilung durch Aufstellung eines Theilungsplans gemäß §. 241. des Gesetzes vorzugehen.

§. 47.

In dem Theilungsplane müssen die Forderungen der Konkursgläubiger in der Reihenfolge der tabellarischen Nachweisung (vergl. oben §. 24.) aufgeführt und dabei die Nummern der Nachweisung beibehalten werden.

Jede Forderung wird nach Kapital, Zinsen und Kosten berechnet.

Streitige Forderungen und Vorrechte werden im Theilungsplane nur dann berücksichtigt, wenn bei Entwerfung des Planes bereits die Anstellung der Spezialprozesse nachgewiesen ist. Wird dieser Nachweis später geführt und darauf rechtzeitig ein Einwand gegen den Theilungsplan gegründet (§. 255. des Gesetzes), so ist der letztere darnach abzuändern. Dies kann jedoch erst im Ausführungstermin veranlaßt werden. Es wird sich indessen in einem solchen Falle immer empfehlen, die Aenderung des Planes schon vor dem Termine vollständig vorzubereiten.

Ist ein Anspruch nur zum Theil bestritten, so ist der unstreitige Theil abgesondert von dem streitigen und durch Anstellung der Klage geltend gemachten Theile zu berechnen; es muß die auf jeden dieser beiden Beträge fallende Hebung besonders ersichtlich gemacht werden.

Für die in der tabellarischen Nachweisung eingetragenen Forderungen, welche bei der Vertheilung nicht zu berücksichtigen sind, ist es genügend, daß dieselben, wie der Grund, aus dem sie unberücksichtigt bleiben müssen, in dem Theilungsplane durch einen kurzen Vermerk angedeutet werden.

§. 48.

Bevorzugte Forderungen, welche bereits vor der ersten Vertheilung gänzlich getilgt worden sind, müssen in dem ersten Theilungsplane der Uebersicht wegen vollständig mit aufgenommen werden, wobei auf die wegen Berichtigung derselben erlassene Verfügung hinzuweisen ist. In gleicher Art sind spätere Zahlungen auf bevorzugte Forderungen, welche außerhalb der Vertheilungen stattfinden, jedesmal in dem Plane für die nächste darauf folgende Vertheilung nachrichtlich ersichtlich zu machen. Dagegen werden in den späteren Theilungsplänen die vollständig berichtigten Forderungen dieser Art nicht wieder speziell aufgenommen, sondern nur mit dem darauf gezahlten Gesammtbetrage als bereits berichtigt angegeben. Haben die auf dergleichen Forderungen gefallenen Hebungen zu Spezialmassen genommen werden müssen, so sind diese Hebungen in den späteren Theilungsplänen so lange speziell aufzuführen, bis die Spezialmassen ausgeschüttet worden sind.

Die bei früheren Distributionen nicht vollständig zur Hebung gelangten Ansprüche nehmen an den ferneren Vertheilungen nur nach den ungedeckt gebliebenen Beträgen Theil.

§. 49.

Kommt über die gegen den Theilungsplan erhobenen Einwendungen in dem Ausführungstermine eine Einigung zu Stande, so ist nur das Resultat der Verhandlung in dem Protokolle niederzuschreiben.

Findet dagegen eine Einigung nicht statt, so sind die Streitpunkte mit den Parteien so vollständig zu erörtern, daß von dem Prozeßrichter sogleich ein Termin zur mündlichen Verhandlung der Sache angesetzt werden kann.

Ob und inwieweit, der Einwendungen ungeachtet, eine Vertheilung der Masse erfolgen kann, ist nach Lage der Sache zu erwägen; der Kommissar hat zu diesem Zwecke nöthigenfalls einen Kalkulator zuzuziehen.

Ist eine Abänderung oder Umarbeitung des Theilungsplanes erforderlich und diese nicht sogleich im Termine zu bewirken, so wird es zur Abkürzung der Sache dienen, wenn mit den erschienenen Interessenten ein Termin behufs anderweiter Realisirung des Planes mündlich verabredet wird; einer Bekanntmachung dieses Termines und einer anderweiten Vorladung der im ersten Termine nicht erschienenen Gläubiger bedarf es nicht.

Die Auszahlung der Beträge, mit welchen die im Konkursverfahren angemeldeten Realforderungen vor der Vertheilung der Kaufgelder des verpfändeten Grundstückes oder Schiffes zur Hebung gelangen (§. 247. des Gesetzes), ist nicht allein auf den über die Forderungen vorhandenen Urkunden zu vermerken, sondern es ist davon auch zu den Subhastationsakten noch besondere Mittheilung zu machen.

Für die durch das Ausbleiben von Empfangsberechtigten im Ausführungstermine veranlaßten besonderen Auszahlungen werden von den betreffenden Gläubigern die Kosten nach §. 16. des Gerichtskosten-Tarifs vom 10. Mai 1851 erhoben; sind aber durch die Schuld der Partei die zu solchen besonderen Auszahlungen angesetzten Termine vereitelt worden, so kommen für letztere auch noch die Kosten nach §. 64. des Tarifs zum Ansatz.

§. 50.

Die bei früheren Distributionen zu Spezialmassen gebrachten, später zur Konkursmasse zurückgeflossenen Beträge werden nicht besonders vertheilt. Sie bilden einen Zuwachs der Konkursmasse, der auch auf diejenigen Gläubiger vertheilt wird, welche ihre Forderungen erst nach der Anlegung der Spezialmassen, jedoch vor der weiteren Vertheilung derselben angemeldet haben; das Gesetz spricht im §. 254. Alinea 1. nur von solchen Beträgen, welche nicht wieder aus der Spezialmasse zur Konkursmasse zurückfließen.

IX. Konkurs über das Vermögen von Handelsgesellschaftern.

Zu den §§. 287. bis 289. des Gesetzes.

§. 51.

Wenn über das Vermögen einer unter gemeinschaftlicher Firma bestehenden (offenen) Handelsgesellschaft der Konkurs eröffnet wird, so muß das Konkursgericht gleichzeitig über das Privatvermögen der einzelnen persönlich haftenden Gesellschafter den Konkurs durch besondere Beschlüsse eröffnen oder, soweit es dazu nach §. 115. des Gesetzes nicht kompetent ist, die kompetenten Gerichtsbehörden von der erfolgten Konkurseröffnung über das Gesellschaftsvermögen durch Mittheilung des Beschlusses sofort benachrichtigen, worauf die Gerichtsbehörden ohne weitere Erörterung über das Vorhandensein einer Zahlungseinstellung der Gesellschafter die Eröffnung des Konkurses über deren Privatvermögen aussprechen.

Ob die Konkurse über das Privatvermögen im ordentlichen oder im abgekürzten Verfahren zu verhandeln sind, hängt von dem Ermessen des für die Konkurseröffnung kompetenten Gerichts ab. Es ist nicht beabsichtigt, die Ablehnung der Konkurseröffnung auf Grund des §. 306. des Gesetzes zuzulassen.

§. 52.

Der Konkurs über das Gesellschaftsvermögen und die einzelnen Konkurse über das Privatvermögen der Gesellschafter müssen streng von einander getrennt gehalten werden. Jedoch sind die nothwendig werdenden Kommunikationen stets auf dem kürzesten Wege zu bewirken, und es ist dabei von allen zulässigen Erleichterungen des Geschäftsganges Gebrauch zu machen.

Die in den einzelnen Konkursen ergehenden Bekanntmachungen und Verfügungen sind so zu fassen, daß kein Zweifel darüber entstehen kann, auf welchen Konkurs dieselben sich beziehen.

Inwiefern es rathsam ist, in den verschiedenen Konkursen über das Privatvermögen der Gesellschafter dieselbe Person zum Verwalter der Masse zu bestellen, ist nach den obwaltenden Umständen zu ermessen. Dagegen wird es in der Regel nothwendig sein, daß in dem Gesellschaftskonkurse eine andere Person, als in den Konkursen über das Privatvermögen, zum Verwalter der Masse ernannt wird, indem bei der Absonderung des Gesellschaftsvermögens von dem Privatvermögen der Gesellschafter leicht eine Kollision der Interessen der verschiedenen Massen eintritt.

Behufs der Prüfung der Forderungen von Gesellschaftsgläubigern, welche gleichzeitig in den Konkursen über das Privatvermögen der Gesellschafter angemeldet werden, bleibt den Verwaltern überlassen, sich untereinander in Verbindung zu setzen. Es ist zweckmäßig, bei Anberaumung der Prüfungstermine darauf zu sehen, daß dieselben in dem Gesellschaftskonkurse früher stattfinden, als in den Konkursen über das Privatvermögen. Den Verwaltern in den letzteren Konkursen muß zum Zweck ihrer Information die Einsicht der Verhandlungen im Gesellschaftskonkurse, sowie die Anwesenheit in jenen Prüfungsterminen gestattet werden.

§. 53.

Wenn in dem Konkurse über das Gesellschaftsvermögen ein Akkord endgültig zu Stande gekommen ist, muß hiervon zu den einzelnen Konkursen über das Privatvermögen der Gesellschafter Nachricht gegeben werden. Auf diese Benachrichtigung ist gemäß §. 289. des Gesetzes mit Einstellung der letzteren Konkurse zu verfahren.

Kommt es zum Vertheilungsverfahren, so müssen bei den Vertheilungen, welche in dem Konkurse über das Privatvermögen eines Gesellschafters vor erfolgter Schlußvertheilung in dem Gesellschaftskonkurse stattfinden, die Forderungen der Gesellschaftsgläubiger, welche zugleich in jenem Konkurse als Gläubiger aufgetreten sind, vorläufig mit dem geltend gemachten vollen Betrage, soweit derselbe bis dahin noch nicht getilgt ist, angesetzt werden. Der darauf fallende Antheil ist in gerichtlicher Aufbewahrung zurückzubehalten, bis der Ausfall feststeht, welchen die Gläubiger in dem Gesellschaftskonkurse erleiden. Nach dem Betrage dieses Ausfalls wird hiernächst definitiv ermittelt, welche Summe den Gläubigern aus der bis dahin zur Vertheilung gekommenen Privatvermögensmasse gebührt.

X. Abgekürztes Konkursverfahren.

Zu den §§. 298. 300. 302. 303. des Gesetzes.

§. 54.

Wenn das Gericht sogleich bei der Konkurseröffnung beschließt, daß die Verhandlung des Konkurses im abgekürzten Verfahren erfolgen soll, so muß dies in der Bekanntmachung der Konkurseröffnung angezeigt, und es muß darauf aufmerksam gemacht werden, daß in dem nach §. 128. des Gesetzes anzuberaumenden Termine die Gläubiger den definitiven Verwalter in Vorschlag zu bringen haben.

Ist die Einleitung des abgekürzten Verfahrens bei der Konkurseröffnung nicht angeordnet worden, so hat der Kommissar, sofern es nicht unzweifelhaft ist, daß das ordentliche Verfahren Platz greifen muß, innerhalb der nächsten acht Tage den Beschluß des Kollegiums darüber zu veranlassen, ob das abgekürzte Verfahren eintreten soll. Wird dies beschlossen, so hat das Gericht zugleich über die nach §. 300. des Gesetzes etwa anzuordnenden Modifikationen in der Art der bereits erlassenen Bekanntmachung der Konkurseröffnung, sowie über die Art der Bekanntmachung des Beschlusses selbst (§. 298. des Gesetzes) Bestimmung zu treffen. In der letzteren Bekanntmachung muß bemerkt werden, daß die Gläubiger in dem nach §. 128. des Gesetzes stattfindenden Termine den definitiven Verwalter in Vorschlag zu bringen haben. Die Bekanntmachung ist mit den erforderlichen Verfügungen und Anschreiben schleunigst und wo möglich noch an demselben Tage, an welchem der Beschluß gefaßt worden ist, zum Abgange zu befördern, beziehungsweise durch Anschlag zu veröffentlichen.

In dem Termine zur Erklärung der Gläubiger über den Verwalter (§. 302. des Gesetzes) werden die Vorschläge der einzelnen Anwesenden zu Protokoll genommen. Jeder Gläubiger hat gemäß §. 213. des Gesetzes drei Personen zu bezeichnen. Bei der demnächstigen Bestellung des definitiven Verwalters ist nach §. 214. Num. 1. 3. 4. und §. 303. des Gesetzes zu verfahren.

XI. Obliegenheiten der Staatsanwaltschaft.

§. 55.

Die Staatsanwaltschaft ist verpflichtet, von jeder Voruntersuchung, welche gegen den Gemeinschuldner wegen Bankerutts oder wegen eines anderen bei Gelegenheit des Konkurses entdeckten Verbrechens oder Vergehens eingeleitet wird, das Konkursgericht zu benachrichtigen. Ebenso ist von dem weiteren Verlaufe der Sache, namentlich von der vorläufigen Versetzung des Gemeinschuldners in den Anklagestand wegen betrüglichen Bankerutts, sowie von dem Ausfalle der Untersuchung, Nachricht zu den Konkursakten zu geben.

Dasselbe gilt in dem Falle, wenn erst nach der Beendigung des Konkurses durch Akkord ein Verfahren gegen den Gemeinschuldner wegen betrüglichen Bankerutts nachträglich eingeleitet wird (vgl. §. 202. des Gesetzes).

XII. Einrichtung der Konkursakten.*)

§. 56.

Was die Einrichtung der gerichtlichen Akten in Konkurssachen betrifft, so ist dabei Folgendes zu beachten:

1. Es ist ein Generalaktenstück über den Konkurs anzulegen, zu welchem alle Schriftstücke zu nehmen sind, die den Konkurs im Allgemeinen betreffen. Dahin gehören insbesondere alle Verfügungen, Verhandlungen, Beschlüsse und andere Schriftstücke, welche die Anzeige der Zahlungseinstellung, die Eröffnung des Konkurses und die Festsetzung des Tages der Zahlungseinstellung, sowie die darauf bezüglichen öffentlichen Bekanntmachungen, ingleichen die Verhaftung des Gemeinschuldners und dessen Freilassung, die Bestellung des Kommissars, des einstweiligen Verwalters und des definitiven Verwaltungspersonals, die Liquidation und Festsetzung der Belohnung und Entschädigung des Verwaltungspersonals, den nach §. 163. des Gesetzes von dem Verwalter zu erstattenden Bericht, die Entschuldbarkeit des Gemeinschuldners, sowie den Ausspruch und die Bekanntmachung der Beendigung des Konkurses betreffen.

   Wird über die Anfechtung des Beschlusses, durch welchen die Konkurseröffnung ausgesprochen oder der Tag der Zahlungseinstellung festgesetzt ist, ein Prozeß eingeleitet, so müssen darüber besondere Akten angelegt werden, welche bei dem Generalaktenstück als Spezial-Volumina zu führen sind.

2. Ein zweites Hauptaktenstück ist der Aktivmasse (Konkursmasse) zu widmen. Dasselbe muß mit einer Abschrift der Bekanntmachung der Konkurseröffnung und des offenen

*) Vergl. die allg. Verfügung v. 31. Aug. 1855. S. 196 und Formular Nr. 21.

Arrestes beginnen. Hiernächst gehören dahin: die von dem Gemeinschuldner überreichte Bilanz, der Erlaß der Spezialinhibitorien und der Benachrichtigung der Postbehörde (§§. 148. 149. des Gesetzes), die Verfügungen, Verhandlungen und Beschlüsse, welche die Siegelung, die Veranlassung der Beschlagnahme der Immobilien, die Entsiegelung, Inventur und Feststellung der Bilanz, die Ableistung des Manifestationseides, die Unterstützung des Gemeinschuldners aus der Masse, die Fortführung seines Geschäfts, den Geldverkehr, sowie überhaupt die Verwaltung, Nutzung, Feststellung und Realisirung der Konkursmasse und die Beaufsichtigung des Verwaltungspersonals, ingleichen die Maaßregeln zur Vorbereitung der Beendigung des Konkurses in den Fällen der §§. 199. 272 bis 275. des Gesetzes und die Rechnungslegung des Verwalters betreffen.

Sind einzelne Zweige oder Gegenstände der Verwaltung von einem besonders erheblichen Umfange, oder ist es sonst zur Erhaltung der Uebersicht rathsam, einzelne Angelegenheiten zu sondern, so sind darüber Spezialakten anzulegen.

3. Ein drittes Hauptaktenstück ist für die Passivmasse zu bestimmen. Hierher gehören alle Schriftstücke und Verhandlungen, welche die Berufung der Konkursgläubiger und die Prüfung der Ansprüche derselben betreffen, insbesondere das von dem Verwalter der Masse aufgestellte Verzeichniß der Gläubiger (vergl. §. 20.), die Aufforderungen der Konkursgläubiger, die Anmeldungen, die tabellarische Nachweisung und die Protokolle über die Prüfungstermine. Die Anmeldungen werden nach der Zeitfolge ihrer Einreichung zu den Akten genommen; die überreichten Urkunden über angemeldete Forderungen sind abgesondert bei den Akten unter Umschlag zu verwahren und mit dem Aktenfolium zu bezeichnen, welches die betreffende Anmeldung enthält. Die tabellarische Nachweisung ist den Akten vorzuheften.

Spezialprozesse über Ansprüche der Konkursgläubiger bleiben ganz gesondert; die desfallsigen Akten sind lediglich so, wie gewöhnliche Prozeßakten, in den betreffenden Prozeßbüreaus zu führen.

4. Findet ein Akkordverfahren statt, so sind die auf dasselbe, einschließlich des Erörterungstermins, bezüglichen Piecen in ein besonderes Aktenstück zu bringen.

5. Die Vertheilungen an die Konkursgläubiger, sowohl die vorläufigen Vertheilungen, als auch die Schlußvertheilung, sind ebenfalls in einem besonderen Aktenstück zu verhandeln, sofern es nicht in einzelnen Fällen bei Einfachheit der

Sache angemessen erscheint, das Vertheilungsverfahren in den Akten über die Passivmasse mit zu erledigen.

XIII. Erbschaftliches Liquidationsverfahren.

Zu den §§. 347. 349. 351. 352. 355. des Gesetzes.

§. 57.*)

Wenn das Gericht die Eröffnung des erbschaftlichen Liquidationsverfahrens beschließt, so ist in dem Beschlusse zugleich die Anmeldungsfrist, sowie die Art der öffentlichen Bekanntmachung der zu erlassenden Aufforderung zu bestimmen.

Das nach dem Ablauf der Anmeldungsfrist aufzustellende Verzeichniß der angemeldeten Forderungen hat den Zweck, bei der Abfassung des Präklusionserkenntnisses zur Grundlage zu dienen. Dasselbe ist mit folgenden Rubriken zu versehen:

1. laufende Nummer; hierbei ist lediglich die Zeitfolge der einzelnen Anmeldungen maaßgebend;
2. Name, Wohnort und Stand des Gläubigers;
3. Tag des Eingangs der Anmeldung;
4. angemeldeter Betrag;
5. Bezeichnung und Rechtsgrund der Forderung, unter Angabe der Beweisurkunden.

Das Verzeichniß ist von einem Büreaubeamten aufzustellen und demnächst von dem ernannten Referenten zu prüfen.

In der zur Abfassung des Präklusionserkenntnisses anberaumten Sitzung hat der Referent dem Vortrage des Verzeichnisses das Nöthige über die Eröffnung des Verfahrens und die Beobachtung der Förmlichkeiten vorauszuschicken. Die Bemerkungen und Anträge der etwa erschienenen Interessenten in Betreff der Förmlichkeiten des Verfahrens und der Vollständigkeit des Verzeichnisses der Forderungen werden gehört; weitere Erörterungen aber, namentlich über die Zulässigkeit des Verfahrens oder über die Richtigkeit der Forderungen, finden nicht statt.

Das Präklusionserkenntniß ist in der Sitzung abzufassen und zu publiziren.

Hat das Erkenntniß die Rechtskraft beschritten, so ergeht die Bekanntmachung über die Beendigung des Verfahrens; es werden die Kosten von dem Erben eingezogen und die Akten reponirt.

---

*) Vergl. Formular Nr. 20.

XIV. Prioritätsverfahren bei Exekutionsvollstreckungen in das bewegliche Vermögen.

Zu den §§. 364. und 371. des Gesetzes.

§. 58.

Wenn bei Vollstreckung der Exekution zulässige Beitrittserklärungen eingehen, so hat das Gericht Verfügung zu treffen, daß die Masse im Falle ihrer Unzulänglichkeit zur gerichtlichen Verwahrung abgeliefert wird (vergl. §. 366. des Gesetzes). Zu diesem Behufe ist die nöthige Anweisung an den mit der Realisirung der in Beschlag genommenen Gegenstände beauftragten Beamten zu erlassen.

Der beitretende Gläubiger wird von der Zulassung seiner Beitrittserklärung, sowie von der auf die letztere ergangenen Verfügung benachrichtigt.

Die sämmtlichen Beitrittserklärungen gehören nebst dem weiteren Verfahren zu den Akten, in welchen die erste Beschlagnahme oder Ermächtigung zur Einklagung verfügt worden ist. Jedoch hat das Gericht jedesmal zu den Akten über die Forderung des beitretenden Gläubigers von der Beitrittserklärung desselben und der darauf erlassenen Verfügung durch Mittheilung einer Abschrift der letzteren Nachricht zu geben.

§. 59.

Sind nachträgliche Beitrittserklärungen rechtzeitig eingegangen (§. 371. des Gesetzes), so hat das Gericht, wenn sie zulässig befunden werden, dieselben den übrigen Exekutionssuchern, sowie dem Schuldner bekannt zu machen (§. 364. des Gesetzes). Zugleich müssen die nachträglich beigetretenen Gläubiger von der Eröffnung des Prioritätsverfahrens in Kenntniß gesetzt und zu dem nach §. 370. des Gesetzes anberaumten Termin vorgeladen werden. Zu den Akten über die Forderung des nachträglich beitretenden Gläubigers ergeht Abschrift der auf die Beitrittserklärung erlassenen Verfügung zur Nachricht.

XV. Prioritätsverfahren über Besoldungen und andere an die Person des Schuldners gebundene fortlaufende Einkünfte.

Zu den §§. 378. 380. 381. des Gesetzes.

§. 60.

Die von mehreren Gläubigern in Beschlag genommenen Einkünfte sind an den Fälligkeitsterminen in gerichtliche Verwahrung zu nehmen.

Ueber die Beschlagnahme, die Beitrittserklärungen und das Prioritätsverfahren werden besondere Akten geführt.

Uebrigens ist zu beachten, daß in diesem Verfahren die nachträgliche Beitrittserklärung wegen vollstreckbarer bevorzugter Forderungen (§. 380. Num. 1. des Gesetzes) und die nachträgliche Anmeldung von Vorrechten für bereits betheiligte Forderungen so lange zulässig bleibt, als nicht die Vertheilung der Masse begonnen hat, indem die Bestimmung des §. 371. des Gesetzes, wie der §. 381. ergiebt, hier nicht Platz greift.

XVI. Vertheilung der Kaufgelder bei nothwendigen Subhastationen.

Zum §. 384. des Gesetzes.

§. 61.

Dem in dem Reskripte vom 19. März 1835. (Jahrb. Bd. 45. S. 208.) vorgeschriebenen Formulare für das Subhastationspatent ist in allen Fällen, die Subhastation mag im Konkurse oder außerhalb desselben stattfinden, der Zusatz beizufügen:

„Gläubiger, welche wegen einer aus dem Hypothekenbuch nicht ersichtlichen Realforderung aus den Kaufgeldern Befriedigung suchen, haben ihren Anspruch bei dem Subhastationsgericht anzumelden."

Dieser Zusatz darf auch dann nicht wegbleiben, wenn mit dem Subhastationspatent außerdem das Aufgebot der unbekannten Realprätendenten in Gemäßheit der §§. 6. und 7. der Verordnung vom 4. März 1834. über den Subhastations- und Kaufgelderliquidations-Prozeß (Gesetz-Samml. S. 39 u. ff.) verbunden ist.

Die Zustellung der Abschrift des Subhastationspatents an die in dem Gesetze bezeichneten Kassen und Anstalten erfolgt auf die im §. 9. der angeführten Verordnung vorgeschriebene Weise.

XVII. Schlußbestimmungen.

§. 62.

Zur Abhaltung von Terminen im Konkurs- und Prioritätsverfahren ist dem Kommissar auf seinen Antrag ein Protokollführer beizugeben.

§. 63.

Die Gerichtsbehörden werden angewiesen, für die Fälle, wo Bekanntmachungen und andere Schriftstücke an der Gerichtsstelle auszuhängen oder in dem Büreau des Gerichts zur Einsicht für die Betheiligten offen zu legen sind, solche Einrichtungen zu treffen, daß die Schriftstücke einerseits den Betheiligten unter der gehörigen Aufsicht leicht zugänglich sind, andererseits aber auch eine Störung der Büreaubeamten möglichst vermieden wird.

Oeffentliche Aushänge müssen dergestalt angeschlagen werden, daß sie von dem Publikum vollständig gelesen werden können; namentlich sind bei Aushängen, welche mehrere Seiten umfassen, besonders wenn sie unter Drahtgitter verwahrt werden, die einzelnen Seiten auf besondere Blätter zu schreiben und diese mehreren Blätter neben einander zu affigiren.

§. 64.

In dem der gegenwärtigen Instruktion beigefügten Anhange sind zur größeren Veranschaulichung der Anwendung der Konkurs-Ordnung und zur Herbeiführung einer übereinstimmenden gerichtlichen Praxis Beispiele und Formulare für die geeignet erscheinenden Fälle aufgestellt worden. Die Gerichtsbehörden haben dieselben bei der Ausführung des Gesetzes zu beachten.

Berlin, den 6. August 1855.

Der Justiz-Minister
Simons.

Verfügung des Justiz-Ministers

vom 31. August 1855,

betreffend die Instruktion vom 6. August d. J. zur Ausführung der Konkurs-Ordnung.

(Justiz-Minist.-Bl. von 1855. S. 259.)

Die Instruktion vom 6. August d. J., betreffend die Ausführung der Konkurs-Ordnung, wird den Gerichtsbehörden hiermit zur Kenntnißnahme und Befolgung mitgetheilt.

Zugleich erscheint es nothwendig, das durch die allgemeine Verfügung von 7. Juli d. J. vorgeschriebene Formular zum Repertorium der Konkurs-Akten und der Akten über das erbschaftliche Liquidations- und Prioritätsverfahren (Justiz-Minist.-Blatt S. 206 und 214) abzuändern; die Gerichtsbehörden werden deshalb angewiesen, anstatt jenes Formulars das nachstehend unter Num. 21. abgedruckte Schema anzuwenden, wobei bemerkt wird, daß es des durch jene Verfügung angeordneten Repertoriums der Spezial-Akten über nicht anerkannte Liquidate nicht bedarf, weil jene Spezial-Akten zum gewöhnlichen Prozeß-Büreau gehören.

Berlin, den 31. August 1855.

Der Justiz-Minister
Simons.

VI. Formulare.

(Justiz-Minist.-Blatt von 1855. Seite 283—295.)

1.

Beschluß auf Eröffnung des kaufmännischen Konkurses.

(Konkurs-Ordnung §§. 119. 121. 122; Instr. §§. 10—14.)

Auf den Antrag des A.,

in Erwägung, daß derselbe am ...., wegen einer Wechselforderung von .... Thlr., gegen den Kaufmann B. Protest, Mangels Zahlung, hat erheben lassen;

in Erwägung, daß gegen den B., nach Ausweis der Prozeßakten in Sachen des C. wider B., bereits am ....., wegen einer judikatmäßigen Forderung des C. von .... Thlr., die Exekution vollstreckt und das gesammte Waarenlager des B. in Beschlag genommen worden ist;

in Erwägung, daß aus diesen Umständen hervorgeht, daß der B. sich im Zustande der Zahlungsunfähigkeit befindet und bereits am ..... (Tag der Exekutionsvollstreckung) sich in diesem Zustande befunden hat, hierdurch aber die Eröffnung des kaufmännischen Konkurses über das Vermögen desselben und, da er die gerichtliche Anzeige der Zahlungseinstellung unterlassen hat, zugleich seine Verhaftung gerechtfertigt ist (§§. 113. 118. 138. der Konkurs-Ordnung vom 8. Mai 1855),

hat das unterzeichnete Gericht in seiner heutigen Sitzung um ... Uhr ... mittags beschlossen:

1. daß über das Vermögen des B. der kaufmännische Konkurs zu eröffnen und der Tag der Zahlungseinstellung auf den ..... festzusetzen;
2. daß der N. N. zum einstweiligen Verwalter der Konkursmasse zu ernennen *);
3. daß die Bekanntmachung der Konkurseröffnung und des offenen Arrestes, in welchem die Frist zur Anzeige über den Besitz von Vermögensstücken des Gemeinschuldners bis zum ...... zu bestimmen, durch Anschlag an der Ge-

*) Kann die Ernennung nicht sofort erfolgen, so ist die Num. 2. im Beschlusse fortzulassen, da die Abfassung des Beschlusses in Ansehung der übrigen Punkte durch die Ernennung nicht aufgehalten werden darf.

richtsstelle, an der hiesigen Börse und ....., sowie durch ... malige Einrückung in ...., und zwar von ... zu ... Tagen *), zu veröffentlichen;

4. daß der B. zu verhaften und in das Schuldgefängniß abzuliefern.

N. N. den ....

Königliches Kreisgericht. Erste Abtheilung.
(Unterschriften.)

2.

Bekanntmachung der Konkurseröffnung und des offenen Arrestes.

(Konkurs-Ordnung §§. 123. 128. 148. 329; Instr. §§. 11—13.)

Konkurseröffnung.

Königliches Kreisgericht zu ......, Erste Abtheilung,
den ....., ... mittags ... Uhr **).

Ueber das Vermögen (den Nachlaß) des ..... zu ..... ist der kaufmännische (gemeine) Konkurs eröffnet und der Tag der Zahlungseinstellung auf den ...... festgesetzt worden ***).

Zum einstweiligen Verwalter der Masse ist der .... bestellt. Die Gläubiger des Gemeinschuldners werden aufgefordert, in dem auf den ...... vor dem Kommissar N. N. im Terminszimmer Num. .. anberaumten Termine ihre Erklärungen und Vorschläge über die Beibehaltung dieses Verwalters oder die Bestellung eines anderen einstweiligen Verwalters abzugeben †).

Allen, welche von dem Gemeinschuldner etwas an Geld, Papieren oder anderen Sachen in Besitz oder Gewahrsam haben, oder welche ihm etwas verschulden, wird aufgegeben, nichts an denselben zu verabfolgen oder zu zahlen, vielmehr von dem Besitz der Gegenstände bis zum .... einschließlich dem Gericht oder dem Verwalter der Masse Anzeige zu machen und Alles, mit Vorbehalt ihrer etwanigen Rechte, ebendahin zur Konkursmasse abzuliefern. Pfandinhaber und andere mit denselben gleichberechtigte Gläubiger des Gemeinschuldners haben von den in ihrem Besitz befindlichen Pfandstücken nur Anzeige zu machen.

---

*) Behufs schleuniger Herbeiführung der Publizität der Bekanntmachung wird es zweckmäßig sein, die Einrückungen schnell auf einander folgen zu lassen.

**) Datum und Stunde der Beschlußfassung.

***) Im Falle des gemeinen Konkurses bleibt diese, den Tag der Zahlungseinstellung betreffende Stelle weg.

†) Ist der einstweilige Verwalter zur Zeit des Erlasses der Bekanntmachung noch nicht ernannt, so fällt dieses Alinea hier fort.

3.
Nachträgliche Bekanntmachung der Ernennung des einstweiligen Verwalters.

(Konkurs-Ordnung §. 128; Instr. §. 13.)

In dem über das Vermögen (den Nachlaß) des . . . . . . zu . . . . . eröffneten Konkurse ist der . . . . . . zum einstweiligen Verwalter der Masse bestellt worden. Die Gläubiger des Gemeinschuldners werden aufgefordert, in dem auf den . . . . vor dem Kommissar N. N. im Terminszimmer Num. . . . anberaumten Termine ihre Erklärungen und Vorschläge über die Beibehaltung dieses Verwalters oder die Bestellung eines anderen einstweiligen Verwalters abzugeben.

N. N. den . . . . . .

Königliches Kreisgericht. Erste Abtheilung.

4.
Bekanntmachung der Konkurseröffnung und des offenen Arrestes im Falle des abgekürzten Verfahrens.

(Konkurs-Ordnung §§. 298. 302; Instr. §. 54.)

Konkurseröffnung.

Königliches Kreisgericht zu . . . . . ., Erste Abtheilung
den . . . . ., . . . mittags . . . Uhr

Ueber das Vermögen (den Nachlaß) des . . . . . zu . . . . . ist der kaufmännische (gemeine) Konkurs im abgekürzten Verfahren eröffnet und der Tag der Zahlungseinstellung auf den . . . . . festgesetzt worden.

Zum einstweiligen Verwalter der Masse ist der . . . . . bestellt. Die Gläubiger des Gemeinschuldners werden aufgefordert, in dem auf den . . . . . . vor dem Kommissar N. N. im Terminszimmer Num. . . . anberaumten Termine die Erklärungen über ihre Vorschläge zur Bestellung des definitiven Verwalters abzugeben.

Allen, welche von dem Gemeinschuldner etwas an Geld, Papieren oder anderen Sachen in Besitz oder Gewahrsam haben, oder welche ihm etwas verschulden, wird aufgegeben, nichts an denselben zu verabfolgen oder zu zahlen, vielmehr von dem Besitz der Gegenstände bis zum . . . . . . einschließlich dem Gericht oder dem Verwalter der Masse Anzeige zu machen und Alles, mit Vorbehalt ihrer etwanigen Rechte, ebendahin zur Konkursmasse abzuliefern. Pfandinhaber und andere mit denselben gleichberechtigte Gläubiger des Gemeinschuldners haben von den in ihrem Besitz befindlichen Pfandstücken nur Anzeige zu machen.

5
Nachträgliche Bekanntmachung der Einleitung des abgekürzten Verfahrens, nach vorgängigem Erlasse der Bekanntmachung Num. 2.

(Konkurs-Ordnung §§. 298. 302; Instr. §. 54.)

Mit Beziehung auf den Erlaß vom ......, betreffend die Eröffnung des Konkurses über das Vermögen (den Nachlaß) des ..... zu ......, wird hierdurch bekannt gemacht, daß die Verhandlung dieses Konkurses in dem abgekürzten Verfahren erfolgen soll. Es werden daher in dem durch den gedachten Erlaß auf den .... anberaumten Termine die Vorschläge der Gläubiger zur Bestellung des definitiven Verwalters erfordert werden.

N. N. den ......

Königliches Kreisgericht. Erste Abtheilung.

6.
Aufforderung der Konkursgläubiger, wenn nur eine Anmeldungsfrist festgesetzt wird.

(Konkurs-Ordnung §§. 164. 165; Instr. §§. 21. 22.)

In dem Konkurse über das Vermögen (den Nachlaß) des ...... zu .....*) werden alle Diejenigen, welche an die Masse Ansprüche als Konkursgläubiger machen wollen, hierdurch aufgefordert, ihre Ansprüche, dieselben mögen bereits rechtshängig sein oder nicht, mit dem dafür verlangten Vorrecht bis zum ...... einschließlich bei uns schriftlich oder zu Protokoll anzumelden und demnächst zur Prüfung der sämmtlichen, innerhalb der gedachten Frist angemeldeten Forderungen, sowie nach Befinden zur Bestellung des definitiven Verwaltungspersonals auf den .... vor dem Kommissar N. N. im Terminszimmer Num. . . . zu erscheinen.

Wer seine Anmeldung schriftlich einreicht, hat eine Abschrift derselben und ihrer Anlagen beizufügen.

Jeder Gläubiger, welcher nicht in unserm Amtsbezirke seinen Wohnsitz hat, muß bei der Anmeldung seiner Forderung einen am hiesigen Orte wohnhaften oder zur Praxis bei uns berechtigten auswärtigen Bevollmächtigten bestellen und zu den Akten

*) Wenn die Aufforderung sogleich mit der Bekanntmachung der Konkurseröffnung verbunden wird (Konk.-Ordn. §. 168.), so lautet der Anschluß: „Zugleich werden alle Diejenigen, u. s. w.“

anzeigen. Denjenigen, welchen es hier an Bekanntschaft fehlt, werden die Rechtsanwalte . . . . zu Sachwaltern vorgeschlagen.

N. N. den . . . . . .

Königliches Kreisgericht. Erste Abtheilung.

7.
Aufforderung der Konkursgläubiger, wenn zwei Anmeldungsfristen festgesetzt werden.

(Konkurs-Ordnung §§. 164—166; Instr. §§. 21. 22. 30.)

In dem Konkurse über das Vermögen (den Nachlaß) des . . . . . . zu . . . . . werden alle Diejenigen, welche an die Masse Ansprüche als Konkursgläubiger machen wollen, hierdurch aufgefordert, ihre Ansprüche, dieselben mögen bereits rechtshängig sein oder nicht, mit dem dafür verlangten Vorrecht bis zum . . . . . . einschließlich bei uns schriftlich oder zu Protokoll anzumelden und demnächst zur Prüfung der sämmtlichen, innerhalb der gedachten Frist angemeldeten Forderungen, sowie nach Befinden zur Bestellung des definitiven Verwaltungspersonals auf den . . . . . . vor dem Kommissar N. N. im Terminszimmer Num . . . zu erscheinen. Nach Abhaltung dieses Termins wird geeignetenfalls mit der Verhandlung über den Akkord verfahren werden *).

Zugleich ist noch eine zweite Frist zur Anmeldung bis zum . . . . . . einschließlich festgesetzt, und zur Prüfung aller innerhalb derselben nach Ablauf der ersten Frist angemeldeten Forderungen Termin auf den . . . . . . vor dem genannten Kommissar anberaumt; zum Erscheinen in diesem Termin werden die Gläubiger aufgefordert, welche ihre Forderungen innerhalb einer der Fristen anmelden werden.

Wer seine Anmeldung schriftlich einreicht, hat eine Abschrift derselben und ihrer Anlagen beizufügen.

Jeder Gläubiger, welcher nicht in unserm Amtsbezirke seinen Wohnsitz hat, muß bei der Anmeldung seiner Forderung einen am hiesigen Orte wohnhaften oder zur Praxis bei uns berechtigten auswärtigen Bevollmächtigten bestellen und zu den Akten anzeigen. Denjenigen, welchen es hier an Bekanntschaft fehlt,

---

*) Dieser letztere Zusatz erscheint angemessen, um die Gläubiger darauf aufmerksam zu machen, daß es in ihrem Interesse liegt, die erste Anmeldungsfrist nicht zu versäumen, da das Gesetz zur Beschleunigung des Akkordverfahrens bestimmt, daß mit der Verhandlung über den Akkord unmittelbar nach Abhaltung des ersten Prüfungstermins verfahren werden kann.

werden die Rechtsanwalte .... zu Sachwaltern vorgeschlagen.

N. N. den ......

Königliches Kreisgericht. Erste Abtheilung.

8.

Aufforderung der Konkursgläubiger, wenn nachträglich eine zweite Anmeldungsfrist festgesetzt wird.

(Konkurs-Ordnung §. 167; Instr. §§. 21. 22. 30.)

In dem Konkurse über das Vermögen (den Nachlaß) des .... zu ...... ist zur Anmeldung der Forderungen der Konkursgläubiger noch eine zweite Frist bis zum .... einschließlich festgesetzt worden. Die Gläubiger, welche ihre Ansprüche noch nicht angemeldet haben, werden aufgefordert, dieselben, sie mögen bereits rechtshängig sein oder nicht, mit dem dafür verlangten Vorrecht bis zu dem gedachten Tage bei uns schriftlich oder zu Protokoll anzumelden.

Der Termin zur Prüfung aller in der Zeit vom .....*) bis zum Ablauf der zweiten Frist angemeldeten Forderungen ist auf den ...... vor dem Kommissar N. N. im Terminszimmer Num. ... anberaumt, und werden zum Erscheinen in diesem Termin die sämmtlichen Gläubiger aufgefordert, welche ihre Forderungen innerhalb einer der Fristen angemeldet haben.

Wer seine Anmeldung schriftlich einreicht, hat eine Abschrift derselben und ihrer Anlagen beizufügen.

Jeder Gläubiger, welcher nicht in unserm Amtsbezirke seinen Wohnsitz hat, muß bei der Anmeldung seiner Forderung einen am hiesigen Orte wohnhaften oder zur Praxis bei uns berechtigten auswärtigen Bevollmächtigten bestellen und zu den Akten anzeigen. Denjenigen, welchen es hier an Bekanntschaft fehlt, werden die Rechtsanwalte .... zu Sachwaltern vorgeschlagen.

N. N. den ....

Königliches Kreisgericht. Erste Abtheilung.

9.

Bekanntmachung des Termins zur Prüfung einer erst nach dem Ablauf der bestimmten Fristen angemeldeten Forderung.

(Konkurs-Ordnung §. 176; Instr. §. 30.)

Zu dem Konkurse über das Vermögen (den Nachlaß) des .... zu ...... hat der .... nachträglich eine For-

*) Ablauf der ersten Anmeldungsfrist.

derung von .... (mit dem im §. .... der Konkurs-Ordnung bestimmten Vorrechte) angemeldet. Der Termin zur Prüfung dieser Forderung ist auf den .... vor dem unterzeichneten Kommissar im Terminszimmer Num. ... anberaumt, wovon die Gläubiger, welche ihre Forderungen angemeldet haben, in Kenntniß gesetzt werden.

N. N. den ....

Königliches Kreisgericht.
Der Kommissar des Konkurses.

10.
Bekanntmachung des Erörterungstermins bei Einleitung des Akkordverfahrens.

(Konkurs-Ordnung §. 182; Instr. §. 31.)

Nachdem in dem Konkurse über das Vermögen (den Nachlaß) des .... zu .... der Gemeinschuldner (der Erbe des Gemeinschuldners) die Schließung eines Akkords beantragt hat, so ist zur Erörterung über die Stimmberechtigung der Konkursgläubiger, deren Forderungen in Ansehung der Richtigkeit bisher streitig geblieben sind, ein Termin auf den .... vor dem unterzeichneten Kommissar im Terminszimmer Num. ... anberaumt worden. Die Betheiligten, welche die erwähnten Forderungen angemeldet oder bestritten haben, werden hiervon in Kenntniß gesetzt.

N. N. den ....

Königliches Kreisgericht.
Der Kommissar des Konkurses.

11.
Bekanntmachung des Termins zur Verhandlung und Beschlußfassung über den Akkord.

(Konkurs-Ordnung §. 183; Instr. §. 34.)

In dem Konkurse über das Vermögen (den Nachlaß) des .... zu ...... ist zur Verhandlung und Beschlußfassung über einen Akkord Termin auf den .... vor dem unterzeichneten Kommissar im Terminszimmer Num. ... anberaumt worden. Die Betheiligten werden hiervon mit dem Bemerken in Kenntniß gesetzt, daß alle festgestellten oder vorläufig zugelassenen*) Forderungen der Konkursgläubiger, soweit für dieselben weder

*) Der Zusatz: „oder vorläufig zugelassenen“ fällt fort, wenn kein Erörterungstermin anzuberaumen war.

ein Vorrecht, noch ein Hypothekenrecht, Pfandrecht oder anderes Absonderungsrecht in Anspruch genommen wird, zur Theilnahme an der Beschlußfassung über den Akkord berechtigen.

N. N. den . . . . . .

Königliches Kreisgericht.
Der Kommissar des Konkurses.

12.

Aufforderung der Gläubiger, behufs Löschung einer für die Erfüllung des Akkords eingetragenen Hypothek.

(Konkurs-Ordnung §. 200.)

Die Hypothek, welche für die Erfüllung des in dem Konkurse über das Vermögen (den Nachlaß) des . . . . zu . . . . . am . . . . . . geschlossenen Akkords in dem Hypothekenbuche über . . . . Rubr. III. Num. . . . eingetragen steht, soll zur Löschung gebracht werden. Alle Diejenigen, welche noch Ansprüche auf diese Hypothek zu haben vermeinen, werden aufgefordert, ihre Ansprüche bis zum . . . . einschließlich bei uns schriftlich oder zu Protokoll anzuzeigen.

N. N. den . . . .

Königliches Kreisgericht. Erste Abtheilung.

13.

Attest, behufs Löschung der für die Erfüllung des Akkords eingetragenen Hypothek.

(Konkurs-Ordnung §. 200.)

Nachdem behufs Löschung der Hypothek, welche für die Erfüllung des in dem Konkurse über das Vermögen (den Nachlaß) des . . . . zu . . . . am . . . . geschlossenen Akkords in dem Hypothekenbuche über . . . . Rubr. III. Num. . . . eingetragen steht, auf den Antrag des . . . . alle Diejenigen, welche noch Ansprüche auf diese Hypothek zu haben vermeinen, öffentlich aufgefordert worden sind, ihre Ansprüche bis zum . . . . bei dem unterzeichneten Gericht anzuzeigen, so wird hierdurch attestirt, daß innerhalb der bestimmten Frist kein Anspruch angezeigt worden ist, welcher noch zu berichtigen bleibt.

Urkundlich ꝛc.

N. N. den . . . .

Königliches Kreisgericht. Erste Abtheilung.

14.

Aufforderung der Gläubiger im Falle der erfolgten Anlegung einer Spezialmasse für die wegen Erfüllung des Akkords eingetragene Hypothek.

(Konkurs-Ordnung §. 200.)

Bei der in Folge nothwendiger Subhastation stattgehabten Vertheilung der Kaufgelder des ....*) ist für die Hypothek, welche für die Erfüllung des in dem Konkurse über das Vermögen (den Nachlaß) des .... zu .... am .... geschlossenen Akkords Rubr. III. Num. ... des Hypothekenbuchs eingetragen worden ist, eine Spezialmasse im Betrage von .... Thlr. angelegt worden. Alle Diejenigen, welche auf diese Spezialmasse Ansprüche aus der gedachten Hypothek zu haben vermeinen, werden aufgefordert, ihre Ansprüche bis zum ...... einschließlich bei uns schriftlich oder zu Protokoll anzumelden. Wer seine Anmeldung schriftlich einreicht, hat zugleich eine Abschrift derselben und ihrer Anlagen beizufügen.

N. N. den ......

Königliches Kreisgericht. Erste Abtheilung.

15.

Vorladung zu dem (besonderen) Termine, behufs Erforderung der Vorschläge der Gläubiger zur Bestellung des definitiven Verwaltungspersonals.

(Konkurs-Ordnung §. 213.)

In dem Konkurse über das Vermögen (den Nachlaß) des .... zu .... ist zur Erklärung der Gläubiger über ihre Vorschläge zur Bestellung des definitiven Verwaltungspersonals**) ein Termin auf den .... vor dem unterzeichneten Kommissar im Terminszimmer Num. ... anberaumt, zu welchem Sie hierdurch vorgeladen werden.

N. N. den ......

Königliches Kreisgericht.
Der Kommissar des Konkurses.

---

*) Bezeichnung des verpfändeten Grundstücks.

**) Handelt es sich zugleich um die Bewilligung einer Unterstützung für den Gemeinschuldner (Konk.-Ordn. §. 224.), so ist hinzuzufügen: „sowie über den Antrag des Gemeinschuldners auf Bewilligung einer Unterstützung aus der Konkursmasse.“

16.

Plan

zur Vertheilung an die Konkursgläubiger in dem am 1. Oktober 1855 eröffneten Konkurse über das Vermögen des Kaufmanns B. zu A.

Abschnitt I.

Feststellung der disponibel gewordenen Konkursmasse.

		Anl. 1.
1. Nach Ausweis des beigefügten Deposital-Extraktes sind in der Konkursmasse beim Depositorium vorhanden	2056 Thlr. 20 Sgr. — Pf.	
2. An Deposital-Zinsen werden bis zum 1. Mai 1856. noch eingehen . . .	3 = 10 = — =	
3. Durch den definitiven Verwalter sind noch zur Annahme ad depositum offerirt worden.	920 = — = — =	
Es sind sonach jetzt disponibel . . .	2980 Thlr. — Sgr. — Pf.	
Hierzu treten . . . . welche bereits zur Berichtigung der im III. Abschnitte unter den laufenden Nummern 1. bis 3. nachrichtlich aufgeführten Forderungen verwendet worden sind.	130 = — = — =	
Summa I.	3110 Thlr. — Sgr. — Pf.	

Abschnitt II.

Berechnung der noch unberichtigten Masseschulden.

			Anl. 2.
1. Nach der hier beigefügten Kostenrechnung sind an Gerichtskosten, welche der Konkursmasse zur Last fallen, rückständig	40 Thlr. — Sgr. — Pf.		
und außerdem ist an die Salarien-Kasse des hiesigen Kreisgerichts zur Deckung der noch erwachsenden Gerichtskosten ein Vorschuß von vorläufig	20 = — = — =		
zu überweisen. Die Letztere empfängt sonach		60 Thlr. — Sgr. — Pf.	
2. An den definitiven Verwalter sind in Abschlag auf die Belohnung für seine Geschäftsführung, laut Verf. vom 20. April 1856, zu zahlen. .		50 = — = — =	
Summa II.		110 Thlr. — Sgr. — Pf.	

Abschnitt III.

Vertheilung.

(umstehend.)

Laufende Nummer.	Nummer der tabellarischen Nachweisung über die angemeldeten Ansprüche.	Stand, Name und Wohnort des Gläubigers.	Name des vom Gläubiger bestellten Bevollmächtigten.	Fol. der Akten, wo die Vollmacht befindlich ist.	Bezeichnung und Betrag der Forderung.	ℛ𝓉.	Sgr.	₰.
1.	2.	3.	4.		5.			
1.	2. *a*	Die Ortskasse zu A.	. . . . . .	. . .	Kommunal-Steuer für die Zeit vom 1. Juli bis zum 1. Oktober 1855. .	9	—	—
2.	5. *a*	Handlungsgehülfe O. zu A	. . . . . .	. . .	Gehalts-Rückstand aus der Zeit vom 1. Juli bis zum 1. Oktober 1855. .	80	—	—
3.	5. *b*	Handlungsgehülfe B. zu A.	. . . . . .	. . .	Gehalt für die Monate August und September 1855.	50	—	—
					Nach Abrechnung der vom Gemeinschuldner während dieser Zeit für den B. gemachten Auslagen im Betrage von	9	—	—
					bleiben nur noch	41	—	—
4.	5. *c*	Handlungsgehülfe V. jetzt zu L.	Rechtsanwalt P. hierselbst.	38. Vol. C. (Passiv-Akten.)	Gehalt für den Monat September 1855.	20	—	—
5.	8.	Die minorennen Geschwister Th. zu G.	Vormund: Ortsschulze P. zu G.	. . .	Anspruch aus einer vom Gemeinschuldner als früherem Vormunde der Geschwister Th. geführten Vermögensverwaltung	375	—	—
6.	9.	Gastwirth L. zu L.	Rechtsanwalt P. hier — zur Annahme von Geldern berechtigt —	3. Vol. C.	unverzinsliches Darlehn	200	—	—
7.	10.	Derselbe.	Derselbe.	ibid.	Restforderung für geliefertes Getreide	1200	—	—
—	11.	Kaufmann K. zu S.	. . . . . .	. . .	Forderung für gelieferte Waaren. .	8	—	—
—	12.	Waldwärter H. zu V.	. . . . . .	. . .	Arbeitslohn	4	—	—
8.	13.	Ackersmann St. zu Sch.	Rechtsanwalt K. hier.	12. Vol. C.	Anspruch aus der Rückgewähr des dem St. zugehörigen und vom Gemeinschuldner bis zum 1. Juli 1854 pachtweise benutzten Ackerguts zu Sch. .	1707	9	6
					5 Prozent Zinsen davon seit dem 1. April bis zum 1. Oktober 1855. .	42	20	6
					zusammen	1750	—	—

Der Anspruch nimmt an der Vertheilung Theil auf Höhe von			Es gelangen zur Hebung und sind auszuzahlen			in besonderen Deposital-Massen zurückzubehalten			Noch unberichtigt bleiben			Bemerkungen.	Gesammtbetrag der noch streitigen Perzipienda, welche nach Ausführung der gegenwärtigen Vertheilung in Spezial-Massen befindlich sein werden.		
Thlr.	Sgr.	Pf.	Thlr.	Sgr.	Pf.	Thlr.	Sgr.	Pf.	Thlr.	Sgr.	Pf.		Thlr.	Sgr.	Pf.
6.			7.						8.			9.	10.		
9	—	—	9	—	—	—	—	—	—	—	—	bereits berichtigt, zufolge Mandats vom 14. Januar 1856, Bl. 18. Vol. D. (Vertheilungs-Akten).			
80	—	—	80	—	—	—	—	—	—	—	—	bereits berichtigt, wie vorstehend.			
41	—	—	41	—	—	—	—	—	—	—	—	bereits berichtigt, wie vorstehend.			
20	—	—	—	—	—	20	—	—	—	—	—	bestritten und die Anstellung des Spezialprozesses nachgewiesen.	20	—	—
375	—	—	—	—	—	375	—	—	—	—	—	bestritten und die Anstellung des Spezialprozesses nachgewiesen.	375	—	—
200	—	—	80	—	—	—	—	—	120	—	—				
1200	—	—	—	—	—	480	—	—	720	—	—	bestritten und die Anstellung des Spezialprozesses nachgewiesen.	480		—
-	—	—	—	—	—	—	—	—	—	—	—	bestritten und die Anstellung des Spezialprozesses nicht nachgewiesen.			
-	—	—	—	—	—	—	—	—	—	—	—	rechtskräftig abgewiesen.			
1750	—	—	—	—	—	700	—	—	1050	—	—	bestritten und die Anstellung des Spezialprozesses nachgewiesen.	700	—	—
3675	—	—	210	—	—	1575	—	—	1890	—	—	Latus.	1575	—	—

Laufende Nummer.	Nummer der tabellarischen Nachweisung über die angemeldeten Ansprüche.	Stand, Name und Wohnort des Gläubigers.	Name des vom Gläubiger bestellten Bevollmächtigten.	Fol. der Akten, wo die Vollmacht befindlich ist.	Bezeichnung und Betrag der Forderung.	Rthlr.	Sgr.	Pf.
1.	2.	3.	4.		5.			
9.	14.	Eigenthümer Z. zu A.	. . . .	. . .	Darlehn	3000	—	—
					5 Prozent Zinsen davon seit dem 1. April bis zum 1. Oktober 1855. .	37	15	—
						3037	15	—
					Davon: unstreitig	2975	—	—
					streitig: Kapital	25	—	—
					Zinsen	37	15	—
						3037	15	—
		Es sind disponibel nach Abschnitt I.				3110	—	—
		An Masseschulden sind daraus zu decken nach Abschnitt II.				110	—	—
		Zur Vertheilung kommen hier				—	—	—

Bemerkung. Aus der unter die Gläubiger zu vertheilenden Masse der sind zunächst die mit einem Vorrechte angemeldeten Forderungen unter den laufenden Nummern 1. bis 5. von . . . gedeckt.

Für die Ansprüche Nr. 5. bis 9. von . . . . . . bleiben sonach . . . . oder 40 Prozent.

Der Anspruch nimmt an der Vertheilung Theil auf Höhe von	Es gelangen zur Hebung und sind auszuzahlen	Es gelangen zur Hebung und sind in besonderen Deposital-Massen zurückzubehalten	Noch unberichtigt bleiben	Bemerkungen.	Gesammtbetrag der noch streitigen Perzipienda, welche nach Ausführung der gegenwärtigen Vertheilung in Spezial-Massen befindlich sein werden.
Thlr. Sgr. Pf.	Thlr. Sgr. Pf.	Thlr. Sgr. Pf.	Thlr. Sgr. Pf.		Thlr. Sgr. Pf.
6.	7.	7.	8.	9.	10.
3675 — —	210 — —	1575 — —	1890 — —	Transport.	1575 — —
2975 — —	1190 — —	— — —	1785 — —		
62 15 —	— — —	25 — —	37 15 —	wegen der bestrittenen 62 Thlr. 15 Sgr. ist die Anstellung des Spezialprozesses nachgewiesen.	25 — —
6712 15 —	1400 — —	1600 — —	3712 15 —	Summa.	1600 — —
— — —	3000 Thlr.				

. . . . 3000 Thlr.

. . . . 525 Thlr. — Sgr. — Pf. . . . 525 Thlr.

. . . . 6187 „ 15 „ — „

. . . . 2475 „

zusammen . 6712 Thlr. 15 Sgr. Pf. . . . 3000 Thlr.

Abschnitt IV.

Zur Deckung von streitigen Rückforderungsrechten, worüber besonderer Prozeß schwebt, sind beim Depositorium folgende Spezialmassen vorhanden:

1. für den Kaufmann M. zu E. zur Deckung seines Anspruchs auf die an den Gemeinschuldner verkauften und abgesendeten Waaren, welche demnächst im Konkurse veräußert worden sind, der Erlös im Betrage von . 25 Thlr. 14 Sgr. — Pf.
2. für die Ehefrau des Gemeinschuldners, Eleonore geb. F., der von derselben als ihr Eigenthum in Anspruch genommene Staatsschuldschein Litt. F. No. 121222. über 100 Thlr. nebst 3 Koupons.

S. den 27. April 1856.

A.	C.
definitiver Verwalter der B...schen Konkursmasse.	gerichtlicher Kalkulator.

17.

Plan

zur weiteren Vertheilung an die Konkursgläubiger in dem Konkurse über das Vermögen des Kaufmanns B. zu A.

Abschnitt I.

Feststellung der seit der vorigen Vertheilung disponibel gewordenen Konkursmasse.

Anlage.

		Thlr.	Sgr.	Pf.
1.	Nach Ausweis des beigefügten Deposital-Extraktes beträgt der gegenwärtige Bestand der Konkursmasse	612	23	8
2.	An Deposital-Zinsen werden bis zum 1. November 1856 noch aufkommen	—	19	3
3.	Aus der Spezialmasse für den Ackersmann St. zu Sch. fließen zur Konkursmasse zurück (siehe Abschn. III. lfd. Nr. 6.) . .	291	24	4
4.	Zur Ausschüttung gelangt die Spezialmasse für den Handlungsgehülfen V. zu L. (siehe Abschn. III. lfd. Nr..2.) mit	20	11	6
	Summa I.	925	18	9

Abschnitt II.

Berechnung der noch unberichtigten Masseschulden.

		Thlr.	Sgr.	Pf.
1.	Zur Deckung der noch entstehenden Gerichtskosten erhält die Salarien-Kasse des hiesigen Kreisgerichts einen fernerweiten Kostenvorschuß von	20	—	—
2.	Mandatariengebühren des Rechtsanwalts J. zu H. in der Prozeßsache der Konkursmasse wider den Spediteur L. zu C. .	11	—	—
	Summa II.	31	—	—

Abschnitt III.

Vertheilung.

(umstehend)

Laufende Nummer.	Nummer der tabellarischen Nachweisung über die angemeldeten Ansprüche.	Stand, Name und Wohnort des Gläubigers.	Name des vom Gläubiger bestellten Bevollmächtigten.	Fol. der Akten, wo die Vollmacht befindlich ist.	Bezeichnung und Betrag der Forderung.	Thlr.	Sgr.	Pf.
.	2.	3.	4.		5.			
	—	Die in der tabellarischen Nachweisung über die angemeldeten Ansprüche unter den Nummern 2. *a*, 5. *a* und 5. *b* aufgeführten Forderungen sind bereits berichtigt durch Zahlung von				—	—	—
	5. *c*	Handlungsgehülfe V. jetzt zu L.	Rechtsanwalt P. hierselbst.	38. Vol. C.	Gehalt für den Monat September 1855. .	20	—	—
[illegible]	5. *d*	Dienstmagd K. zu A.	. . . . . .	. . .	Lohn für die Zeit vom 1. Juli bis 1. Oktober 1855.	5	—	—
—	8.	Siehe lfd. Nr 8.						
[illegible]	9.	Gastwirth L. zu L.	Rechtsanwalt P. hier — zur Annahme von Geldern berechtigt —	3. Vol. C.	unverzinsliches Darlehn	200	—	—
[illegible]	10.	derselbe.	derselbe.	ibid.	Restforderung für geliefertes Getreide . .	1200	—	—
—	11.	Kaufmann K. zu S.	. . . . . .	. . .	Forderung für gelieferte Waaren . . .	8	—	—
[illegible]	13.	Ackersmann St. zu Sch.	Rechtsanwalt K. hier.	12. Vol. C	Anspruch aus der Rückgewähr des dem St. zugehörigen und vom Gemeinschuldner bis zum 1. Juli 1854 pachtweise benutzten Ackergutes zu Sch... Die bestrittene ursprüngliche Forderung von	1707	9	6
					nebst 5 Prozent Zinsen vom 1. April bis zum 1. Oktober 1855 mit	42	20	6
					zusammen	1750	—	—
					ist im Spezialprozesse von dem Liquidanten ermäßigt auf: Kapital	1000	—	—
					5 Prozent Zinsen vom 1. April bis 1. Oktober 1855.	25	—	—
					Diese	1025	—	—
					sind noch streitig in erster Instanz. Die bei der vorigen Distribution auf die ursprüngliche Forderung vertheilte Spezialmasse von 700 Thlr. vermindert sich nach dem Verhältnisse des ermäßigten Forderungsbetrages auf	410	—	—
					ungedeckt bleiben daher noch	615	—	—

Der Anspruch nimmt an der Vertheilung Theil auf Höhe von			Es gelangen zur Hebung und sind auszuzahlen			in besonderen Depositalmassen zurückzubehalten			Noch unberichtigt bleiben			In Folge vorangegangener Vertheilungen sind auf die Forderung bezahlt			beim Depositorium in Spezial-Massen zurückbehalten			Bemerkungen.	Gesammtbetra der noch streiti gen Perzipiend welche nach Aus führung der g genwärtigen Vertheilung in Spezial-Mass befindlich sein werden.		
Rthl.	Sgr.	Pf.	Rthl.	Sgr.	Pf.	Rthl.	Sgr.	Pf.	Rthl.	Sgr.	Pf.	Rthl.	Sgr.	Pf.	Rthl.	Sgr.	Pf.		Rthl.	Sgr.	Pf.
6.			7.						8.			9.						10.	11.		
—	—	—	—	—	—	—	—	—	—	—	—	130	—	—	—	—	—				
14	—	—	14	—	—	—	—	—	—	—	—	—	—	—	20	—	—	Die Forderung ist jetzt durch Vergleich auf 14 rthl. festgestellt. Die Auszahlung dieser 14 rthl. aus der Spezialmasse ist bereits durch besondere Verfügung angeordnet. Der Ueberrest der Spezialmasse nebst 11 sg. 6 pf. aufgekommenen Deposital-Zinsen fällt zur Konkursmasse zurück und kommt nach Abschn. I. Nr. 4. mit zur Vertheilung.			
5	—	—	5	—	—	—	—	—	—	—	—	—	—	—	—	—	—	nachträglich angemeldet, bereits geprüft und unstreitig.			
120	—	—	30	—	—	—	—	—	90	—	—	80	—	—	—	—	—				
720	—	—	—	—	—	180	—	—	540	—	—	—	—	—	480	—	—	bestritten; der Prozeß schwebt in zweiter Instanz.	660	—	—
—	—	—	—	—	—	—	—	—	—	—	—	—	—	—	—	—	—	bestritten und die Anstellung des Spezialprozesses nicht nachgewiesen.			
615	—	—	—	—	—	153	22	6	461	7	6	—	—	—	700	—	—	Von der nebenstehenden Masse sind zur Deckung der bei der vorigen Vertheilung auf den jetzt noch rechtshängigen Anspruch gefallenen Hebung nur noch 410 rthl. erforderlich. In Folge der Ermäßigung des Klageantrags sind also 290 rthl. disponibel geworden, welche nebst 1 rthl. 24 sg. 4 pf. Depositalzinsen nach Abschn. I. Nr. 3. jetzt zur anderweiten Vertheilung gezogen sind.	563	22	6
1474	—	—	49	—	—	333	22	6	1091	7	6	210	—	—	1200	—	—	Latus.	1223	22	6

Nummer der tabellarischen Nachweisung über die angemeldeten Ansprüche.	Stand, Name und Wohnort des Gläubigers.	Name des vom Gläubiger bestellten Bevollmächtigten.	Fol. der Akten, wo die Vollmacht befindlich ist.	Bezeichnung und Betrag der Forderung.	Thlr.	Sgr.	₰
2.	3.	4.		5.			
14.	Eigenthümer Z. zu A.	. . . . . .	. . .	a. unstreitige Darlehnsforderung . . .	2975	—	—
				b. streitiges Restkapital und Zinsen . .	62	15	—
					3037	15	—
8. jetzt 15.	Die minorennen Geschwister Th. zu G.	Vormund: Ortsschulze P. zu G.	. . .	Anspruch aus einer vom Gemeinschuldner als früherem Vormunde der Geschwister Th. geführten Vermögensverwaltung. Es waren mit Vorzugsrecht angemeldet und bestritten	375	—	—
				Laut rechtskräftigen Erkenntnisses v. 27. August d. J. ist die Forderung auf den genannten Betrag festgestellt, das Vorrecht jedoch aberkannt. Die nach Maaßgabe des festgestellten Theilnahmerechts ermittelte Hebung aus der vorigen Vertheilung ist bereits aus der angelegten Spezialmasse gezahlt mit .	150	—	—
				zufolge Verfügung vom 15. Oktober d. J. ungedeckt sind noch geblieben	225	—	—
	Es sind disponibel nach Abschnitt I.				925	18	9
	An Masseschulden sind daraus zu decken nach Abschnitt II.				31	—	—
	Zur Vertheilung kommen hier				—	—	—

Bemerkungen.

1. Von der zur Vertheilung unter die Gläubiger vorhandenen Masse der . 894 Thlr. 18 Sgr. 9 ₰
sind die mit einem Vorrechte angemeldeten Forderungen unter den laufenden Nummern 2. und 3. mit . . . . 19 Thlr. — Sgr. — ₰ 19 Thlr. — Sgr. — ₰
zur Zahlung angewiesen.
Auf die Ansprüche Nr. 4. bis 8. von . 3502 „ 15 „ — „
fallen . . . . 875 „ 18 „ 9 „
oder 25 Prozent.
zusammen . 3521 Thlr. 15 Sgr. — ₰ 894 Thlr. 18 Sgr. 9 ₰

Der Anspruch nimmt an der Vertheilung Theil auf Höhe von			Es gelangen zur Hebung und sind: auszuzahlen			in besonderen Depositial-Massen zurückzubehalten			Noch unberichtigt bleiben			In Folge vorangegangener Vertheilungen sind auf die Forderung: bezahlt			beim Depositorium in Spezial-Massen zurückbehalten			Bemerkungen.	Gesammtbe… der noch str… gen Perzipie… welche nach … führung der … genwärtig… Vertheilung… Spezial-M… befindlich … werden.		
rthl.	Sgr.	Pf.	rthl.	Sgr.	Pf.	rthl.	Sgr.	Pf.	rthl.	Sgr.	Pf.	rthl.	Sgr.	Pf.	rthl.	Sgr.	Pf.		rthl.	Sgr.	…
6.			7.						8.			9.						10.	11.		
1474	—	—	49	—	—	333	22	6	1091	7	6	210	—	—	1200	—	—	Transport.	1223	22	
1785	—	—	446	7	6	—	—	—	1338	22	6	1190	—	—	—	—	—				
37	15	—	—	—	—	9	11	3	28	3	9		—	—	25	—	—	der Prozeß schwebt noch . .	34	11	
225	—	—	56		6	—	—	—	168	22	6	—	—	—	375	—	—				
—	—	—	—	—	—	—	—	—	—	—	—	150	—	—	—	—	—	Als Hebung aus der vorigen Vertheilung sind aus der nebenstehenden Masse bereits 150 rthl. auf die nunmehr als nicht bevorzugt festgestellte Forderung gezahlt, dagegen die übrigen 225 rthl. zur Konkursmasse zurücktransferirt und unter dem im Abschn. I. Nr. 1. bezeichneten Bestande enthalten.			
3521	15	—	551	15	—	343	3	9	2626	26	3	1550	—	—	1600	—	—	Summa.	1258	3	
	—	—	894 rthl. 18 Sgr. 9 Pf.						—												

2. Die unter die Gläubiger zu vertheilende Masse hat betragen:
bei der 1sten Distribution . . . . 3000 rthl. — Sgr. — Pf.
bei der 2ten Distribution . . . . 894 rthl. 18 Sgr. 9 Pf.
abzüglich der hierunter aus der 1sten Vertheilung enthaltenen Beträge
bei der laufenden Nummer 2. . 20 rthl.
" " " " 6. . 290 "
" " " " 8. . 225 "
535 " — " — "
359 " 18 " 9 "
zusammen . 3359 rthl. 18 Sgr. 9 Pf.

Ausgezahlt sind — Kolonne 9. . . . . . 1550 rthl. — Sgr. — Pf.
Zur Zahlung anzuweisen — Kolonne 7. . . 551 " 15 " — "
Zu Spezial-Massen sind verwiesen — Kolonne 11. 1258 " 3 " 9 "
3359 rthl. 18 Sgr. 9 Pf.
balancirt.

Abschnitt IV.

Zur Deckung von streitigen Rückforderungsrechten waren bei der vorigen Vertheilung folgende Spezialmassen beim Depositorium vorhanden:

1. für den Kaufmann M. zu E. zur Deckung seines Anspruchs auf die an den Gemeinschuldner verkauften und abgesendeten Waaren, welche demnächst im Konkurse veräußert worden sind, ... 25 ℛ︀. 14 Sgr. — ₰.
   Der Prozeß über diesen Anspruch schwebt noch.
2. für die Ehefrau des Gemeinschuldners, Eleonore geb. F., der von derselben als ihr Eigenthum in Anspruch genommene Staatsschuldschein Litt. F. No. 121222. über 100 ℛ︀. nebst 3 Koupons. Die Ehefrau hat inzwischen ihrem Vindikationsanspruche entsagt; der Staatsschuldschein ist mit Einschluß der Zinsvergütung für 96 ℛ︀. 15 Sgr. veräußert, und dieser Betrag ist unter dem im Abschnitt I. Nr. 1. berechneten Bestande enthalten.

S. den 25. Oktober 1856.

A.
definitiver Verwalter
der B . . . . schen Konkursmasse.

C.
gerichtlicher Kalkulator.

18.

Aushang an der Gerichtsstelle, behufs Ausführung des Theilungsplanes.

(Konkurs-Ordnung §§. 242. 244. 252.)

In dem Konkurse über das Vermögen (den Nachlaß) des . . . . zu . . . . ist der Plan zur Vertheilung des verfügbaren Massebestandes entworfen und an der Gerichtsstelle in dem . . . . Büreau zur Einsicht für die Betheiligten ausgelegt.

Die Konkursgläubiger, welche ihre Ansprüche angemeldet haben, werden hierdurch aufgefordert, ihre etwanigen Einwendungen gegen diesen Theilungsplan bis zum . . . . einschließlich bei dem Konkursgericht schriftlich oder zu Protokoll anzuzeigen und zur Verhandlung darüber, sowie zur Ausführung der Vertheilung in dem auf den . . . . vor dem unterzeichneten Kommissar anberaumten Termine, im Terminszimmer Num. . . . , zu erscheinen.

Die Gläubiger, an welche Zahlungen erfolgen sollen, haben sich persönlich oder durch einen zur Empfangnahme von Geldern legitimirten Bevollmächtigten einzufinden und die Urkunden über ihre Forderungen mit zur Stelle zu bringen.

N. N. den . . . . . .

Königliches Kreisgericht.
Der Kommissar des Konkurses.

19.

Aushang an der Gerichtsstelle, behufs Ausführung des Theilungsplanes in dem abgekürzten Konkursverfahren, wenn eine besondere Frist zur Anbringung von Einwendungen nicht bestimmt wird.

(Konkurs-Ordnung §. 305.)

In dem Konkurse über das Vermögen (den Nachlaß) des . . . . zu . . . . ist der Plan zur Vertheilung des verfügbaren Massebestandes entworfen und an der Gerichtsstelle in dem . . . . Büreau zur Einsicht für die Betheiligten ausgelegt.

Die Konkursgläubiger, welche ihre Ansprüche angemeldet haben, werden hierdurch aufgefordert, zur Verhandlung über diesen Theilungsplan, sowie zur Ausführung der Vertheilung in dem auf den . . . . vor dem unterzeichneten Kommissar anberaumten Termine, im Terminszimmer Num. . . . , zu erscheinen.

Die Gläubiger, an welche Zahlungen erfolgen sollen, haben sich persönlich oder durch einen zur Empfangnahme von Geldern legitimirten Bevollmächtigten einzufinden und die Urkunden über ihre Forderungen mit zur Stelle zu bringen.

N. N. den . . . . . .

Königliches Kreisgericht.
Der Kommissar des Konkurses.

20.

Aufforderung der Erbschaftsgläubiger und Legatare im erbschaftlichen Liquidationsverfahren.

(Konkurs-Ordnung §§. 347. 348; Instr. §. 57.)

Ueber den Nachlaß des .... zu .... ist das erbschaftliche Liquidationsverfahren eröffnet worden. Es werden daher die sämmtlichen Erbschaftsgläubiger und Legatare aufgefordert, ihre Ansprüche an den Nachlaß, dieselben mögen bereits rechtshängig sein oder nicht, bis zum .... einschließlich bei uns schriftlich oder zu Protokoll anzumelden. Wer seine Anmeldung schriftlich einreicht, hat zugleich eine Abschrift derselben und ihrer Anlagen beizufügen.

Die Erbschaftsgläubiger und Legatare, welche ihre Forderungen nicht innerhalb der bestimmten Frist anmelden, werden mit ihren Ansprüchen an den Nachlaß dergestalt ausgeschlossen werden, daß sie sich wegen ihrer Befriedigung nur an Dasjenige halten können, was nach vollständiger Berichtigung aller rechtzeitig angemeldeten Forderungen von der Nachlaßmasse, mit Ausschluß aller seit dem Ableben des Erblassers gezogenen Nutzungen, übrig bleibt.

Die Abfassung des Präklusionserkenntnisses findet nach Verhandlung der Sache in der auf den .... in unserm Audienzzimmer Num. ... anberaumten öffentlichen Sitzung statt.

N. N. den ......

Königliches Kreisgericht. Erste Abtheilung.

21.
Repertorium

21.

Repertorium

der Konkurs-Akten und der Akten über erbschaftliches Liquidations- und über Prioritäts-Verfahren.

Laufende Nummer.	2. Name des Gemeinschuldners oder Erblassers.	3. Name des Kommissars.	4. Name des Verwalters der Masse.	5. Tag der Eröffnung.	6. Erledigt a. durch Verzicht vom	b. durch Erkenntniß über die Wiederaufhebung des Konkurses vom	c. durch Akkord vom	d. durch Beschluß über die Beendigung des Konkurses vom	7. Tage der Prüfungs-Termine.	8. Tage der Verhandlungs-Termine über die Theilungspläne.	9. Datum der Repositions-Verfügung.	10. Kassationsfähig am	11. Bezeichnung der angelegten Akten.	12. Die Kosten sind liquidirt am	bis Blatt	13. Bemerkungen.

Bemerkungen. 1) Bei den Konkursen bleibt die Kolonne 6 a. außer Anwendung.

2) Bei dem erbschaftlichen Liquidationsverfahren werden die Kolonnen 4. 6 b. c. und d., 7. und 8. nicht ausgefüllt, dagegen ist in der Kolonne 13. der Tag des Präklusions-Erkenntnisses und der Entscheidungen über die dagegen eingelegten Rechtsmittel der Restitution anzugeben.

3) Bei dem Prioritätsverfahren bleiben die Kolonnen 4. 6. 7. und 11. unbenutzt.

VII. Nachtrag.

Verfügung des Justiz-Ministers

vom 28. Oktober 1857,

betreffend die Auslegung der Artikel II. und III. des Einführungsgesetzes zur Konkurs-Ordnung vom 8. Mai 1855 und deren Einfluß auf die im Titel 51. Theil I. der Allgemeinen Gerichts-Ordnung Abschnitt 3. und 4. erwähnten Arten des Aufgebotsverfahrens.

(Justiz-Minist.-Bl. S. 418—420.)

Nach dem Bericht des Königlichen Appellationsgerichts vom 19. Mai d. J. sind bei den Gerichten des dortigen Departements durch die Artikel II. und III. des Einführungsgesetzes der Konkurs-Ordnung vom 8. Mai 1855 Zweifel darüber entstanden:

> ob die im dritten und vierten Abschnitt Th. I. Tit. 51. der Allg. Gerichts-Ordnung in Bezug genommenen Vorschriften §§. 107. ff. Th. I. Tit. 50. und deren Modifikationen §. 327. des Anhangs daselbst und §. 3. des Gesetzes vom 21. Dezember 1849. (Gesetz-Samml. S. 441.) bei den verschiedenen Arten des Aufgebotsverfahrens noch Anwendung finden, oder ob die Vorschriften der Konkurs-Ordnung vom 8. Mai 1855, namentlich die §§. 168. 123. 329, resp. §§. 43. und 12. Th. I. Tit. 7. der Allg. Gerichts-Ordnung, an deren Stelle getreten, oder endlich, ob die Vorschriften über das Aufgebot der bei der Kaufgelderbelegung im Fall einer nothwendigen Subhastation gebildeten Spezialmassen (§. 410. der Konkurs-Ordnung vom 8. Mai 1855. und die Gesetze vom 4. März 1834. und 2. Dezember 1837.) analog anzuwenden sind.

Der Justiz-Minister hat daraus Veranlassung genommen, von einigen Obergerichten hierüber Bericht zu erfordern, und tritt der Ansicht der Mehrzahl derselben dahin bei:

daß die im Tit. 51. Th. I. der Allg. Gerichts-Ordnung Abschnitt 3. und 4. in Bezug genommenen Vorschriften §§. 107. ff. Th. I. Tit. 50. a. a. O. mit Ausnahme der Fälle, in welchen die Fristen und Formen des öffentlichen Aufgebots durch besondere Gesetze bestimmt sind, noch jetzt zur Anwendung kommen.

Die Wortfassung des Artikels III. des Einführungsgesetzes der Konkurs-Ordnung vom 8. Mai 1855:

„Wo in irgend einem Gesetze auf die hiernach (Artikel II.) außer Wirksamkeit gesetzten Vorschriften verwiesen wird, treten die Vorschriften der Konkurs-Ordnung an deren Stelle“,

scheint zwar der entgegengesetzten Auslegung das Wort zu reden, weil der in Bezug genommene Artikel II. alle der Konkurs-Ordnung entgegenstehende Vorschriften, und besonders den Titel 50. Th. I. der Allg. Gerichts-Ordnung als eines der aufgehobenen Gesetze bezeichnet. Daß aber durch die allgemeine Fassung des Artikels II., mit welchem Artikel III. im genauesten Zusammenhange steht, nicht jede Bezugnahme auf Th. I. Tit. 50. der Allg. Gerichts-Ordnung hat abgeschnitten, vielmehr die Frage, welche gesetzlichen Bestimmungen für aufgehoben zu erachten, der richterlichen Beurtheilung hat überlassen werden sollen, ergeben die Motive zu dem Entwurfe des Einführungsgesetzes Artikel II., in welchen ausdrücklich bemerkt ist, daß eine richtige Würdigung der Grundsätze, auf welchen die neue Gesetzgebung beruhe, die Praxis in den Stand setzen werde, zu beurtheilen, ob und wie weit die Bestimmungen des bestehenden Rechts als aufgehoben oder modifizirt zu erachten seien.

Erwägt man, daß der Grund und Zweck der Konkurs-Ordnung die Regelung eines einfachen und zweckmäßigen Verfahrens zur Befriedigung der Gläubiger des Gemeinschuldners und eine Umgestaltung der mit dem Konkurse im inneren Zusammenhange stehenden Lehren von dem moratorium, der cessio bonorum, dem beneficium competentiae, dem Liquidationsprozesse und dem Prioritätsverfahren in der Exekutions-Instanz gewesen ist, so kann die gesetzliche Sanktion des Artikels II.:

„daß alle der Konkurs-Ordnung entgegenstehende Bestimmungen außer Wirksamkeit gesetzt werden“,

und folgeweise die im Artikel III. des Einführungsgesetzes erfolgte Substitution der neueren gesetzlichen Bestimmungen an Stelle der nach Artikel II. aufgehobenen, nur auf die in der Konkurs-Ordnung vorkommenden Materien, nicht aber auf solche Rechtsverhältnisse bezogen werden, welche weder in den bezeichneten Titeln den Sitz ihrer Materie finden, noch mit denselben in einem inneren Zusammenhange stehen.

Zu den Rechtsverhältnissen letzterer Gattung gehören aber die verschiedenen Arten des öffentlichen Aufgebots.

Sie sind ihrem Zwecke nach auf die Feststellung der Rechte des Provokanten und auf Ausschließung der Ansprüche unbekannter Prätendenten an das Objekt des Aufgebots gerichtet, haben also mit dem Konkursverfahren durchaus nichts gemein.

Die im Tit. 51. Th. I. der Allg. Gerichts-Ordnung enthaltenen Hauptbestimmungen über das Aufgebotsverfahren sind durch die Konkurs-Ordnung weder direkt noch indirekt berührt, und wenn diese sonach ihre Geltung behalten, so müssen auch die zur Ergänzung dieser in sich unvollständigen Vorschriften in Bezug genommenen Bestimmungen Th. I. Tit. 50. der Allg. Gerichts-Ordnung in Kraft bleiben, weil sie als integrirender Theil der Vorschriften über das Aufgebotsverfahren anzusehen sind und sonach der Konkurs-Ordnung nicht widersprechen, wenn sie auch andere Vorschriften als diese letztere über die Frist und Form der Vorladung enthalten. Dieser Schluß wird besonders dann gerechtfertigt, wenn sich ergiebt, daß die Konkurs-Ordnung keine ausreichende Bestimmungen enthält, um die Vorschriften des Tit. 50. Th. I. der Allg. Gerichts-Ordnung bei ihrer Anwendung auf das Aufgebotsverfahren vollständig zu ersetzen. Das ist aber der Fall.

Jedes Aufgebotsverfahren erfordert nach den Vorschriften des Tit. 51. Th. I. der Allg. Gerichts-Ordnung die Ansetzung eines bestimmten Termins zur Anmeldung der Ansprüche der Interessenten. Die Frist für diesen Termin ist in einigen Fällen §§. 103b. 151. 157. Th. I. Tit. 51. der Allg. Gerichts-Ordnung nur durch Bezugnahme auf die Vorschriften §§. 107. ff. Th. I. Tit. 50. der Allg. Gerichts-Ordnung bestimmt, „nach welchen auch im Konkursverfahren Termine zur Anmeldung der Ansprüche der Kreditoren anberaumt werden müßten.“ Die Konkurs-Ordnung kennt solche Termine nicht, stellt vielmehr den Kreditoren zur Anmeldung ihrer Ansprüche nur arbiträre Fristen. §§. 164. Nr. 1, 165. 166. der Konkurs-Ordnung vom 8. Mai 1855.

Wollte man nun die Vorschriften Th. I. Tit. 50. der Allg. Gerichts-Ordnung auch für die Fälle als aufgehoben ansehen, in welchen der Titel 51. wegen Bestimmung des Termins auf die §§. 107. ff. Th. I. Tit. 50. der Allg. Gerichts-Ordnung verweist, so würde eine Lücke vorhanden sein, welche nicht hat beabsichtigt werden können.

Hieraus ergiebt sich aber, daß der Artikel III. des Einführungsgesetzes mit der Einschränkung aufgefaßt werden muß, die ihn mit der durch das Konkursverfahren und dessen verwandte Materien nicht berührten älteren Gesetzgebung in Einklang erhält.

Es müssen hiernach die im dritten und vierten Abschnitt des Tit. 51. der Allg. Gerichts-Ordnung in Bezug genommenen Vorschriften des Tit. 50. als nothwendige Folgen der Hauptbestimmungen über das Aufgebotsverfahren (Tit. 51.) ferner in Anwendung gebracht werden.

Ist man aber gezwungen, für einige Fälle des Aufgebotsverfahrens (§§. 103b. 151. 157. Th. I. Tit. 51. der Allg. Gerichts-Ordnung) diese Einschränkung des Artikels III. des Einführungsgesetzes eintreten zu lassen, so liegt hierin ein genügender Grund zu der Annahme, daß der Gesetzgeber bei den Artikeln II. und III. des Einführungsgesetzes der Konkurs-Ordnung die Vorschriften über das seiner Aufgabe fern liegende Aufgebotsverfahren nicht im Auge gehabt, und es sonach nicht in seiner Absicht gelegen hat, in den daneben bestehenden Vorschriften eine Abänderung einzuführen.

Uebrigens bedarf es kaum der Erwähnung, daß in den Fällen, in welchen die Termine und die Form der Vorladung durch besondere Gesetze geregelt sind, z. B. Nr. 2. der Allerhöchsten Kabinets-Order vom 9. Mai 1839 (Gesetz-Samml. S. 164.), §. 1. des Gesetzes vom 7. Mai 1845. (Gesetz-Samml. S. 160.), §. 7. des Gesetzes vom 4. März 1834. (Gesetz-Samml. S. 39.), diese speziellen Vorschriften beachtet werden müssen.

Der Justiz-Minister hält hiernach die Herbeiführung einer gesetzlichen Deklaration der Artikel II. und III. des Einführungsgesetzes der Konkurs-Ordnung vom 8. Mai 1855. nicht für erforderlich.

Berlin, den 28. Oktober 1857.

Der Justiz-Minister
Simons.

VIII. Register.

A.

Aushang I. an der Gerichtsstelle

1) in Konkursen, findet statt: a) bei Bekanntmachung der Konkurseröffnung, des festgesetzten Tages der Zahlungseinstellung, des offenen Arrestes, des Verwalters rc. im kaufmännischen Konkurse K.O. §§. 123. 126. 128. 148. 168. 182. 183. 200. 214. Nr. 4. — desgl. im gemeinen Konkurse K.O. §§. 329. 331. 333. — b) bei Bekanntmachung der Sitzung zur Abfassung des Erkenntnisses über die Bestätigung des Akkords K.O. §. 191; vergl. Instr. §. 39. — c) wenn der Theilungsplan entworfen ist K.O. §. 242; Form. 18. 19. — d) bei dem öffentlichen Verkauf ausstehender Forderungen des Gemeinschuldners K.O. §. 275. — e) bei der Wiedereinsetzung des Gemeinschuldners in den vorigen Stand K.O. §§. 312. 313. 315.

2) Aushang an der Gerichtsstelle im erbschaftlichen Liquidationsverfahren K.O. §§. 349. 353. 355. — desgl. im Kaufgelderbelegungsverfahren bei nothwendigen Subhastationen K.O. §. 385. — Aushang des Präklusionserkenntnisses bei dem Aufgebot von Spezialmassen K.O. §. 412.

II. Aushang an andern Orten, inwiefern derselbe bei Bekanntmachung der Konkurseröffnung rc. stattfindet K.O. §. 123; Instr. §§. 11. 16. — desgl. beim erbschaftlichen Liquidationsprozeß K.O. §. 349.

III. Allgemeine Bestimmung über Aushänge Instr. §. 63.

Auskultatoren, dieselben können nicht als Verwalter der Konkursmasse bestellt werden Instr. §. 13.

Auslagen, s. Kosten, Gerichtskosten.

Ausland, Verfahren, wenn der Gemeinschuldner Vermögen im Auslande besitzt K.O. §. 226. — Vermögen, welches der Schuldner im Auslande besitzt, ist bei dem Antrage auf gerichtliche Zahlungsstundung als genügende Sicherheit nicht anzusehen K.O. §. 429.

Ausländer, welche Rechte ausländischen Gläubigern auf die im Inlande befindliche Konkursmasse zustehen K.O. §. 3. — Festsetzung der Anmeldungsfrist und des Prüfungstermins, wenn ausländische Gläubiger vorhanden sind K.O. §. 166. — Verfahren über das inländische Vermögen eines ausländischen Gemeinschuldners K.O. §§. 292—296.

B.

Bagatellprozeß bei Spezialprozessen der Konkursgläubiger, Bestimmung über das Verfahren K.O. §. 230. — Kompetenz der Kommissarien für Bagatellsachen in den auf das Konkursverfahren bezüglichen Spezialprozessen K.O. §. 228; Instr. §. 1.

Bankerutt, inwiefern dadurch der Akkord ausgeschlossen wird K.O. §. 189. — Nichtigkeit des Akkords, wenn der Gemeinschuldner nachträglich wegen betrüglichen Bankerutts verurtheilt wird K.O. §§. 202. 205. — Obliegenheiten der Staatsanwaltschaft hierbei Instr. §§. 34. 35. 55. — inwiefern Gemeinschuldner, welche wegen Bankerutts verurtheilt sind, auf Wiedereinsetzung in den vorigen Stand antragen können K.O. §. 316.

Beamte, Verfahren bei der Inventur, wenn Konkurs über das Vermögen eines Beamten eröffnet ist K.O. §. 154. — Beschlagnahme der Besoldung oder Pension eines Beamten im Wege der Exekution K.O. §§. 377 bis 381. 439; Instr. §. 60. — inwiefern den Gemeinden, Kreis- und Provinzialverbänden, Landschaften, Kirchen rc. ein gesetzlicher Titel zum Pfandrecht in dem Vermögen ihrer Beamten zusteht Einf.G. Art. XI. Nr. 2. S. 3. — s. auch Defekte, Kassenbeamte.

Bediente, s. Gesinde.

F.

5) Gegen Forderungen an Fabrikbesitzer aus dem Geschäftsbetriebe derselben ist der Antrag auf gerichtliche Zahlungsstundung unzulässig K. O. §. 432. Nr. 5.

6) Zu den Fabrikbesitzern sind Gutsbesitzer, welche ein Handelsgeschäft nur als landwirthschaftliches Nebengewerbe betreiben, nicht zu rechnen Einf.G. Art. XIV. S. 4.

Fälligkeit der Forderungen, s. Forderungen, Interusurium.

Faustpfand, s. Pfand, Pfandgläubiger, Pfandrecht.

Feuerversicherung, Vorzugsrecht der an Feuerversicherungsgesellschaften zu entrichtenden Beiträge K.O. §§. 49. 383.

Fideikommißfolger, Auseinandersetzung zwischen demselben und den Allodialerben des Gemeinschuldners K.O. §. 36.

Fideikommißnutzungen, Beschlagnahme und Vertheilung derselben im Wege der Exekution K.O. §§. 57—59. 377—381. 382. 416—420; Instr. §. 60.

Fiskus, in welchen Fällen dem Fiskus ein gesetzliches Pfandrecht zusteht K.O. §. 33. Nr. 1. 2. §. 34. — Vorrechte des Fiskus für Forderungen aus Defekten der Kassenverwalter, desgl. für Forderungen aus Lieferungsverträgen und wegen Kosten K.O. §§. 78. 368. — Fiskus behält einen gesetzlichen Titel zum Pfandrecht in dem Vermögen seiner Schuldner Einf.G. Art. XI. Nr. 1. S. 3. — s. auch Institute.

Forderungen, 1) Ansprüche der Ehefrau des Gemeinschuldners auf ausstehende Forderungen K.O. §§. 88—90. — Anmeldung und Prüfung der Forderungen der Konkursgläubiger K.O. §§. 164 ff; Instr. §§. 21. 23. 26—30. — Feststellung der streitigen Forderungen der Konkursgläubiger K.O. §§. 227 bis 238; Instr. §§. 41—44. — Befriedigung der Forderungen der Konkursgläubiger K.O. §§. 239ff; Instr. §§. 46—50. — Besondere Bestimmungen über bedingte und noch nicht fällige Forderungen im Konkurse K.O. §§. 231. 249. 250. 278. — Bestimmung über die ausstehenden Forderungen des Gemeinschuldners, welche nicht realisirt werden können K.O. §. 273. — inwiefern eine Ueberweisung derselben an die Gläubiger oder ein öffentlicher Verkauf derselben zulässig ist K.O. §§. 274. 275.

2) Anmeldung der Forderungen im erbschaftlichen Liquidationsverfahren K.O. §. 350.

3) Beschlagnahme von Forderungen des Schuldners im Wege der Exekution, Verfahren, wenn andere Gläubiger der Beschlagnahme beitreten K.O. §§. 363 ff; Instr. §§. 58. 59. — Berichtigung der Forderungen im Kaufgelderbelegungsverfahren bei nothwendigen Subhastationen K.O. §§. 388 bis 398. — Besondere Bestimmungen über bedingte und noch nicht fällige Forderungen K.O. §§. 396. 397. — Welche Forderungen bei dem Antrage des Schuldners auf gerichtliche Zahlungsstundung als genügende Sicherheit anzusehen sind K.O. §. 429.

Bevorzugte Forderungen, s. Vorrechte.

Formulare, Anwendung gedruckter Formulare in Konkurssachen Instr. §§. 11. 12. 22. — Allgemeine Bestimmung in Betreff der, der Instruktion beigefügten Formulare Instr. §. 64.

Forstbeamte, in welchen Fällen denselben wegen ihrer Forderungen für Dienstleistungen ein Vorzugsrecht bei Vertheilung der Kaufgelder von Immobilien zusteht K.O. §§. 50. 383.

Frachtfuhrleute, gesetzliches Pfandrecht derselben an den von ihnen beförderten Waaren und Gütern wegen der Frachtgelder und Auslagen K.O. §. 33. Nr. 6.

Frachtgelder, die von dem Schiffe verdienten Frachtgelder gehören zur Schiffsmasse K.O. §. 64.

Fremde Sachen, s. Sachen.

G.

sowie zum weiteren Verfahren über den Akkord K.O. §§. 183. 184. 189. 192 ff; Instr. §§. 34—40. — Wirkungen des Akkords auf die Rechte des Gemeinschuldners K.O. §§. 198 ff. 290. 318; Instr. §. 40. — Zuziehung desselben bei Abnahme der Rechnung von dem einstweiligen Verwalter und bei der Liquidation der Masse K.O. §§. 220. 223. — Zuziehung desselben bei der Verfügung über ausstehende Forderungen, welche nicht realisirt werden können K.O. §§. 273 ff. — desgl. bei Abnahme der Schlußrechnung von dem Verwalter der Masse K.O. §. 279.

4) In welchen Fällen die Verhaftung des Gemeinschuldners zulässig ist K.O. §§. 137. 138. 201. 280; Instr. §. 14. — inwiefern dem Gemeinschuldner freie Wohnung und Unterstützung gewährt werden darf K.O. §§. 162. 224. — Entschuldbarkeit des Gemeinschuldners K.O. §. 280.

5) Folgen des Konkurses in Beziehung auf die Person des Gemeinschuldners, Verlust der kaufmännischen Rechte 2c. K.O. §§. 310—318. — Strafbestimmungen gegen Gemeinschuldner, welche einen Gläubiger zum Nachtheil anderer befriedigen oder begünstigen K.O. §§. 308. 340.

General-Moratorien dürfen nicht mehr bewilligt werden K.O. §. 433.

Gerechtigkeiten, 1) Behandlung derselben im Konkurse, Vertheilung der Kaufgelder und Revenüen von Gerechtigkeiten, welche die Eigenschaft unbeweglicher Sachen haben K.O. §. 63. — Einstweilige Verwaltung der Gerechtigkeiten K.O. §. 152. Nr. 5. §. 158. Nr. 2. — Abschätzung derselben K.O. §. 157. — Verfahren bei Vindikationsansprüchen, Vergleichen und Klagen, welche Gerechtigkeiten des Gemeinschuldners betreffen K.O. §. 159. 160. 223.

2) Vertheilung der Kaufgelder von Gerechtigkeiten bei nothwendigen Subhastationen K.O. §. 402. — Vertheilung der Revenüen im Wege der Exekution K.O. §. 416.

Gerichtsdeputationen, s. Deputation.

Gerichtskommissionen (Einzelrichter), Befugniß derselben zur Ergreifung vorläufiger Sicherheitsmaaßregeln gegen den Gemeinschuldner vor Eröffnung des Konkurses K.O. §§. 137. 334. — Kompetenz der Einzelrichter zur Instruktion und Entscheidung von Spezialprozessen über streitige Forderungen der Konkursgläubiger K.O. §. 228; Instr. §. 1. — Gerichtskommissionen sind zur Bearbeitung von Konkurssachen nicht kompetent Instr. §. 2. — der Kommissar ist befugt, die Gerichtskommissionen des Konkursgerichts mit der Erledigung einzelner Geschäfte zu beauftragen Instr. §§. 4. 15. 20.

Gerichtskosten, Rangordnung derselben K.O. §. 78. Nr. 3. §. 368. — Für das Verfahren und das Erkenntniß über die Bestätigung des Akkords kommen in erster Instanz keine Gerichtskosten in Ansatz K.O. §. 194. — Allgemeine Bestimmung über die Gerichtskosten im Konkurse und im erbschaftlichen Liquidationsprozesse Einf.G. Art. XVIII. S. 5. — Ansatz und Erhebung derselben V. 4. Juni 1855. S. 142. aufgehoben durch das G. v. 15. März 1858. S. 145. Allg. Verf. v. 1. April 1858. S. 149. — s. auch Kosten.

Gerichts-Ordnung, Aufhebung der Titel 47. bis 50. und des zweiten Abschnitts von Titel 51. Theil I. der Allg. Gerichts-Ordnung Einf.G. Art. II. S. 1. — Inwiefern die Vorschriften der Allg. Gerichts-Ordnung über das öffentliche Aufgebotsverfahren noch gegenwärtig Anwendung finden Verf. v. 28. Okt. 1857. S. 222.

Gerichtsstelle, Anschlag an derselben, s. Aushang.

Geschäft des Gemeinschuldners, inwiefern gegen Handelsleute, Schiffsrheder und Fabrikbesitzer der kaufmännische Konkurs nach Aufgabe ihres Geschäfts zulässig ist K.O. §. 114. Nr. 1. — Bestimmungen über die Fortsetzung des Geschäfts des Gemeinschuldners K.O. §. 143. Nr. 6. §§. 144. 157; Instr. §. 16.

Geschäftsbetrieb in den gerichtlichen Büreaus hinsichtlich der Konkurs-

H.

J.

K.

wegen Defekte K.O. §§. 79. 368. — inwiefern denselben ein gesetzlicher Titel zum Pfandrecht in dem Vermögen ihrer Beamten und Schuldner zusteht Einf.G. Art. XI. Nr. 2. S. 3.

Kommissar des Gerichts, 1) zur Bearbeitung des Konkurses K.O. §. 127. — a) Ernennung des Kommissars, Stellung und Geschäfte desselben im Allgemeinen Instr. §§. 3—5. — b) derselbe kann den Gemeinschuldner und andere Personen vernehmen, und hat die Aufsicht über den einstweiligen Verwalter der Masse zu führen K.O. §§. 132 ff.; Instr. §§. 19. 20. 45. — Mitwirkung desselben bei der Siegelung K.O. §§. 141—144; Instr. §§. 15. 16. — desgl. beim Erlaß der Spezial-Inhibitorien an die Schuldner und Pfandgläubiger des Gemeinschuldners Instr. §§. 12. 20. — desgl. bei der Entsiegelung und Inventur K.O. §. 153; Instr. §. 20. — ferner bei der Beschlagnahme der Immobilien K.O. §. 150; Instr. §§. 17. 19. — c) in welchen Fällen der einstweilige Verwalter die Genehmigung des Kommissars einzuholen hat K.O. §§. 158. 160. 256. 264. — desgl. der definitive Verwalter K.O. §§. 222. 223. 256. 264. — d) Verfahren des Kommissars bei Berufung der Konkursgläubiger Instr. §§. 21—24. — desgl. im Prüfungstermin K.O. §§. 171. 175; Instr. §§. 26—30. — desgl. bei den Verhandlungen über den Akkord K.O. §§. 182 ff.; Instr. §§. 31. 34—38. 40. — Verfahren des Kommissars behufs Einleitung der Spezialprozesse der Konkursgläubiger K.O. §. 229; Instr. §. 41; vergl. §. 44. — e) der Kommissar hat die Berathungen des Verwaltungsraths zu leiten K.O. §. 218. — Geschäfte desselben bei Abnahme der Rechnung von dem einstweiligen Verwalter K.O. §§. 199. 220. — desgl. bei der Liquidation der Masse K.O. §§. 225. 273—275; Instr. §. 45. — desgl. bei Vertheilung der Masse K.O. §§. 240 ff. 276; Instr. §§. 46. 49. — desgl. bei Abnahme der Rechnung von dem definitiven Verwalter K.O. §. 279.

2) Ernennung eines gerichtlichen Kommissars bei dem Prioritätsverfahren in der Exekutions-Instanz K.O. §§. 370. 381. 385. 409. 413. 417. — insbes. Verfahren desselben bei Belegung und Vertheilung der Kaufgelder in nothwendigen Subhastationen K.O. §§. 387 ff. 399. — desgl. bei dem Aufgebot der Spezialmassen K.O. §§. 409. 413. — desgl. bei Vertheilung der Revenüen von Immobilien K.O. §§. 417. 418.

Kommission, Vindikation der dem Gemeinschuldner in Kommission gegebenen Waaren K.O. §. 25. — Rechte des Kommittenten, wenn dieselben bereits verkauft worden sind K.O. §§. 25. 28. 44.

Kommissionäre, inwiefern den kaufmännischen Kommissionären ein gesetzliches Pfandrecht zusteht K.O. §. 33. Nr. 8.

Kommunalabgaben, Vorzugsrecht derselben K.O. §§. 49. 74. 368. 383. — s. auch Abgaben.

Kommunkosten, 1) im Konkurse; a) Begriff derselben K.O. §. 41. — Die Kommunkosten sind von der Masse vorweg in Abzug zu bringen K.O. §. 40. — Die Belohnung und Entschädigung des Verwalters der Masse gehört zu den Kommunkosten K.O. §§. 134. 215. — desgl. die Kosten der Verhaftung des Gemeinschuldners Instr. §. 14. — desgl. die Kosten der Berufung der Konkursgläubiger, sowie der Anmeldung und Prüfung ihrer Forderungen K.O. §. 177. — inwiefern die in den Spezialprozessen entstehenden Kosten zu den Kommunkosten zu rechnen sind K.O. §. 236. — b) Berichtigung der Kommunkosten aus den Kaufgeldern des Grundstücks K.O. §. 46. — desgl. aus den Revenüen des Grundstücks K.O. §. 57. — Sorge für die Deckung der Kommunkosten bei Beendigung des Konkurses durch Akkord K.O. §. 199. — desgl. bei der Vertheilung der Masse an die Konkursgläubiger K.O. §§. 240. 241; Instr. §. 46.

2) Berichtigung der Kommunkosten bei dem Prioritätsverfahren in der Exekutions-Instanz K.O. §§. 369. 387. 416.

K.O. §§. 281—283. — desgl. über das Vermögen von Handelsgesellschaften K.O. §§. 286. 287; Instr. §. 51.

4) Eröffnung des gemeinen Konkurses K.O. §§. 319—333; Instr. §§. 9—11. 17. 18. 54; Form. 2. 4. — Zeitpunkt der Konkurseröffnung K.O. §. 328; Instr. §. 10. — Bekanntmachung derselben K.O. §. 329; Instr. §§. 11. 18. 54. — In welchen Fällen die Konkurseröffnung unterbleiben kann K.O. §. 339.

Konkursgericht, 1) welches Gericht zur Eröffnung des Konkurses und für das weitere Konkursverfahren für kompetent zu achten ist a) im kaufmännischen Konkurse K.O. §. 115. — insbes. beim Konkurse über das Vermögen von Handelsgesellschaften K.O. §. 287. — und bei den Konkursen über das Privatvermögen der einzelnen Gesellschafter Instr. §. 51. — beim Partikularkonkurse über das inländische Vermögen eines ausländischen Gemeinschuldners K.O. §. 292. — b) im gemeinen Konkurse K.O. §. 320. — c) beim Konkurse über einen von der Konkursmasse des Erben abgesonderten Nachlaß K.O. §. 261.

2) Vor welche Abtheilung der Stadt- und Kreisgerichte die Konkurssachen gehören Instr. §. 1. — Verfahren bei Beschlußnahmen des Kollegiums Instr. §. 5.

3) Auf Beschwerden über den Kommissar entscheidet zunächst das Konkursgericht K.O. §. 127; Instr. §. 4.

4) In welchen Fällen der einstweilige Verwalter der Masse die Genehmigung des Konkursgerichts einzuholen hat K.O. §§. 159. 160. — desgl. der definitive Verwalter K.O. §. 223.

5) Kompetenz des Konkursgerichts zur Entscheidung über den Antrag auf Wiederaufhebung des Konkurses K.O. §§. 124. 330. — desgl. über die Anträge auf anderweite Bestimmung des Tages der Zahlungseinstellung K.O. §. 125. — desgl. über die Bestätigung des Akkords K.O. §§. 191. 192; Instr. §. 39. — desgl. zum Verfahren behufs Löschung einer für die Erfüllung des Akkords eingetragenen Hypothek, sowie behufs Vertheilung einer für dieselbe angelegten Spezialmasse K.O. §. 200. — desgl. zur Instruktion und Entscheidung der Klage auf Vernichtung des Akkords K.O. §. 204. — ferner zur Verhandlung und Entscheidung der Spezialprozesse über die streitigen Forderungen der Konkursgläubiger K.O. §§. 228. 233. 234. — und über die gegen den Theilungsplan erhobenen Einwendungen K.O. §§. 245 ff. — desgl. über die Wiedereinsetzung des Gemeinschuldners in den vorigen Stand K.O. §§. 312. 315. — Die Spezialprozesse gehören vor die Prozeßdeputationen oder Kommissarien für Bagatellsachen K.O. §. 228; Instr. §. 1.

Konkursgläubiger, 1) Begriff K.O. §§. 2. 39. — 2) Rechte derselben K.O. §§. 4 ff. 15—21. 99 ff. — Rechte der im Konkurse nicht befriedigten Gläubiger K.O. §. 280. — 3) Rangordnung der Konkursgläubiger K.O. §§. 72—87. 91. — insbes. der im erbschaftlichen Liquidationsverfahren präkludirten Gläubiger K.O. §. 360. — 4) Berufung der Konkursgläubiger zur Anmeldung und Prüfung ihrer Ansprüche K.O. §§. 164—180; Instr. §§. 20—30; Form. 6—9. — Akkord des Gemeinschuldners mit den Konkursgläubigern K.O. §§. 181 ff., insbes. §§. 185. 197; Instr. §§. 34—38. — Feststellung ihrer streitigen Forderungen K.O. §§. 227—238; Instr. §§. 41—44. — Vertheilung der Masse an die Konkursgläubiger K.O. §§. 239—255. 273 ff.; Instr. §§. 46—50. — 5) Inwiefern Gläubiger zu bestrafen sind, wenn sie besondere Verträge mit dem Gemeinschuldner eingehen 2c. K.O. §§. 309. 341. — s. auch Gläubigerschaft.

Konkurskosten, s. Kosten.

Konkursmasse, 1) Umfang und Bestimmung derselben K.O. §§. 1. 2. §. 143. Nr. 1. §. 262. — Was nach Befriedigung der absonderungsberechtigten Gläubiger aus der abgesonderten Masse übrig bleibt, fließt zur ge-

L.

O.

P.

R.

S.

des Konkurses K.O. §§. 124. 330. — desgl. bei den Rechtsmitteln gegen das Erkenntniß über die Bestätigung des Akkords K.O. §. 195. — desgl. über den Antrag auf gerichtliche Zahlungsstundung K.O. §. 424. — desgl. über den Antrag auf Bewilligung einer Kompetenz oder Entziehung derselben K.O. §§. 436. 437.

T.

U.

V.

festzustellen ist K.O. §§. 169—174.; Instr. §. 27. — Feststellung des Vorrechts bei streitigen Forderungen in den Spezialprozessen K.O. §§. 227. 230. 232—234. 237.; Instr. §. 43. — 2) Inwiefern die mit einem Vorzugsrecht versehenen Forderungen an der Beschlußfassung über den Akkord Theil nehmen können K.O. §. 185. — inwieweit sie den Wirkungen des Akkords nicht unterworfen sind K.O. §. 197. — 3) In welcher Art die Berichtigung der mit einem Vorzugsrecht versehenen Forderungen zu bewirken ist K.O. §§. 240 ff; Instr. §§. 46—48. — 4) Beurtheilung des Vorrechts in den nach dem 1. Oktober 1855. eröffneten Konkursen Einf.G. Art. V. S. 2. — Vorrechte bei dem Prioritätsverfahren in der Exekutions-Instanz, s. Prioritätsverfahren.

W.

Waaren, Vindikation der dem Gemeinschuldner in Kommission gegebenen Waaren K.O. §. 25. — desgl. der an den Gemeinschuldner verkauften und abgesendeten Waaren K.O. §§. 26. 27. — Verfahren, wenn dieselben nach der Konkurseröffnung verkauft worden sind K.O. §§. 28. 44. — Wie bei Veräußerung der Waaren durch den einstweiligen Verwalter der Masse zu verfahren K.O. §. 157. — In welchen Fällen die Genehmigung des Kommissars dazu erforderlich ist K.O. §. 158. Nr. 1.

Wartegeld, Beschlagnahme desselben im Wege der Exekution K.O. §§. 377 bis 381. 439; Instr. §. 60.

Wasserbauten, Vorzugsrecht der Abgaben und Leistungen zu Wasserbauten K.O. §§. 49. 383.

Wechsel, Vindikation der dem Gemeinschuldner zur Realisirung oder zur Deckung gewisser künftiger Zahlungen übermachten Wechsel K.O. §. 24. — Verfahren, wenn die Realisirung erfolgt ist K.O. §. 44. — Inwiefern die von dem Gemeinschuldner vor der Konkurseröffnung auf Wechsel geleisteten Zahlungen von den Gläubigern angefochten werden dürfen K.O. §. 100. — Verpflichtung des einstweiligen Verwalters, die Rimessen zu präsentiren und Protest zu erheben K.O. §. 152. Nr. 4.

Gegen Wechselforderungen findet ein Antrag auf gerichtliche Zahlungsstundung nicht statt K.O. §. 432. Nr. 1.

Wegebauten, Vorzugsrecht der Abgaben und Leistungen zu Wegebauten K.O. §§. 49. 383.

Werkmeister, gesetzliches Pfandrecht derselben an den von ihnen gefertigten Sachen wegen ihrer Forderungen für Arbeit und Auslagen K.O. §. 33. Nr. 9.

Wiedereinsetzung des Gemeinschuldners in den vorigen Stand K.O. §§. 310—318. — s. auch Restitution.

Wirthschaftsbeamte, Vorzugsrecht ihrer Forderungen an Lohn und Emolumenten K.O. §§. 50. 77. 368. 383.

Wohnung, inwiefern dem Gemeinschuldner und seiner Familie die Wohnung in einem zur Masse gehörigen Grundstück gestattet werden darf K.O. §. 162.

Wundärzte, s. Aerzte.

Z.

Zahlung, Wirkung der Zahlungen, welche nach der Konkurseröffnung von dem Gemeinschuldner oder an denselben geleistet werden K.O. §§. 5. 7. — Inwiefern Zahlungen des Gemeinschuldners im Konkurse der Anfechtung unterliegen K.O. §§. 100. 101. Nr. 2. 3. §. 108. — desgl. außerhalb des Kon-

Kolibri 360 GmbH
Ferdinand-Jühlke-Straße 7
99095 Erfurt, Deutschland
produktsicherheit@kolibri360.de